China's
Education:
Research &
Review

丁 钢 主编

中国教育：研究与评论

China's Education: Research & Review

国际性中国教育研究集刊 第14辑

教育科学出版社
·北 京·

编者之语

教育学是一个综合学科，几乎没有一个学科像教育学一样综合，因为有什么事情比研究人、培养人更复杂？研究教育问题不能就教育而谈教育，教育的问题不仅仅是在教育世界之中产生，也是由于多种原因产生的，所以要解决教育问题需要运用多学科知识和多元化策略，这就需要具备广阔的知识背景。但是有了这个知识背景，我们同样不能忘记教育本身是做什么的。

因此，探究教育学立场，就成为必然。有人会说，现在已经是后学科时代，还谈什么学科立场问题？其实每一个学科都有自己的研究角度和对象，教育学的理论立场，就是让不同差异的学习个体分享和理解知识，这就是从孔子提倡“因材施教”以来教育学的根本立场和根本任务。哲学是将人作为人类整体来研究的，社会学是以群体为主来研究社会现象，它们的主要概念是阶层、群体。心理学是研究个体内在的信息加工、内隐知识，是研究不同个体的。教育学研究什么？它主要研究个体之间的关系，包括生生关系、师生关系，其实是将个体之间的关系转为一个公共关系。所以我们基本可以把教育学研究的核心定位为教与学的活动及其关系，这就是教育学其学科的独特性。

还有教育学的实践性问题。比如，关于什么知识最有价值，斯宾塞认为科学知识最有价值，阿普尔则认为应该看谁的知识最有价值，要考虑意识形态问题，但这显然不是教育学问题，而是社会学问题。如果从教育学角度来讲，问题是什么呢？是如何传授知识最有价值。说到底，教育、教学是一个价值分享过程，我们要传递多元文化，分享多元价值。所以，教育的关键问题不是什么知识和谁的知识的问题，而是如何传授知识的问题。因为教育主要是通过教学来进行的，所以教学论的本质问题就是教育学的本质问题。

目　录

学术研究与交流

研究报告与评论

专题研究与讨论

CONTENTS

ACADEMIC RESEARCH & EXCHANGE

PROJECT-BASED RESEARCH & REVIEW

TOPICS OF CURRENT RESEARCH

《中国教育：研究与评论》

国际性中国教育研究集刊

教育科学出版社，北京

CHINA'S EDUCATION: RESEARCH & REVIEW

The International Referred Journal of Chinese Education Studies

Educational Science Publishing House, Beijing

编织中的教育生活：追寻冯秋萍们的时光

Educational Life in Weaving: Tracing to Feng Qiuping' Time

毛毅静（Mao Yijing）
华东师范大学教育科学学院
School of Education Science, East China Normal University

内容摘要：在中国不同历史和文化条件下，编织从一种技艺及技艺的结果，逐渐上升为一种人的观念中的象征物和社会组织结构中的符号，被赋予礼制的、宗法的、伦理的、道德的、审美的以及经济的、商业的种种社会含义和精神意蕴。本文从20世纪30年代流行上海的编织艺人冯秋萍的故事出发，探寻了这一群体女子的个人经历、教育背景、家庭，从一个侧面反映了教育对职业妇女的内在精神品质的影响以及她们对生活和职业的追求。

关键词：女红　女性技术文化　教育

Abstract: Within the changing social and cultural context in modern China, weaving, at conceptual and institutional level, has transformed from a kind of handcraft into a set of symbols which deliver new meanings and spirits from the ritual, patriarchal, ethic, moral, aesthetic, economic and commercial aspects. Based on a tale of an influential woman weaver during 1930s in Shanghai, this paper aims to explore the life story of the needlewomen, a overlooked and marginal social group under the impact of industrialization. The special attention will be on the

role of education in the identity construction of these lower professional women, and their pursuit of life and career.

一、上海的摩登生活

如果说中国近代城市发展史上存在传奇现象，那么，上海堪称最大的传奇，她在不到一百年的时间里，从一个东海之滨的小城迅速发展成为在中国近代史上具有举足轻重地位的现代化大都市。（李晓红，2008：20）20 世纪 30 年代的上海是中国最大的港口和通商口岸，号称“东方巴黎”，一个与传统中国其他地区截然不同的充满现代魅力的世界。西方物质文明最早在上海被国人接纳，转为日常的生活。

从郭沫若的《上海印象》：“游闲的尸，淫嚣的肉，长的男袍，短的女袖，满目都是骷髅，满街都是灵柩，乱闯，乱走；我的眼儿泪流，我的心儿作呕。”到伦敦旧日出版的《上海》里说：“二三十年代，上海成为传奇都市。环球航行如果没有到过上海便不能算完。她的名字令人想起神秘、冒险和各种放纵。”再到张爱玲、张恨水的小说《红玫瑰与白玫瑰》、《红粉世家》，凭着文人笔下的文字来想象，似乎上海成为了一个永远解不开的谜，充满神秘和绮丽的色彩。

租界是完全不同于传统中国社会的自成一格的小社会。近代最早的上海公共租界（Shanghai International Settlement）完全是西方社会的移植，所谓的“国中之国”。从数据①来看，银行于 1848 年，西式街道于 1856 年，煤气灯于 1865 年，电于 1882 年，自来水于 1884 年，汽车于 1901 年，电车于 1908 年传入上海。1899 年 5 月，上海公

① 转引自李欧梵：《上海的百货大楼》，载《万象》，1999（1）；Betty Peh-t'i Wei. *Old Shanghai*, Hong Kong: Oxford University Press, 1993: 31; Nicholas R. Clifford. *Spoilt Children of Empire: Western in Shanghai and the Chinese Revolution of the 1920s*, Hanover, N. H.: Middlebury College Press, published by University Press of New England, 1991: 3 – 4.

共租界大规模扩张，面积扩展到33 503亩（22平方千米），北面的边界到达上海、宝山两县的交界处，西面一直延伸到静安寺。整个租界划分为中、北、东、西4个区。20世纪30年代大规模越界筑路基本停止，上海公共租界继续向外扩张的态势趋于稳定。开辟租界之初，实行华洋分居政策。其后随着难民的涌入，出现了华洋混杂的格局。1932年，上海公共租界内有华籍居民1 040 780人，法租界华人462 342人。① 人口激增刺激了租界内房地产业、商业、金融业和服务业的空前繁荣。中区的南京路迅速兴起，并形成为全中国最繁荣的商业街。英资惠罗公司（Whiteaway laidlaw）、福利公司（Messrs Hall and Holtz）、汇司洋行（Weeks and Company）和泰兴洋行（Lane Crawford）都汇集在东段四川路口附近，称为早期四大公司。后华人资本进入，又发展了新新、大新、永安、先施四大公司。

上海人对西洋的服饰、生活方式、市政设施（煤气灯、自来水、电灯、火车等）初则惊，继则异，再继则羡，后继则效。对于物质文化既有钦羡之情，其结果随之会影响和促进对西方制度文化的认同和接受（唐振常，1992）。当租界成为国人的生活圈后，西化价值逐渐受到上海市民认同，社会变迁之剧与文化引进之速令人震惊。

20世纪二三十年代，在经济发展和房地产的带动下，配合国际建筑思潮和建筑技术的日臻成熟，形成了现代上海的基本轮廓与建筑风格。从外滩炫丽夺目的大厦群便不难发现复古主义、新古典主义与装饰艺术风格（Art-Deco）的集中体现。与此同时，上海市中心的南京路、霞飞路（今淮海中路）、法大马路（今金陵东路）、静安寺等地带也早在20多年前就开始形成了繁荣奢华的商业区。一座座领事馆、洋行、近代化百货商店带动蓬勃生机，让此摩登城市逐渐向发达

① 资料来源：1946年上海市各级教育概况统计表（1937—1945），档号Q1－18－59－51。公共租界于1935年进行人口统计时调查了界内居民的职业情况，而法租界则从未调查过界内人口的职业。由于公共租界在调查时将失业、无业人口列在杂项内，所以公共租界华人人口职业构成统计中无法了解失业或无业情况。

工业城市与繁忙、奢侈的消费城市的方向迈进（唐振常，1989：517）。上海新巴洛克与新装饰主义样式建筑显然成为当时上海繁荣的基础之一，然而就经济力量而言，也代表着跨海而来的外国资本以及方兴未艾的民族资本，两者无数的竞争与更迭。[①]

比巴洛克的线条稍长那么一点，更僵直一些，在繁复奢华里添加了一丝颓废和阴郁，这种 Art-Deco 风格的现代建筑，让邬达克（L. E. Hudec）[②] 的设计成为流金岁月里最具有价值和值得炫耀的资本。它们先行提供某种特定阶级的“时髦”价值观与附属物（服饰、日常用品）之后，才有上海人“追求时髦”以体现自我价值的后果。而自我价值的认定又多流于炫耀性消费与对摩登事物的追求。

如果说南京路是美国文化《名利场》生活方式的移植，那么霞飞路则是知识分子们对西方生活的想象。李欧梵在《上海摩登——一种新都市文化在中国 1930—1945》中指出：“有意味的是，当公共租界忙于展示高度的商业文明时，法租界却在回顾文化的芬芳，高等的或低等的，但永远是法国情调，比英美更有异域风味。”（李欧梵，2001：24）郑伯奇在《深夜的霞飞路》[③] 中描写的租界生活是这样的：

> 霞飞路是摩登的，摩登小姐和摩登少爷高兴地说。霞飞路是神秘的，肉感的，异国趣味的，自命为摩登派的诗人文士也这样附和着说。是的，霞飞路有“佳妃座”，有吃茶店，有酒场，有电影院，有跳舞场，有按摩室，有德法俄各式的大菜馆，还有“非摩登”人们所万万梦想不到的秘戏窟。每到晚间，平直的铺道上，踱过一队队的摩登女士；街道树底，笼罩着脂粉的香气。

① 洪盟凯：《三〇年代上海市民消费文化之转型：从南京路四大百货公司谈起》，台湾辅仁大学研究报告，2000。（http://www.srcs.nctu.edu.tw）

② 邬达克（L. E. Hudec）匈牙利设计师。从 1918—1947 年，邬达克在上海的建筑作品包括了国际饭店、大光明电影院、百乐门、花旗总会、四行储蓄会大楼、沐恩堂等共计 65 处，是 20 世纪 30 年代上海最著名的建筑师。

③ 原载 1933 年 2 月 15 日《申报·自由谈》。

> 强色彩的霓虹灯下，跳出了爵士的舞曲。这“不夜城”，这音乐世界，这异国情调，这一切，都是摩登小姐和摩登少爷乃至摩登派的诗人文士所赏赞不置的。因此，霞飞路就成了诗的材料，小说的材料，乃至散文随笔的材料。据说，为他们，霞飞路是特别有艺术的氛围气。这也很好，横竖这些人都感觉到时间过剩，金钱过剩乃至生命过剩的痛苦。享乐，让他们享乐去吧。

法国梧桐隐掩下爱丽园外墙穿过女人的身影，或搭伴到平安大戏院看顾兰君主演的电影。西摩路（今陕西北路）小菜场屠夫把活生生的黄鳝钉上“十字架”然后撕裂。黄包车旁照路的灯射出惨绿绿的光线，亚麻色头发的白俄公爵小姐，在午夜酒吧唱歌，她的彼得堡便是张爱玲笔下的上海。

当然，小说与广告的想象空间未必与真实世界相符。现实生活中的上海是怎样的面貌？海派散文家钱歌川在20世纪30年代的一篇文章曾指出，当时生活在上海的人，无论是穷人还是富人，都没有安乐的生活，故文章说道：“说上海表面是天堂，里面是地狱，那或者还相差不远。”这说法正好与穆时英在《上海的狐步舞》[①] 中一开始说道“上海，造在地狱上面的天堂！”有著异曲同工之妙。（李克强，1998：110－117）

租界的生活是上海的资产阶级确立身份和价值认同的载体。不断兴起的新的商业文化和休闲娱乐方式开始影响人们的生活。除了经济力量，传播媒体，特别是印刷媒体和广告文宣的力量，让知识分子有了更宽阔的眼界，更新颖的观念；让一般市民透过广播媒体的接收，

---

① 穆时英（1912—1940）现代小说家。笔名伐扬、匿名子。与刘呐鸥、施蛰存等形成中国文坛上的新感觉派。穆的小说集《上海的狐步舞（一个断片）》是新感觉派的代表作。穆时英的独特性在于，他是真正具有中国特色的都市人。这不仅仅是说他在穿衣打扮、生活方式是都市的，也不仅仅在于他在文学中描写了各式各样的都市生活，更重要的在于他是和上海这座中国最具现代气息的城市在精神上相沟通。他的二重人格是这座城市给他打上的深深的烙印。

也了解到上海无时无刻都有新鲜的变化的事实。总之，华洋杂处的上海，资产阶级和洋人的生活方式、精神旨趣，主导了租界内人们的人生期望和观念潮流，一种现代化意象正逐步替换掉传统记忆，从最根本的物质文化将过去传统的生活方式抽离。租界的报纸、杂志、广告、月份牌等印刷文本和人们争相传说的口头文本，叙述的大都是关于大亨、商人、买办、洋人、明星、文人的趣闻逸事和可羡情状。工人、小市民等底层人们在租界的生活世界里尽管是底色，然而基本是归于沉默的群体。（李永东，2006）这是一个梦幻般的世界，程乃珊在她的许多以上海为背景的作品中曾描述过：

> 穿过西摩路，车就拐过入那片著名的住宅区凡尔登花园。只见沿街一色的矮矮的红砖墙，墙后，就是幢幢小小巧巧的两层小洋房。赭色的屋顶，在簇簇茂密的梧桐树中，时显时隐。沿街的几户，大门上黄铜信箱和门把手，在月色中烁烁闪着光。那些垂着百叶窗的窗户后，透出一格格的琥珀色光束。随风飘来一缕钢琴声，待要细细辨别一下，却又遁去了。这一切，都令芷霜在这仲夏之夜，想起瑞雪纷飞的圣诞夜特有的宁静和安谧，且又很有几分异国情调，又令她忆起，那育秀园中特有的、且她已习惯的高尚上等的生活方式。（程乃珊，2008：101）

在作为中国近代化历史缩影的上海，“女性[①]形象”借助于城市世俗平等意识的声张和两性关系在现代际遇中的重新界定，成为海派文化的一个焦点。（姚玳玫，2004：313－319）抽离了女性形象，海派文化的意涵将不复为真正意义上的海派文化——女性形象几乎成为想象上海和喻说现代生活的不可或缺的叙述图像。（李晓红，2008：16）

① 在家为女，在外为妇。“妇女”是中国传统习用的词汇，“女性”一词则是现代由西方引进的用法。详见高彦颐：《闺塾师：明末清初江南的才女文化》，序，江苏人民出版社，2005。

20 世纪 20 年代尤其是 30 年代的上海不仅有政党之间对文化场的争夺，都市化也催生了消费文化的急遽扩展。各种咖啡馆、舞厅、跑马场、摩天大楼、霓虹灯、巨幅广告将上海装扮成“摩登”世界。人们生活在时代的夹缝中，这一特殊的社会环境，隐藏其后的是物质化背景后的都市消费文化。上海中产阶级走的是一条折中主义的道路，既完全西化，极具现代感，又不会与中国文化之间产生格格不入的冲突。在这样背景下成长的上海女性的气质就是依据地基建立起最适合的建筑外衣，看上去与西式的环境很和谐，骨子里又给男性一个中国式的妥帖关怀。李欧梵在《上海摩登——一种新都市文化在中国 1930—1945》中更是深入分析了女性在近代中国都市文化中被赋予的角色和意义。“商业正在利用女性刺激消费，女性在都市世俗化、现代化与商业化的过程里，扮演的角色与发挥的功能正日益凸显。”（李欧梵，2001：73 – 112）

当时时髦的女性，尤其是年轻的太太，均以穿毛线衫为时尚。而打毛线（即编织毛衣）也是最时髦的一件事。年轻太太到红房子吃法式大菜，到凯司令①喝下午茶，如在家里消磨时光，最常见的方式便是坐在客厅里，听着收音机，打着毛线衣……这样的小资情调是在租界环境中培养起来的一种独特的情调，是 30 年代上海流行的《玫瑰玫瑰我爱你》、《何日君再来》和《夜上海》② 等歌曲的旋律和歌词传达出来的那种情调。

时髦的女装在 30 年代的上海，自然是带动服饰消费与流行的主角之一。忻平指出，当时巴黎新款时装约经过三个月便流行至上海，

① “凯司令”创建于 1928 年，最初是一家酒吧，逐渐发展成为西点、西餐、酒吧、综合性西式点心食品公司。“凯司令”西餐馆开在赫德路（今常德路）女作家张爱玲住的公寓楼底层，并在静安寺路静安别墅东面开有分店，经营德国菜和蛋糕。

② 陈歌辛作曲，范烟桥作词，歌词为：“夜上海，夜上海，你是个不夜城。华灯起，车声声，歌舞升平。只见她，笑脸迎，谁知她内心苦闷。夜生活，都为了，衣食住行。酒不醉人人自醉，胡天胡地蹉跎了青春。晓色朦胧，倦眼惺忪。大家归去，心灵儿随着转动的车轮。换一换新天地，别有一个新环境。回味着，夜生活，如梦初醒。”

同时在社交场所中，女装跳脱平板的传统样式，改以露、透、瘦为表现要点，充分表现都会女性风采和立体感。1931 年 1 月上海大饭店便举行过盛大的服装表演，从男子西服、女子旗袍到礼服、婚服均有之。而当时传播媒介于此再度发挥影响力，除了报刊杂志画报刊登着各种服装样式外，电影明星亦有所属的服装专家，为女演员搭配新颖的衣裳。在上海传统的“女红”在相当程度上已转变为是否会自己做衣服、结绒线。（忻平，2009：288）

民国时期，尤其在二三十年代，毛线编织物成为上海女性的时髦物，“其法传自欧美，今日在女子学校手工科，均有此门。由是技术普遍而编物盛行，用途广阔而裨益民众，价廉物美而节俭经费，其为切要何待言哉！”[①] 月份牌、广告、电影、杂志里，女性成为一个时髦的消费者，一个衣着摩登的女子。但是在男性视角下的上海女性，身份似乎总归暧昧，至于作为职业女性和接受过西方现代教育的这一群体，女性的身份和角色更是备受质疑的。

二、女子技术文化与学校教育

柳宗悦[②] 1941 年曾撰文：“工艺文化有可能是被丢掉的正统文化。原因就是离开了工艺就没有了我们的生活。可以说，只有工艺的存在我们才能生活。从早到晚，或工作或休息。我们身着衣物而感到温暖，依靠成套的器皿来安排饮食，备置家具、器皿来丰富生活。如同影子离不开物体一样，人们的衣食住行也离不开工艺品。没有任何伴侣能够以这样密切的关系与我们朝夕相处。生活之广阔使工艺的种类有所增加，即使这样也还不能最忠实地反映生活。因此，如果工艺

---

① 缪凤华：《编物大全》，序言，商务印书馆，1935。

② 柳宗悦，1889 年出生于东京。1895 年入日本贵族学习院。曾在思想家西田几多郎、禅学家铃木大拙指导下学习。研究过康德、托尔斯泰、黑格尔，深受佛教、孔子、老庄思想之影响。他是“民艺”一词的创造者。1936 年在日本建成日本民艺馆。

是贫弱的，生活也将随之空虚。正常的生活必须由正确的工艺来陪衬。如果工艺的文化不繁荣，整个的文化便失去了基础，因为文化首先必须是生活文化。”（柳宗悦，2006：6）

男耕女织是中国农业社会的典型生产方式，而女红又作为社会、家庭生产的基本技能和方式，在中国传统社会具有广泛基础。《荀子·富国》曰：“故百技相成，所以养一人也。”百工技能是百姓的谋生手段。《考工记》指出：“国有六职，……力以长地财，谓之农夫。治丝麻以成之，谓之妇功。”女红与王公、士人、农民、百工、商旅共同构成一个完整的社会体系。所谓“令我采葛以作丝，女工织兮不敢迟”，女红的范围首先是一个家庭所有成员四季穿着的棉布衣物，纺线、织布、搓麻绳做鞋、剪裁缝纫，甚至漂染。传统社会的主妇，除实用以外的针线活，如剪花样、刺绣、编织等也是成为符合社会要求的女子的必不可少的修养。这样全面的技能，是需要花费大量的时间与精力才能够习得，也需要有相当的聪明才智。

女红是有明显性别特征的妇女的技术实践活动。编织、缝纫、刺绣，都是柔情似水，亲和熨帖，阴柔的气质透过作品传递的是女子的细密心事和纤细情感。在不同历史和文化条件下，“它从一种技艺及技艺的结果，逐渐上升为一种人的观念中的象征物和社会组织结构中的符号，被赋予礼制的、宗法的、伦理的、道德的、审美的以及经济的、商业的种种社会涵义和精神意蕴。”（胡平，2006：27）

《诗经》中多有桑间陌上的记录，如“期我乎桑中，要我乎上宫，送我乎淇之上矣”（《桑中》）。[①] 桑蚕以及丝绸生产业的南移，成为一般人印象中南方的特产。但是它对于中国文化的影响却是超越地域的。首先形成了一个基本的汉字偏旁，派生出不少与之相关的词汇。比如，绪的原始语义是丝之端也，经与纬都是织布时纵横的线路。女红一词最早出现在《汉书·景帝纪》：“雕龙刻镂，伤农事者也；锦绣纂组，害女红者也。”颜师古注：“红读曰功。”女红，几乎

① 引自余冠英：《诗经选译》，作家出版社，1957。

是文化的源头，关联着一大批词汇，渗透在社会生活的各个领域。随着棉纺织品的普及，在人们的日常生活中越来越重要，线的语义不仅脱离了丝，也大大地超过了丝的语用范围，

汉班昭的《女诫》是将女红、妇功纳入女性才德的经典文本。长期以来，从儒家的伦理道德等经世济用的社会规范来看，女红是等同于“四德”要求的抽象规范的体现。上至皇后命妇、大家闺秀，下至平头百姓、村姑乡嫂，都以这一标准来约束、规范、检视个体的德行。从国家角度而言，历朝重农桑劝耕织，“垂衣裳而治天下”是立国治民的基础。

中国传统社会，女子一般从 10 岁开始接受基本的妇德、妇容、妇功教育。《礼记·内则》记载：“女子十年不出，姆教婉娩、听从、执麻台、治丝蚕、织紝组川、学女事，以供衣服。”纵观中国历史，历朝女子多数都接受了女红教育。

女红内容的再一次革命，是由于近现代工业文明带来的机器化生产。毛纺织业的兴起，大规模的机械化生产，使毛线的价格大幅度下降，而且民族工业的兴起也创造出一批民族品牌，如瓶羊牌、蜜蜂牌。随绒线的生产而引进的，是打（结、钩）毛线的新女红，区别于传统女红棉活、单活的分类，俗称毛活。喜欢赶时髦的上海女子，对这种既保暖又美观，还可以结了拆、拆了结的绒线情有独钟，使绒线业迅速地发展了起来。绒线编织，城市里的妇女几乎多少都会一点。两根针别来别去织出各种衣物，有的还能花样翻新地创造出各种针法，织出不同的图案与花色。技术的革新，使毛线的品种型号源源不断地生产出来，最细的开司米与最粗的棒针线，都可以带动绒线编织样式的变化。与之相关的则是工具的变化，最初的毛衣针是木（竹）质的，后来又有了各种金属的，一直到以尼龙绳连接两根很短的金属棒针。除此之外，还有钩针，金属一端做成一个小钩，带动着毛线穿来穿去，勾出各种花样，都与科技与产业的发展密切相关。事实上，编织工艺早在 19 世纪就由来华传教士传入中国。日伪时期，日本的妇人在山东及上海的公共租界里都开设了不少编织学校教授国人

此项技艺，主要是日侨妇女为了谋生而开辟的一条途径，同时也是国内相当一部分家庭妇女获取补贴家用的一种方式，尤其在山东等地成为家庭妇女的重要谋生手段（其钩针编织品均返销英国等西方国家）。

绒线编织同样也体现着阶级的差异，首先是城乡的差异。直至20世纪六七十年代中国北方的农村，妇女们基本还不会此项技艺。就是在商业发达的城市里，底层的市民阶级也消费不起毛线，因此她们的女儿们多数也不会。所以是否会绒线编织，成为了区分社会阶层的一个隐语。在乡村和普通劳动阶层那里，女红是一门谋生的手艺，而在大都市里，学习女红的途径和目标则成为区分女性阶层和身份的一个不须言说的形象符号。

20世纪三四十年代的上海，是绒线编织的源头。绒线编织是小家碧玉勤俭持家的手段，是大家闺秀闲暇的休闲方式。绒线编织的衣衫、饰物成为时髦的上海女性的心爱衣物。雁荡路的终点是复兴公园，那儿有让人上瘾的旋转电马，以及诱惑恋人相互亲吻的阳光。雁荡路上永业大楼旁的小楼里，1934—1948年间开过“冯秋萍①绒线编织学校”。冯秋萍的丈夫在底楼开了家名叫“良友”的绒线店，吸引了不少心灵手巧又爱美的姑娘们。当然，也引领了当年的风尚。雁荡路生来就是这样的一种法国风情，舶来品总归在这里得到人们的青睐。与西装、衬衣、大衣一样，毛线衣也是当时“舶来品”的一种。

在冯秋萍出版的许多关于绒线编织的教程和文章中，营造的是一幅中产阶级的温馨家庭和和融融的生活图景：丈夫努力工作养家，孩子们读书、听话，贤惠的妻操持家务，为每个家庭成员编织温暖的爱心牌毛衣。各式女子们编织出来的毛线衣、背心、披肩甚至夹克、舞

① 冯秋萍，原名童升月，1911年生于浙江上虞，上海求德女中高中毕业。因在编织和设计花样方面有突出才能，30—40年代成为上海著名的编织大师，被多家绒线行聘为教授编织的顾问。同时开设“秋萍编织学校”招收学生。1956年被上海美术工艺研究室聘为工艺师，主持绒线服装设计工作，后被评为国家“特级工艺美术大师”。50多年间，冯秋萍创造了2 000多个绒线编织花样，设计了难以计数的编织工艺品，撰写并出版了30余部关于绒线编织的教程和文章。

裙等，极大地丰富了服装品种。罩于旗袍之上的毛线衣、披肩与玻璃丝袜、高跟皮鞋等一起妆扮出20世纪三四十年代上海时髦女性的靓丽形象。这种中西合璧的穿着方式遂成为民国时期“西风东渐”的历史潮流的一部分。

在19世纪末20世纪初这样的历史背景下，社会开始对性别角色和性别关系进行重新定位，知识分子对现代性的追求抑或说对现代中国的想象和设计，伴随的是对新女性的塑造和倡导。在这一时期开始，女性与民族国家的关系就紧密联系在一起，并以前所未有的深度和广度体现在每一个女性的个体体验中。民族生存史上的巨大变迁使女性开始走入了历史的时间之流，并在时代的裹挟之下与时俱进。（张素玲，2007：5）

在新观念的引进过程中，西式教育扮演的角色不可不谈。19世纪末，上海城市文化从传统转型为近代，除了西方殖民者（资本主义）入侵外，中国封建教育体制瓦解和西学地位提升亦扮演着关键力量之一。西式教育强调科学、技能、学有所长等概念，使不少知识分子放弃科举，转向实业、商业方面[①]，让知识得以在实践中应用（郭武群，1999：118），进而造就出一批新观念的知识分子。

清末，梁启超、秋瑾等人鉴于外国教会女校不断扩展，在上海发表文章痛陈女子无文化之害，以及女子教育对争取女权和强国强民之重要性。康有为等人提出必须大力发展女子教育的主张。于光绪二十四年（1898年）由维新人士经元善创办的经正女学在上海城南桂墅里（今江南造船厂附近）成立，学生数十人，该校提倡女子放足，课程设置中文、西文、医学、女红4门。女红在当时的学校课程中被放置在一个非常重要的位置。1902年，蔡元培等在上海创办的爱国女学，开设的课程中就有女工，旨在提倡妇女经济独立。“因本校课程中加手工，而且附设手工传习所，请张女士及其弟子传授，由本校

① 1872—1875年，和实业、商业密切相关的外语学校于上海设置达24所之多，报名人数经常人满为患，显示上海人对西式教育之热情（郭武群，1999：118）。

学生之宣传，而内地妇女纷来学习。其各手工传习所虽停办，而爱国女学之声名传播已广。”（高平叔，1987：610）

清末民初的上海，女子的工艺的学习似乎形成了一个小浪潮。1913年的春，顾少也在高昌乡各路口设花边传习所，习艺女工近千人。其穿网花边畅销欧美。次年2月（民国三年，1914年）上海女子工艺学校成立，设工艺班，招20岁以上女子入学，学习各种工艺。1924年，王立明创办上海妇孺教养院，它以废丐为宗旨，收容贫苦妇女和儿童，包吃穿住，成人做些手工活，儿童读书学手艺。在类似这样的场所，似乎手艺成为一种谋生的技能，做一个手艺人是很多没有能力或机会接受学校教育的女子的梦想。类似这样的女子的习艺所，事实上在清初就有记载。

> 治家之道，男子力耕，女子勤织，此农事与女工所由并重也。兴邑习尚偷安，在缙绅之家妇女尚知廉耻，其贫穷之女，工作不勤，既宽闲其手足遂放浪其形骸，或藉些小微嫌喧哗于乡里，或藉口角细故涉讼于公庭，出乖露丑不守闺箴，深堪痛恨。本县亟思补救，业已捐廉设为纺局，如有穷民幼女自十一岁以至十三岁者，选三十人习学，给以棉絮饭食，辰入申出，并谕董事延师教习，广为示谕。在案兹董事已赴丹徒延有女教习左尚桂，并女工二名来兴。现在设局陈公祠，除捐备机床、纺车、棉花等物发局应用外合，再出示晓谕为此示仰阖邑军民人等知悉，尔等如有幼女年自十一岁至十三岁者情愿习学纺织，许即告知董事开列姓氏年岁注名入局，本县捐给饭食，先教之纺，后教之织，以三十人为额，以五月为期，期满已能习熟者，即令出局。另招补入，轮流习学，其有离城较远不能赴局者，现亦分谕各乡一体举董劝办，务使群重女工无惰农亦无惰女，不数年，闲布帛有余民皆温饱利赖无穷，本县有厚望焉。①

①（清）周际华：《海陵从政录》，江苏兴化县县志。

光绪三十一年（1905 年），清政府设学部，次年明定官制，始将女学列入学部职掌。1907 年 3 月 8 日，学部奏颁了《女子小学堂章程》和《女子师范学堂章程》，正式将女子教育纳入学制系统。章程分作“立学总义”、“学科程度”、“编制设备”、“教习管理”四部分，其中在“立学总义”中，认定女子小学堂“以养成女子之德操与必须之知识技能，并留意使身体发育为宗旨”。在课程开设上，女子初等小学堂开设修身、国文、算术、女红、体操 5 门必修课，其随意科有音乐、图画。女子高等小学堂在初等之上另加中国历史、地理、格致、图画，随意仅音乐一门。

具体在总要之下，制定了“各教科要旨程度”。其中女红教学要求：“要旨在使习熟通常衣类之缝法裁法，并学习凡女子所能为之各种手艺，以期裨补家计，兼养成其节约利用好勤勉之常度”。《女子师范学堂章程》的课程，主要有修身、教育、国文、历史、地理、算术、格致、图画、家事、裁缝、手艺、音乐、体操。在各科“要旨”中的家事、缝纫、手艺的要求包括：

> 家事：要求能整理家事之要领，兼养成其尚勤勉，务节俭，重秩序，喜周密，爱清洁之德性。
>
> 裁缝：要求习得关于裁缝之知识技能，兼使之节约利用。
>
> 手艺：旨趣在使学习适于女子之手艺，并使其手指习于巧致，性情习于勤勉，得补助家庭生计。

这两个重要文件，将女子教育纳入合法地位。女子入学成为一个教育的正题。而同时，在这两个文件里，都将女红列入必修课程，一来是延续千年以来的女学传统，将“贤良”作为女子教育的重要目标。但同时也将女子独特的技艺作为教育的主要方式，纳入正式的课程之中。

与此同时，有别于职业培训的女校也开设了女红的课程。根据统计，1898 年中国人自己创办的第一所女校在上海成立，至 1903 年女子学校就增加到 17 所。1902 年时，教会在华学校中女生数目是4 373

人，1907 年，“仅天主教会在我国江南地区就设立了 697 所女校，在校学生达 15 300 人。民国元年，全国女子学校有 2 389 所，女生为 14 130 人；民国二年女校有 3 123 所，女生为 166 964 人；民国三年有女校 3 632 所，女生为 177 273 人；民国四年有女校 3 766 所，女生为 180 949 人；民国五年女校有 3 461 所，女生为 172 724 人。（统计数据包括女塾）。1922 年全国国立学校女子中学生人数 3 249 名，占全体中学生数的 3.14%。1931 年达到 56 851 名，占全体中学生数的 14.94%。1931 年全国高等学校女生在校人数 5 180 人，至 1947 年，虽战乱不止，女生在校人数仍增至 27 604 人。从 1898 年至 1940 年代，中国接受学校教育的女性保守估计有 10 万人次不等。”（雷良波，陈阳凤，熊贤军，1993：207－245）

传教士、商人、革命党人竞相创办女学，上海掀起了一股女权运动浪潮，寻求解放的社会大气候荡涤着服饰妆扮上的陈规陋习。民国服饰一扫清朝矫饰之风，趋向于简洁，色调力求淡雅，注重体现女性的自然之美。旗袍最初是以马甲的形式出现，马甲长及足背，加在短袄上。后将长马甲改成有袖的式样，也就成了新式旗袍的雏形。据说得风气之先的上海女学生是旗袍流行的始作俑者。当时的女学生作为知识女性的代表，成为社会的理想形象，她们是文明的象征、时尚的先导，以至社会名流，青楼女子等时髦人物都纷纷作女学生装扮。翻看早年的大学女生的穿着照片，可以发现在不同的大学里流行不同的服饰，而每一种服饰则意味着不同的文化认同与政治倾向。从中，我们可以了解这一时期社会对该类女性的态度。

小姐太太们纷纷学习编织技艺，并以此为荣，相互炫耀。朱天文在《女人与衣服》[①] 里写道：“女为己悦而衣，不为给谁看，而就是自己喜欢。”就像王维的诗，“木末芙蓉花，山中发红萼。涧户寂无

① 节选自《东方早报·上海书评》专访朱天文的文章“毛尖与朱天文对话：关于《巫言》”部分访谈内容，题为“花忆前身，临水照人”，转引自《上海壹周》，2009－10－13。

人，纷纷开且落。”[①] 自开自落是自证，有一种喜悦。自古以来所谓士为知己者死，女为悦己者容，这样的情怀是女性的谦逊、敬重世情。总体看，民国初年创办的女校中，有专门的缝纫课，教女学生们刺绣等各种女红，力图把女学生们培养成有文化的新式淑女，并且配备了专门督导学生行为规范的成年女人当舍监。“五四”以后的女校风潮，多少都与这样的教育方式与制度相关。

不论是清朝还是民国，学校课程中都有“家事”科目，只是在清时被称为“女红”，民国初年称“缝纫”。此类课程并不是现代意义上的“家政学”，只是沿革了千年以来社会对女子的期望和要求的转化。从女高师 1919 年开设的课程我们也可以看出，虽然每个系部的课程设置有所不同，但家事是每个系部都共有的课程，尤其在家事部更增设了缝纫、刺绣、手工等女红类课程。（张素玲，2007：135）

系部	课　　程
家事部	伦理学　教育学　国文　英语　家事　缝纫　手工　应用理科　刺绣　园艺　图画　音乐　体操
博物部	伦理学　教育学　国文　英语　数学　植物学　生理学　化学　家事　日文　图画　音乐　体操
国文部	伦理学　教育学　国文　英语　哲学　历史　地理　家事　音乐　体操

资料来源：潘懋元，刘海峰．中国近代教育史资料汇编：高等教育【M】．上海：上海教育出版社，1993.

① 这首《辛夷坞》是王维《辋川集》诗二十首之第十八首。诗题为辛夷坞，但作者却没有写这里的风景，实际是在咏物。诗借《楚辞·九歌·湘君》“搴芙蓉兮木末”句意起笔，描述辛起在寂静无人的山涧里，悄悄开放，又纷纷落去。以这典型的物象表现出一个极其幽静的自然环境，完全没有外界尘嚣的干尤，故前人认为此诗“幽极”。全诗由花开写到花落，而以一句环境描写插入其中，前后境况迥异，由秀发转为零落。尽管画面上似乎不着痕迹，却能让人体会到一种对时代环境的寂寞感。所谓“岁华尽摇落，芳意竟何成”。

曾经的女高师学生都对学校的家事课程发表过意见。从许广平开始，许多的文化人都曾回忆过对当时女校保守风气的反抗。尤其是萧红，对于学校的保守态度甚为反感，以至于离家出走。反感的原因首先基于以做女红为象征的教育思想，也包括学校与家庭沆瀣一气的管理方法。她在自己的小说中，抨击了新式教育的种种弊端，做女红也是其中之一。尽管如此，那一代知识女性还是受惠于学校的淑女教育，培养了她们的生活能力，形成她们生活方式的一部分。萧红在回忆鲁迅的动人散文里，就有许广平打毛衣的细节。萧军和他的同时代人，都回忆过萧红做针线的神奇本领。特别是在抗日战争的动荡年代，她从地摊上买来廉价的扣子等材料，自己缝制合体的旗袍，既美观又大方。连才女如张爱玲都因为自己不会做女红而惭愧。她在《我的天才梦》[①] 中，详细地讲述了自己生活能力的低下，其中不会补袜子是重要的一项，不会织绒线又是一个极大的遗憾，并因此说自己是一个废物。她经常为日常生活的细节所磨难，所以才断言“生命是一袭华美的袍子，上面生着虱子”。可以见得，新女性们反感的不是做女红的工作，而是拒绝仅仅当一个贤妻良母的文化角色。

然而，当这些新女性忙不迭地想卸去贤妻良母的头衔，社会的舆论和风气却又倒车回去了。30 年代初期的中国，复古思潮开始盛行，政府和社会对女子的期许也集中体现在建设好家庭上面。1935 年在上海纪念三八国际妇女节大会上，国民党的女界领袖公然呼吁妇女回家做贤妻良母（韩学章，1936：34 – 36）1936 年，在南京纪念三八国际妇女节会场中，袁野秋说：“请太太小姐都回到家庭，负起主妇的责任，不要做家庭里的客人，减少一切不正常消费。”（《世界日报》，1936 年 3 月 12 日）对于“妇女应该回家”做“新贤妻良母”

① 《西风》杂志 1939 年征文，题目为“我的……”字数要求五千字以内。张爱玲当时是香港大学一年级学生，看错限定字数，把五千字以内记成五百字以内，极力压缩。杂志共有 685 篇作品应征，评出前十名和三名名誉奖。《天才梦（我的天才梦）》获名誉奖第三名。《西风》后来以《天才梦》为书名结集出版获奖作品。

的观点，林语堂在1936年接受《申报》的采访中，公开予以批评：

> 复古运动以各种名义不同的脸相出现了，南北呼应地你来一个男女分校，我来一个男女分校，继之，读经、存文，鼓吹贤妻良母主义，把妇女再度撵到旧家庭去……总之，用尽了一切方法把中国的妇女再度捆绑起来……①

20世纪30年代上海是中国现代化水平最高的城市，经过“五四”洗礼以及国外妇女运动的影响，男女平等观念相对其他城市来说更能为大家所接受，因此，有越来越多的女性走出家庭做职业女性，从事各种社会活动。但是彼时的上海职业女性毕竟是大海上的一叶扁舟，靠在孤岛上，缺少傍依和支撑，各种信念和理想都是处在动荡中，一旦主流的男性价值观与其发生冲突，首先可以退步和放弃的就是职业了。为什么职业总是处在一个次要的位置，可有可无？从民国的杂志《妇人画报》② 的编排体例即可发现，主流价值观始终是强化女子在家庭建设中的作用，独立于女子不过是在贤妻良母基础之上的锦上添花的新名词。从画报中可以发现一个奇怪的现象，一方面《妇人画报》不时介绍国外妇女运动的情况，探讨女性独立问题；另一方面，《妇人画报》的主要篇幅仍是放在都市社会环境下女人的物质生活之道，如何打扮、如何博取男人青睐等。直白地说，《妇人画报》从创刊到成熟是不断妥协和放弃办刊初衷的过程，因而逐渐使杂志成为一份男性公开教导女性、男性自由评点女性的场所。此类画报以现代、摩登、前卫、活泼的形象示人，让很多女性读者在不知不觉中受到影响，知识女性在《妇人画报》的缺席导致了这样一种思

① 旅冈：《期望于中国的娜拉者》，载《女子月刊》，第四卷第七期，1936年7月10日。

② 创刊于1915年的《妇人画报》标榜自己为“我国女子刊物的最高权威”，并且一直致力于对女性问题的关怀探讨，但这种探讨基本上处于男性视角，女性本身的声音反而很微弱，女性实际上仍然是出于被看的境地。

想的膨胀。（李晓红：2008：130）

我们睁开眼睛看一看，在资本主义制度心爱的都市里，一般自命为时代急先锋的妇女们怎样呢？她们是大批地在开倒车——向堕落的，不景气的路上跑！那些沉醉在充满着黄金色的纸醉金迷的浪漫生活中，根本不足谈了！至于一般大学里的姊妹们，一经踏入都市，跨进大学之门，书本还没有摸过，首先披上了一身最摩登的架子，要能在服装上表示出她是一位大学生了。她们是错认目标了，或是屈服在物质难得诱惑下了；她们所奉守的，只是恋爱的享乐主义。①

类似冯秋萍这样的女子是完全适应和符合当时社会对女性的价值定位的。她的职业途径恰恰证明了广大知识女性对生活的理解和普遍价值观。她所培训和提供给广大妇女的课程，能帮助女性成为男性理想中的贤妻良母，符合社会的价值评判。她在抗战的八年内，回归家庭，虽然有现实的原因，也不可否认，背后男性的主宰也是根本的动力。总体来看，30年代的男性仍然处于一种矛盾的两难境地。他们既希望女人在穿衣打扮上是“摩登”现代的，却又希冀她们在生活方式上还是保守和传统的。

诚如程乃珊在《金融家》中所描写的：

……别瞎三话四。我总觉得，我就合适读家政。“家政”“家政”，顾名思义，总归是不会离“家”太远，像新闻记者这样满天飞。芷霜嘴上这么说，心里却是认为，惟家政系，是帮助她步入这她向往的那个层次的一种牢靠资格。再退一步讲，每年育秀，都要从当届升大学的育秀毕业生中物色个别品学兼优的学生，作将来育秀师资的待聘。一个女子能在育秀这样的学府谋得

① 谭蕙菁：《在我结了婚以后》，载《女子月刊》，第一卷第二期，1933年4月15日。

一份职，是十分体面的。芷霜来自薪水阶层之家，自然也要考虑到将来毕业后的谋职之难。而据她近年来留心观察，育秀师资在英文、史地方面已人满为患，惟家政、数理及音乐，尚有希望可以待聘。而这几门科目中，她对“家政”是最有兴趣和有把握的。（程乃珊，2008：11）

重视女子教育有十分现实而又重要的目的。在婚姻市场上，受过教育的女子比未受教育的女子更有竞争力。（张素玲，2007：54）

1927 年南京国民政府成立，教育公平尽管得到强调，但实际上却大力强调母性主义的女子教育。1928 年中国国民党第二届中央执行委员会会议宣言首先提出这种主张：“对于女子教育尤须确认培养博大慈祥之健全的母性，实为救国救民之要图，优生强种之基础。此要义实为今后建设女子教育必不可易之方针。教育之意义，非仅教授科学的知识之天职，不尽同于男子，此为人人所知。若认女子与男子之教育体用皆同，实为悖于事实。尤其在中国今日，一切建设，皆当与民更始之时，民族之生存，国家之建设，社会之组织，其赖于女子之特别贡献者至大。”（程谪凡，1936：120）

1929 年，国民党第三次全国代表大会确立的教育实施方针是：“男女教育机会均等，女子教育并须注重陶冶健全之德性，保持女性之特质，并建设良好家庭生活及社会生活。”1935 年 11 月 23 日，国民党第五次全国代表大会会议宣言：“培养仁慈博爱体力智识两俱健全之母性，以挽救种族衰亡之危机，奠国家社会坚实之基础。”（李纯仁，1934）一般而言，政府希望女子同时建设好家庭和社会生活，但同时也看出，在女性面临家庭与职业选择的两难困境时，政府的态度往往趋于保守。陈立夫在 1938 年出任中央政治学校代理教育长，曾发表《中国教育改革问题》一文，他指出：

成年女子，应设法使各补习教育，使能从家庭教育培养儿童品行。近年来女子教育，可说完全失败。不说旁的，即认烧香拜

菩萨一事而言，有知识的女子，比较乡下老太婆，纵不能说是超过他们，至少是彼此不相上下。即此一点即可看出女学生的缺乏做人的自信力，教育没有成功。学校出身的女子我看很少长处，其长处即在消费力大这一点，购外国货的本领着实不差，消费店内的主顾，十之九都是摩登化的女学生。……①

由此他主张“母道”教育，认为对于女子的训练，一种是对于还没有做母亲的女子如将结婚或刚结婚的女子加以训练；一种是对于已经生了儿女的加以补习。俞庆棠在《三十五年来中国之女子教育》一文中关于“女子职业教育”阐述道：

大器晚成，于普通学科未窥门径之际，不易知吾人终身兴趣之所在，职业训练，似不宜太早，然女子必须经济独立，庶不致被治被动，而累及他人；女子欲求经济独立，须先有职业，在生产落后之中国，未受职业训练者，不易得业；因此女子教育中之女子职业教育甚为重要。②

女子的解放在于经济独立，而经济独立在于谋业，谋业的根本问题是取得谋业的技能和能力。归根结底，还是在于教育。女子教育，是妇女解放的根本问题。（雷良波，陈阳凤，熊贤军，1993：289）1913年8月，教育部公布“实业学校令”，宣布实业学校以教授农工商业必需的知识技能为目标。其种类为农业学校、工业学校、商业学校、商船学校、实业补习学校等。其中农业学校又细分为蚕业学校、森林学校、兽医学校、水产学校；工业学校包括艺徒学校等。实业学

① 陈立夫：《中国教育改革问题》，载《1937年以来之中国教育（有关教育工作报告）》，《革命文献》第58辑，第72页，第77页。

② 俞庆棠：《三十五年来中国之女子教育》，载庄俞，贺圣鼎编：《最近三十五年之中国教育》，商务印书馆，1931。

校的课程，主要侧重于专业性和技术性，根据“实业学校令”要求在适宜地方情形和性质的基础上，参照执行。在此背景下，女子职业教育开始得到女界的重视。女子蚕业学堂方面，主要集中在纺织业较为发达的江浙一带，如上海女子蚕业学堂、福建蚕桑女学堂、杭州蚕桑女学堂等。学生除学习基本的国文、修身、数学、博物（动物植物实验）、家政、体操之外，还要研习蚕体解剖、蚕体生理、蚕病理、栽桑法、土壤学等专门学科。至于纺织刺绣方面，较著名的学校有扬州女工传习所、杭州工艺女学堂、四川女工师范讲习所等，而上海速成女工师范传习所的规模则尤其宏大。课程除教授手工针线和刺绣，还会教授利用机器编织衣帽鞋袜、手帕毛巾、中西衣服等。

据统计，1916—1917 年，全国女子职业学校的学生达 1 866 人。女子职业教育侧重于女子的技艺的养成，民国期间“所谓职业课程，大概注重刺绣缝纫”（庄俞，贺圣鼎，1931：195）。另据《上海市市政报告书（1932—1934 年）》统计，1934 年上海有各类公私正规学校 1 076 所，而民众学校、职业补习学校、工业补习学校、商业补习学校、妇女补习学校、普通补习学校、职业传习所、外文补习学校、盲哑学校、函授学校、识字学校等各类社会职业教育学校则达 1 173 所，已经超过前者。社会职业教育学校教职员人数 3 080 人，就学人数 164 566 人，毕业人数 52 241 人，比正规学校的 215 929 人仅少 50 000人左右。到 1935 年上海市的各级各类正规学校已达 1 214 所，社会办的各种补习教育机构 1 002 所，每年在各类学校接受教育的人数接近 30 万人。毋庸讳言，社会职业教育已经成为当时上海教育领域中一支不可忽视的力量。

黄培英开设的编织传习所，就是典型的职业教育的专门学校。这类学校没有完全固定的课程，班级规模和人数也不定，随机性和流动性大，经常是机动开班、机动闭学，不确定的因素太多了。

我在一个市场上看见日本人结绒线衫用二条板结起来很快，

那时我就非常爱好，征得了父母同意，也去参加了学习。因为学费较贵所以学时抓紧时间，在一个月中连同民间结线一起学好。到初秋，我父就在海关上请了六个月的长假回申，当时国内一般妇女对于外来的编织艺术还没有认识，我个人则对手工编织艺术的技法深觉爱好，并决定予以广泛流传，就这样开始在1927年于小西门尚文路175号创设了培英编织传习所，把我学的再传授于国人，并且仿制了日本的绒结代针机，再在上面添制了铜针之装置，这样就向工商部请得了专利三年的执照，同年冬工商部在南市的普益习艺所举行中华国货展览会，我也有作品参加，后得特等、甲等奖状和金银质奖章，谢状等。后来父亲假期满后又被调到宜昌。那时我未随去留在上海仍继续传授编织。至1930年和邻居庄智鸿结婚（他有母亲和一个妹妹名项馥梅，现在南市第八女中教俄文）。他在华威贸易公司修理有声电影机和收音机的。自那时开始我就不再收学生。至1931年5月生一子，名庄斯表，这样家居一年后庄智鸿被长沙远东电影院请去长沙，当时我也同去住了半年，回申后觉得闲居家中不太好。那时人们穿绒线衫都讲经济实惠，一般都当内衣穿。但我所教的都是些空花，所以觉得再办传习所没有前途，故又入中德助产学校读书，后因中德功课较深跟不上，就同我姨母王惠明（住苏州兰花街8号）一起转入大德助产学校。

1933年天津东亚毛纺厂新产品羝羊绒线，为了推销新产品特请缪凤华在先施公司教授编织和展出作品，我在丽华公司教授编织。那时因我尚在大德助产学校学习，上午我因有课不能去，所以每晚上教会了庄智鸿朋友鲍时桂的妹妹鲍国芳（即冯秋萍的表妹，现在静安寺大生绒线店工作），上午由她代教，下午我自己教，展览会期一个月。自这时起绒线编织又开始发展了。我虽在大德助产学校毕了业，但从未进医院正式实习。至1933年就进行编写初集《培英丝毛线编结法》，书名也是由我族兄黄炎

培题字。[①]

像这样的职业培训课程班黄培英断断续续开办了3—4年，冯秋萍陆续开办了近40期，每班约20—30人次，保守估计有500位女性通过职业课程成为编织好手（冯秋萍的每一册绒线教材后都附录了该期学员的集体合影）。其他通过商场、店铺或其他途径派发的教材，使广大妇女竞相传阅、抄送的数量就无法统计了。经由大众传媒（广播）受惠的女子就更普遍了。总之，在20世纪三四十年代的上海，女性通过编织描摹一幅中产阶级的富足、幸福的家庭生活，而冯氏们的职业生涯也达到顶峰。她们广泛参与社会活动，积极在各种场合传授技艺。冯秋萍在1935—1946年间，先后在复兴中路良友编织社代客编织并开设秋萍编织学校，在金陵中路义生泰绒线店、小东门福安公司、南京路新新公司、恒源祥绒线号、南京路大新公司、裕民毛绒厂、中国毛绒厂等地教授编织技艺。

三、女红教育课程的价值

像冯氏这样开设的职业短训班符合黄炎培等倡导的职业培训理想的模式。从南京国民政府建立到抗日战争，国民政府以三民主义意识形态相号召，通过各种教育法规和措施，一方面致力于学制系统内学校教育的正规化、标准化建设，另一方面大力倡导以民众教育为核心的社会教育，发展以民众教育馆、民众学校、失学民众补习教育、民众职业补习教育等为主要形式或内容的社会教育。到1934年，无论是从教育机构还是教育经费来看，民众教育与学校教育已呈并驾齐驱之势。

30年代起创办的“秋萍编织学校”，是一种以传播编织技艺为内

① 摘自黄培英1960年10月31日在上海市轻工业研究所填写的档案材料：“干部自传”，第5页。

容的短训班。经过前后几十期这样的培训班，有一大批“小姐和太太们”获取了这种现代女红的技艺，冯氏也被誉为“编织导师”，显示了她在当时编织业的地位。而后，她们中的一部分人又受聘于当时上海的各大绒线行，将冯氏的编织技艺进一步发扬光大。冯秋萍当时“每天下午二点到五点，在义生泰教授绒线编织法外，又于每日上午十二时半至一点三刻，在元昌广播电台播音”。上海解放后的第三天，她就应邀在上海人民广播电台继续讲授编织艺术。冯秋萍积极倡导的编织技艺是一种新时代、新形势下的新女红。也正是在这种文化的背景下，女性自觉不自觉地陷入了男性设定下的模式中去。如何成为一个具有知识的又兼备生活情趣的贤妻良母，成为了很多女性追求的目标。

上海女子学校设立之初，往往是现代教育形式与中国传统女子教育的混合产物。务本女塾初办时，就是用传统的“三纲五常”，加上缝纫、手工等科目来培养中国的“贤妻良母”；圣玛丽亚女塾的教育内容也是《论语》加《圣经》，再加女红。民国时期新的历史条件下，女子教育开始脱离传统轨道，逐渐与现代社会需要相吻合了。普通女子教育不仅重视女子的学科知识，同时注重学生知识结构的完整性，辅助了伦理学、图画、音乐、体育、卫生等科目，并且开设了公民、军事看护、家事等实用性很强的技能型课程。教会女校的课程也有别于早期教会学校的限制，丰富了许多课外的活动，主张扩展学生的知识面。

根据1946年《上海市统计总报告》① 所提供的数字，上海市民中受高等教育者占2.41%，受中等教育者占11.10%，受初等教育者为27.57%，受私塾教育者9.92%。以当时上海人们经常所说的300万人口计，市民中也有受过高等教育者7万余人，中等教育33万余人，初等教育近84万人，以及受旧式教育的30万人。

① 1946年1月，上海市政府统计处编有《上海市统计提要》（民国三十四年度），此后，还编有《上海市统计总报告》，民国三十五、三十六、三十七年度各一册，其中三十七年度系解放后由市人民政府秘书处油印出版。数据来源：1946年上海市各级教育概况统计表（1937—1945），档号Q1-18-59-51。

各级学校		上海历年数据		
		1929 年	1936 年	1945 年*
初等学校	总计	113 019	188 177	300 765
	男	81 042	125 574	189 082
	女	31 977	62 603	111 683
	(女)%	28.3	33.27	37.1
中等学校	总计	22 586	43 666	66 730
	男	16 825	30 375	42 921
	女	5 761	13 291	23 809
	(女)%	25.5	30.44	35.7
高等学校	总计	14 435	11 901	28 121
	男	12 862	9 926	22 141
	女	1 573	1 975	5 980
	(女)%	11	17.6	21.3
*40 年代上海高等学校数据为 1946 年度第一学期资料				

数据来源：《先锋女生：中华民国早期上海女子教育》中杨洁的整理①。

冯秋萍生于 1911 年，浙江上虞人。中学毕业时 15 岁。（私立求德女子初中，1928 年设立于上海，冯氏的档案中显示，她是 1926 年中学毕业，此处数据不吻合。）20 年代末的上海，像她这样从中学毕业的女生并不太普遍，但似乎也不是什么新鲜事了。中等社会家庭的女儿，接受教育的可能性逐渐提高，学校成为很多女孩子的成才梦想之地。从冯氏所受的教育来看，求德女中②是民国时期诸多教会女子学校中的一所，小康家庭的女儿们就读此类女中。（中西女中、启明

① 转引自李小江主编：《让女人自己说话：独立的历程》，第 146 页，生活·读书·新知三联书店，2003。杨洁整理的表格根据以下资料：《上海市教育统计》（民国十八年度），上海教育局编发，民国二十年十月出版。《上海市教育统计》（民国二十三至二十四年度），上海社会局编发，民国二十六年五月出版。《上海市三十五年教育统计》，施翀鹏主编，民国三十六年二月。《中华年鉴》（下），中华年鉴社发行，民国三十七年九月。

② 私立求德女子初中，是天主教会 1928 年在上海设立的。

女中的学生家庭多为富裕阶层）进入这样的中学也是需要考试的，以入学成绩决定生源。大多数籍贯江浙一带的生意人家的女儿，就折中进入这样的学校，当然也就注定她们是要成为职业女性，学校教育，是她们自食其力的基础和保证。

冯秋萍是没有再进大学深造了。她选择了手工助教作为自己进入社会，职业生涯的第一份工作。由于冯氏具有编织方面的才能，她当时就被赞誉为“巧夺天工”的“编织界不可多得之奇才”。从教师到办学，冯氏走的是一条典型的职业女性的道路。当女性自身作为教育者从事女子教育实践活动时，她的主动性会更加鲜明地表现出来，从而显示出与既有教育的差异。但是，同一切事物一样，女子教育无法超越其所处的文化背景和时代，女性也只有在可能的空间内才能求得发展。(张素玲，2007：6)

从社会发展的另一个角度来看，在20世纪前半叶，国际上所有先进或先锋的流行风潮若要“侵袭”中国，第一站必然是上海。譬如，巴黎的香水、英国的烟草、德国的汽车、美国的电影等。当时的“大上海”可以说是与世界同步。

> 20世纪二三十年代的女权运动，即女子解放运动的兴起，对“摩登女郎”的出现，起了推波助澜的作用。女权运动改变了上海女性的生活方式与外貌。当独立和自信成为女性追捧的生活态度，近代上海风情万种的“摩登女郎”随之诞生。所有的“摩登”被适时地引进，又经巧妙地改造，并打上浓浓的上海烙印。譬如旗袍，虽然料子是用洋机器织的，裁剪手法也借鉴西洋裙装，可样式、质地还保留着地道的中国味。旗袍可以越来越短、开衩可以越来越高，可以配高跟鞋，可以衬长筒袜，但丢不了那浓浓的本土传统风韵。①

① 节选自纪实频道《往事》栏目访谈程乃珊《上海滩“摩登女郎”》，载《上海星期三》，2006-11-24。

生活在上海这样的大都会，环境因素不可避免地在每个人身上烙上烙印。以《良友》[①] 杂志为例，《良友》是良友图书印刷公司旗下的一份面向中产阶级的年轻读者群的摄影类画报。良友图书称公司为“出版领域的新时代之创造”，并以摄影见长，主要针对艺术和娱乐市场，满足都会生活的需要。（李欧梵，2001：73）在这样一份知名的杂志上经常刊登当时有名的“新型”女性照片，如陆小曼、黄柳霜等。大家闺秀、社会名媛时常摆出一副“梦幻”（年轻、富有、魅人）的时装照形象，假借一种近邻和朋友似的亲切姿态和读者拉近关系，就如同杂志标题的英文副标题那样艺术地暗示：*The Young Companion*。时装照的形式在当时成为一种时髦。根据不同的时节展示不同的着装，时尚的观念在不知不觉中渗透到读者的观念之中。女性的不同社交生活（室内着普通服装，去舞厅穿上披肩等），通过服装的观念，提供了进入中产阶级都会女性生活的新感知领域的线索。

《生活》杂志曾撰文描述国人对于西式生活方式的感受。国人“初则惊，继则异，再继则羡，后继则效。”[②] 可以说，在这之前，中国人从古人那里找衣服穿；在这之后，中国人从洋人那里找衣服穿。鲁迅亦说：“在上海生活，穿时髦衣服的比土气的便宜。如果一身旧衣服，公共电车的车掌会不照你的话停车，公园看守会格外认真地检查入门券，大宅子或大客寓的门丁会不许你走正门。”[③] 因此，时髦——穿着的风格——成了文化中的现代因素，而中国的传统文化向来是缺少这种形式的。女性的身体从来是隐晦地出现在文学创作中，

① 《良友》画报，曾是风靡上海滩的综合性商业摄影画报，内容涉及真实的时事报道、立体的都市生活、丰富的西方图像、时尚的女性形象等。是上海中产阶级市民的杂志。1926年—1945年间《良友》画报主要在上海出版172期。同《良友》画报定位相似的还有《生活》、《玲珑》、《申报》等刊物。

② 唐振常：《市民意识与上海社会》，转引自其选集《近代上海探索录》，第61页，上海书店出版社，1994。

③ 鲁迅：《南腔北调集》，转引自倪墨炎选编：《浪淘沙——名人笔下的老上海》，第29页，北京出版社，1999。

或者是作为内帏的讨论话题，不予公开。像《良友》画报这样的现代做派，也仅是将女性的身体放置在一个日常生活环境下，如家庭居室中女子和孩子们在愉快地休憩，图像凸显的是女子的身份和生活方式。这种迂回的表现方式暗合当时男性的主流价值观。正如做女红并没有和传统的主流价值观背离一样。传统女性的心灵手巧，依然是男性社会对女子的判断和评判尺度。

女红首先发源于家的场域，其出现与发展最先是满足一个家庭的生活需要。在中国社会里，妇女的价值总是与“家”关联的，中国人尤其把家放在一个非常重要和必需的位置中。所谓“齐家治国平天下”就是以家庭作为个人实现远大抱负的起点。不同的家庭类型以及女子在家庭中的地位，构成了多元的文化场景。从教育的角度看，大户人家的小姐学习女红不是为了生存压力，而是为了养成特定的素质。通过做女红的长时间来宣泄她的闲情逸致、锻炼她的修养操行。底层百姓家的女子学习女红首先就是出于家计的考虑。

然而，女红的核心价值就是修身养性和技艺习得。从古至今，女红的制作在女教的功能上是一种跨越，它不以文本阅读的方式而以躬身践行的方式达成目标。由于其实践性，使得女性无论贫富贵贱、识字与否都易于掌握和修习，久之成为上行下效的社会风习。女子自小学习女红成为了各阶层普遍认同的天经地义的事情，这种价值观在家庭中多以“家训”“家教”的形式加以贯彻。表面上看，学习女红是为了生计考虑，这一现象在下层的劳动阶层中显得尤为鲜明和突出。事实上，它背后的价值是要区分家庭分工中的“内外有别”。通过这样的特定的技艺将女性的职责定义在内帏的范畴，从而传统上女性始终退出在公共领域之外。家庭的束缚，使女性将丈夫和孩子作为生活的全部和精神的寄托。长期囿于这样的角色扮演，女性已经习惯并内化为自身的价值观念。

在冯秋萍等的教材中，这样的观念始终贯穿如一。为什么会这样呢？原因就在自上而下，女红的教育是从政府的教育政策（妇仪、品德）为基点，向下源流到文人的（修养、品味），直至基层的民间

女红（心灵手巧和节俭持家的美德）。1936 年 12 月，冯氏出版了《秋萍毛线刺绣编结法》，将自己设计的花形与款式、使用工具、材料、方法和步骤公布于众。1948 年又出版了《秋萍绒线编织法》，这本书收录了她在民国时期设计的不少经典之作。解放后她更是连续出版了十余部著作，同时还在一些期刊上发表文章继续推广编织技艺，其影响十分深远。[①] 在其出版的教材序言中，她写道：

> 我为造就妇女生产技能，提倡编织艺术，故分班学习迄今已十余载，先后毕业二十七届，人数达二千余名，又于课余，主编绒线编织法一书，出版亦已有二十一期，内容由浅入深，结法自简易之棒针，以及繁复之钩针刺绣，式样自轻便之工装，以及青年男女之各式时装，无不尽备，俾全国妇女，均可按书学习，随意编织。
>
> 绒线原为舶来品，今则国人已能利用国产羊毛，自纺自染，质地坚韧耐着，如欲除去污损，改变式样，可以拆散洗涤，重行

① 19 世纪末，英国商人在上海开设博德荣绒线厂生产“蜜蜂牌”绒线，为了打开销路，售货时附送一本编结说明书和几根竹制棒针，作为练习之用。棒针编结开始在上海民间流传，经营绒线的店铺也应运而生。江湾镇的卢德和绒线店，代客加工编结绒线衣，以后逐步发展到大场一带。20 世纪 20 年代，上海一些教会女子学校曾开设手工编结班，传授绒线编结技术。20 年代后，随着中国毛纺工业兴起，“羝羊牌”等国产绒线应市。为了推销产品，扩大宣传，并使更多的妇女掌握绒线编结技术，大新、新新、丽华和福安等大公司聘请冯秋萍、黄培英等编结名家在绒线销售会上作示范表演，并在中西、市音商业广播电台开辟绒线编结节目。当时上海滩有鲍国芳、金曼南、朱蕊芳等一批绒线编织的高人，但冯秋萍无疑是其中的佼佼者。据冯氏后人描述：“冯氏在刺绣、编织和设计花样等课程中尽显天分，并在相应的竞赛中屡屡赢得头奖。毕业后任小学教员，顺理成章地讲授美术、刺绣和缝纫等课程。”1934—1946 年，冯秋萍主办编结学校，先后办了 37 个班，学员 2000 多人，还出版了《秋萍绒线编结法》、《秋萍毛线刺绣编结法》等 26 本小册子。1927 年，黄培英在南市尚文路开办培英编结传习所；1933 年编写《培英丝毛线编结法》一书，发行量达 33 万册，打破当时出版纪录。1984 年，冯秋萍又与继承母业的大女儿冯秀婷一起在上海电视台主讲“绒线钩针编结法”，再次引起轰动并带来编织女红的高潮。

编织，色泽鲜艳，依然如新，非如呢绒绸缎之不易洗涤拆改，不特如此，且可集合颜色不同之绒线，加以整理，仍可结成各种式样之服装，回忆四年前，当时物资缺乏，绒线更甚，我以旧有之各色剩余绒线，结成各式新颖服装，开展览会于霞飞路，颇为各界所赞许，现在政府提倡节约生产，我妇女界岂敢后人，故特致力于此，将零星杂色绒线，苦心设计，结成多种美观实用之童装，舞裙，载于本期绒线编织法，名为儿童特刊，经济实惠，舒适温暖，为儿童发育时最适宜之服装，谅为我全国妇女界所乐于采用也。（冯秋萍，1949）

序言中寥寥数言，将一个职业女性的勇气和理想都彰显纸上。文字的处理上既抬出了自己在编织领域的翘楚地位，又不失委婉地将女性的细腻与温柔渗透在字里行间。在当时的社会背景下，像冯氏这样的职业女性不仅要在职业技能上有过人的本事，同时在社交、经营上都必须处处与男性竞争一番。① 黄炎培的堂妹黄培英②就是和冯秋萍一样在编织领域独当一面。1933 年黄培英编写的《培英丝毛线编结法》一书，发行量高达 30 万册，使其成为 30 年代知名的绒线编织专

① 从黄培英的档案材料分析，最初冯秋萍是在黄的家里短暂学习过编结（经冯的表妹鲍国芳介绍），后冯又在虹口的日本人处再学习。因此，黄一直认为自己是先于冯出道的。而冯秋萍的社会名气在 20 世纪 40 年代后期及解放后逐渐超越黄，并且对曾经在黄处学习的经历三缄其口。多年以后（1956 年后），冯与黄成为同事，但由于性格不合，或是女性的嫉妒等各种错综复杂的原因，互相对对方的技艺水平不认可，两人的相处始终不甚愉快。黄由于家庭、个性、身体等多方面因素，在新的时代里始终不很得志，又因早逝，所以不太为人知晓。而冯氏在 80 年代的职业生涯的再次辉煌使其变成家喻户晓的编结大师。两个身怀技艺的女子不同的人生轨迹和命运很是让人唏嘘。

② 黄培英（1913—1983），号静汶，上海人。童年爱好绒线编结，掌握了绒线编结技艺，后应聘于上海丽华公司、荣华和安乐绒线厂教授绒线编结技法。民国十七年（1928 年）开办培英编结传习所，并参加上海市工商部举办的中华国货展览，展品获特等、一等奖，得金、银质奖章，并获绒结代针机专利执照。以后又在中西、市音等商业电台讲授绒线编结知识。民国二十二年（1933），《培英丝毛线编结法》一书，发行量高达 30 万册，成为 30 年代知名的绒线编结专家。

家。此类教材，多由编者自创。以她的《编织特刊》为例，1946 年 10 月 10 日初版（当年 10 月 30 日第 3 次印刷），32 开，由设在上海中正南二路的国华煤球厂事务所发行，汇集了当年沪上各界名流、社会贤达、演艺界名伶等多人题词手迹、照片。封面为名伶童芷苓身穿黄培英亲手织就的最新款式毛衣的靓装照，封二为名伶黄慧麟玉照一帧，封底为大华绒线公司愚园路支店的全景彩图（广告）。封三起始逐一为当年上海滩声名显赫的要人名流题词手迹：“一编传习女红事，幸把金针度与人”（潘公展），“编织导师”（吴铁城），“贤于七襄”（杨虎），“色式俱工”（吴绍澍），“锦绣千纯”（王晓籁），“灵心妙手”（严独鹤），“日新月异”（潘子欣）。还有国民政府发给黄培英的专利执照，《和平日报》社特聘黄为该报“绒线特刊主笔”的聘书，国民政府工商部（1929 年）国货展览会谢（奖）状、国货展览会金质奖章照片等。以上题词、照片均用道林纸精印，套红印刷。次为著者黄培英身穿自织毛衣的铜图半身照片，其“自序”云：

> 曾于 1935 年出过一本《培英丝毛线编结法》初集①、1936 年出过二集、1938 年 6 月间再出第三集（全集），因罗列当时最新式样并详解各种做法广受社会各界尤其女同胞欢迎、计出七版之多。本拟再撰新著以适应服装日新月异变化之潮流，不期抗战爆发，终至搁浅。抗战胜利后社会安定，才又应各界需求另行再出此本专著。

除却商业广告的成分，从教材编写的体例来看，该类教材还是以

① 黄培英的《培英丝毛线编结法（初集）》一书出版年份、书名、发行量等信息，有 3 种不同的表述。据上海地方志办公室的文献记载，为民国二十二年（1933 年）编写《培英丝毛线编结法》一书，发行量达 33 万册。据黄氏家谱记载，民国二十五年（1936 年），出版《培英丝毛线编结法（初集）》一书，发行量高达 30 万册。而在其档案中的“干部自传”中，则写作 1935 年，出版《培英丝毛线编结法（初集）》。由于没有书稿的原件，本文采用其“自传”中的年份和发行量，特此说明。

实用为目的。以冯氏教材[①]为例，可以将其著述分为两类。

第一类是技法总结类——如将绒线刺绣的方法总结为飞形刺绣法、回针刺绣法、钮粒刺绣法等12种方法，将绒线编织的针法总结为底针、短针、长针、交叉针、萝卜丝针等几十种针法等。（冯秋萍，1990：17－209）

第二类是培养兴趣和点评时尚类——冯氏的文笔一如其编织技艺般优美娴熟，而且观点甚独到。如“既可增加生产又可免除无谓消遣”，指出了编织毛衣作为一种现代女红的特点和优点，培养了初学者的兴趣；“经济为经，美丽为纬”，指出了毛线衣的美与节省之间的交互关系；“在原子时代的今日，世界一切的一切，均在科学的摇篮里孕育出更进步的潮流，因此我们的一切亦跟从着时代。”指出了毛线衣也应当遵从流行，与时俱进等。（冯秋萍，1948：5）

以《绒线童装特刊》第13页的赛呢长外衣教材内容为例来看，（冯秋萍，1950：13）

> 现在正是实行节约学习生产时期，大学生，最前进的知识分子，他们正将要踏进社会，为社会服务，所以要先从自身节约起来，即所谓“克要治家，方能治国”以后方可为人之榜样。图中冯小姐的一件赛呢长外衣，即是她自己在平常空余时间里学习所编织而成的，米色的全身，绣上咖啡的方格，扣上领结，更显

① 冯氏教材分为两个主要时期，1949年前主要由恒源祥、良友绒线公司、良友编结社、华懋有限公司等发行出版各类单行本，每期页数不定，32开本，30—50页不等，逐步分专题讲解绒线编织技法。如1942年的《无师自能》，1948年的《秋萍绒线刺绣编结法》，1948年的《绒线童装特刊》，1941年的《民国秋萍毛线刺绣编结法》（4册合订）等几十册。解放后最初由上海文化出版社1955年发行《绒线棒针花式编结法》，1960年中国财政经济出版社出版《新式绒线衣物编结法》，1990年天津科学技术出版社出版《冯秋萍绒线编织新作》，1984年上海文化出版社出版《绒线编织常识》等，此类书综合归纳了冯氏的编织技法和心得，此外1984年上海电视台还播出了《冯秋萍绒线钩针编结法电视讲座》。

出翩翩的学士风度，所以任何事，只要肯学习，无有不成功，而且自己做成的衣服，好像显得更宝贵似的，既称心，又经济，何乐而不为呢。

材料：皇后牌细绒，米色一磅，咖啡色四支。

用具：棒针二支，刺绣针一双，揿钮二粒。

起首：后身 144 针，每方块 18 针，隔色见图，方块每隔 18 行见方，直条隔色，用刺绣针挑上，编织时不必顾虑，结到一尺四寸长，开掛肩，六寸长，背开一尺二寸。

前身：左襟 72 针，为四方块，贴边 12 针平针，另外镶上，开袋一只，袋口 36 针，袋夹里全结平针，同普通暗袋方法相同，领圈为鸡心式，见图，肩开四寸，与后背缝合之，右襟相同。领结用钩针，以两种颜色，钩一尺六寸长，开两寸，完全长三针，打成蝴蝶结，用揿钮钉上。

袖管：长一尺五寸，袖口三寸，与普通结法相同。

民国二十三年出版的第一期《毛线刺绣编织法》上已经载有我所设计的各式刺绣花样，十二生肖图样以及各种花草，小动物等等，当时风行一时，颇受人欢迎，虽然编织艺术，一年一年跟着时代在前进着，但刺绣技巧却依旧风行如昔，因为尚有它存在的价值。

一件普通的绒线衣服，只要运用你的智慧和万能的双手，就可以变成一件美观而大方的外衣，请参看图中的绣在小腰身舞裙上的几个隔色十字斜方块，以及几条波浪形的边，使绒线刺绣艺术，更显出它超特的成功。

除了编写教材之外，冯氏们还在当时流行的传媒——广播中传授技艺，定点定时开班授课。1923 年 1 月外商在上海创办了中国第一家无线广播电台起直至 20 世纪 30 年代以前，电台广播节目中很少有

妇女节目的一席之地。1932 年，中西电台开辟“家庭教育讲座”，其中不少内容涉及妇女问题，可说是上海开播较早的妇女节目。此后，有 20 多家电台陆续推出了各种妇女节目，包括“妇女讲话”、“夫妇之道”、“妇人与修养”、“家庭教育”、“家庭经济”、“妇婴卫生”、“编织烹饪”以及“妇女服饰”等。有关妇女教育、就业等问题的讨论，间或也有播出，但比重较小。① 如冯秋萍于 1938 年先后在永明、华英等电台播出她的绒线编织法，此法配色鲜艳，花样新颖，层出不穷，实用易学，因而播出后迅即成为当时最受广大女听众欢迎的节目之一，并在四五家电台播出，长盛不衰。

在这样的环境下发展的女红，其实并不仅仅是为了“实用”的目的了。撇开女性的价值不谈，做女红其实还需要艺术的想象力。舞台设计师约翰·内皮尔（John Napier）② 指出，“一只生动的手是一个生动大脑的产物，当大脑一片空白时，手是静止的。”手工文化的发达，意味着这个文化群体的人们，大脑也是活跃的。从骨针到顾绣，女子们对手的控制已经登峰造极，将其发挥到极致。卢梭在

① 1937 年抗日战争爆发前后，许多著名女社会活动家和著名女演员在电台进行抗日救亡宣传，对唤起女界同胞的抗战热情发挥了独特作用，也使电台的广播内容别开生面。11 月后，上海沦为“孤岛”，许多电台被迫停业或被查封，剩下为数不多的电台被日军接管，原来生气勃勃的妇女广播节目顿告沉寂。1945 年抗日战争胜利后，各种妇女节目又在电台恢复播出，其内容以知识性、趣味性、生活性的较多。民国时期较有影响的妇女节目有：中西电台的妇女与家庭节目，1932 年 12 月由大东书局主办的《家庭教育讲座》在中西电台播出，聘请大夏大学法学系教授屠坤花、幼儿教育专家程掌珠、留法教育家舒之锐播讲《现代妇女应负的责任》、《家庭保育问题》、《中国与法国家庭教育的比较》等专题，引起了上海知识界妇女的关注。次年 6 月，该台又增设定期的节目，由上海《晨报》的《妇女与家庭》专栏主编，聘请妇女界的专家名流在该台作妇女问题、家庭问题的系列讲座。这是已知中国最早的以专题形式出现的妇女广播节目之一。此后，许多电台相继设置了妇女、儿童、教育、卫生等节目。（上海地方志专业志（www. shtong. gov. cn），上海妇女志 > 第十篇女子教育和妇女保健、文化事业 > 第四章广播电视妇女节目 > 第一节）

② 约翰·内皮尔（John Napier），英国舞台设计师。最为著名的设计包括彼得·谢弗的《恋马狂》的舞台，《星光快车》中溜旱冰的火车，《猫》中的巨大垃圾场，以及《悲惨世界》中的旋转街垒等。

《爱弥儿》（2007：103）中也说，“手工劳动通过手、脑合力工作，使人的身心得到发展，它是人类职业中最古老，最直接，最神圣的教育方式之一。”手工劳动的内在价值与本质意义可能就在于重拾这份久违的温暖与神圣，而这种关乎文化的特性使它成为解决人类文明发展过程中所出现问题的重要补充手段，从而重建平衡与和谐。

基于手、手工、手工具和手工技术的人文特性，手工劳动能够给人带来劳动本该有的乐趣，“创造性地、有益地、富有成效地使用她们的大脑和双手”的乐趣。在手工劳动中，手与脑、身与心的协调运动，手与工具、身心活动与操作过程的亲密结合，使人包括理性和感性的丰富的灵性，人的交融着社会文化因素的历史经验和现实体验，有可能完整而全面地、自然而流畅地抵达作品的表层和深层。

因此，从一般意义上说，手工劳动通过对个人的各方面素质和才能的顺应与发挥，通过对个人可能呈现的丰富性和多样性的维护和包容，通过对个人支配和表达自己的自由意愿的尊重和满足，显示出一种天性般的“生产完整的人”的可能性和倾向性。如何看待女红的文化价值，事实上也就不言而喻了。

四、背离与回归：女子教育、就业的两难

随着女性受教育程度普遍提高，女性的自我意识也不断觉醒，知识女性们自然不会满足只作为男性的附庸，她们走入社会展示个人价值的愿望也越来越强。20 世纪 30 年代的上海，外省迁入的单身女子数量不断增加，加上本地还有一批数量可观的大中学校女生毕业以后也进入社会就业。由此出现了一批独身的职业女性。她们有一份工作，独自租一套房子，真正地自己承担自己。苏州河畔的河滨大楼、武康路淮海路交界处的“九层楼”公寓、淮海路今妇女用品商店前身的培文公寓、雁荡路霞飞路（今淮海中路）交界处的永业大楼、虹口的 PS 公寓、衡山路上的毕卡第公寓、南昌路茂名路处的南昌公寓住着不少有职业、高收入的单身女子。然而受过教育的妇女越来越

多，妇女个体通过淑女教育进入男权社会的竞争也就越激烈，成功率越来越低。妇女们自然也就不再会满足于贤妻良母型的教育。但是，在当时的大背景下，女性从事的职业妇女职业除了家庭手工业外，始于教育，继为慈善、交通，在30年代转而扩展为娱乐场所。（李晓红，2008：157）综合来看，职业类型无外乎教师、医护，除此之外或者说在那些有可能和男性接触的职业领域里工作，往往会被冠以"花瓶"之称。

上述两种截然相反的女性形象（或者强悍等同男性或者隐于身后成为沉默的背影，亦不然就成为另一种扭曲的、具有歧义的符号），背后折射的却是女性的身份定位和价值确立的两难。在关于20世纪三四十年代新女性的研究中可以看到，主流社会对于女学生的态度分为保守和激进两派。无论是保守派还是激进派对这一时期的女性普遍采取了批评的态度，对新女性的行为、举止、衣着等评头论足、求全责备。[①] 从当时社会舆论对女性的批判中，可以看到女性在社会上的处境异常艰难。女性的形象成为男性试图解决自身或社会问题的理想人格投射，新女性的特质不断透过精英知识分子的论述与想象，被抽象化和理想化。（张素玲，2007：197）然而，现实却是如同苏青在《结婚十年》（2009：147）中感叹和描述的那样：

> 有时候我气愤愤的对他说："你既然不喜欢女人看书看报纸，干吗当初不讨个一字不识的乡下姑娘呢？"他说："女人读书原也不是件坏事情，只是不该一味想写文章赚钱来与丈夫争短长呀，我相信有志气的男人都是宁可辛辛苦苦役法弄钱来给太太花，甚至于给她拿去叉麻将也好，没有一个愿意让太太爬在自己头上显本领的。"我想："原来男人的小心眼儿也正不下于我们做女人的呀。"

① 20世纪30年代，在中国一些较为现代化的城市，知识分子针对现代妇女、新女性的问题展开了激烈的争论。

> 还有，贤不许我倾听别的男人高谈阔论说上次世界大战啦，目前中国的危险情势啦，民生问题难解决啦，甚而至于历史地理及文学理论等。他的意思是女人假如她越装出不懂的样子，她便越显得可爱。但是我是懂得的，为讨他欢心起见，只好发出幼稚得可笑的问句，他得意了，于是卖弄地告诉我一切，有时候说得比我更可笑，但是我得装出十分信服的样子。假如碰到直心的客人，当面指出他的错误，这又使我多难堪呀，护着丈夫又不是，不护着丈夫又不是。不知怎的，有许多与贤意见不合的朋友，我总觉得他们人品都不错，而且他们也尊敬我的；至于有许多见了贤便如胶如漆的朋友们呢？我总觉得他们轻浮浅薄得可厌，平日言不及义，见我在座便仿佛不够尽兴似的，定要拉贤出去走，我知道他们走的没什么好地方。

苏青是一个受过良好教育（大学西洋文学系）的新时代的女子，在面对职业与婚姻的抉择时的两难、挣扎和无奈，化作文字流淌笔尖，交织成女性心灵备受屈辱与伤害的真实记录。这样的例子应该不是特例，女学生在接受了新教育的同时，往往回到家庭重新适应贤妻良母的角色。男权文化视野下的完美女性形象是这样的：

> 我不知道一般男人如此呢，还是只有我的贤如此，他似乎很不高兴我俨然学者的样子在家中看报看书。他愿意我故作懒孩子脾气，只好玩，爱打扮，好向他撒娇，而有事时又须一本正经搭主妇架子，督促佣人清洁居室，买煮小菜，并且替他按抄笔记，改改考卷之类。他不喜欢我有“大志”，也不愿我向上好学，我想既然如此，当初又何必要娶个女学生呢？这大概又是男女心理不同处，男人可以同一个顶庸俗下流的女子相处，只要她生得漂亮，学问是无关的。不仅此也，女子的学识若太高了，即使不难看，也反而要使男人敬而远之。(苏青，2009：136)

可见男性对回归家庭的女学生更多的期待是重回日常的男尊女卑的生活方式。而女性又是怎样想的呢？一个有家庭的女子，安静、写意，在编织全家的毛衣。这背后投射出的是女性的家庭生活，一个私密的居家空间，也是一种源于传统中国文化倡导的意识形态印记。但是这个传统的背景被一个现代摩登的家庭生活图像所遮蔽、掩饰。《良友》画报的广告就恰恰暗合、体现了这样的价值取向：

> 作工作到劳疲之时，拿本《良友》来看一躺，包你气力勃发。作工作还要好，常在电影院里，音乐未奏，银幕未开之时，拿本《良友》看了一躺，比较四面顾盼还要好。坐在家里没事干，拿本《良友》看了一躺，比较拍麻雀还要好。卧在床上眼睛还没有倦，拿本《良友》看了一躺，比较眼睁睁卧在床上胡思乱想还要好。(《良友》画报第2期，编者按，1926年3月25日)

男性的角色定位事实上决定女性的形象和身份。新感觉派小说家描摹的上海绅士十分洋化，完全是将西洋绅士的形象投射在中国男性身上。但张爱玲则不同，她对上海绅士的生活细节描写得较深刻。如《倾城之恋》(2006) 中的范柳原，张爱玲就曾经说过："一班少女在范柳原里找到她们的理想丈夫，富豪，聪明，漂亮，外国派。"另外，《红玫瑰与白玫瑰》(1996) 中的振保则是从英国接受教育后回到上海的青年，张爱玲借女主角娇蕊的口称他为一名"绅士"。振保在返回上海的初期，由于经济环境不太好，被同事骂他穷形极相，但他仍穿着西装，纵然那西装满是皱纹。振保的绅士形象不单从衣饰，亦从他的行为中表现出来。张爱玲藉振保与未婚妻烟鹂约会的一段描述指出，振保明白到"按照近代的规矩她应当走在他前面，应当让他替她加大衣，种种地方伺候着她"，因为这些都是绅士应做的事，但烟鹂却没有让振保这样做，振保感到这是烟鹂的一大缺点。

烟鹂是受了“五四”之后新式教育的女子，独立的精神往往在举手投足之间不经意地会流露。在嫁做人妇之后，她的话语权丧失殆尽。一方面，她接受了现代教育和新的思想观念，但另一方面，人们仍然习惯用儒家的传统观念和习俗来要求和指导女性的生活。男性的思维决定了这样的女子终将生活在矛盾和迷惘之中。因为，虽然在民国大部分的女子院校办学的主要目标仍是培养淑女类学生（课程中不乏像唱歌、跳舞、美容、烹调、插花、健身、女红等内容），但是，社会的动荡和发展却已经不能给这些淑女们提供足够宽松的生存环境，中等阶层家庭的女性必须主要通过自己的工作能力和社会活动能力来赢得社会尊重。女性优雅气质的培养只能作为其社会竞争能力的一种补充。矛盾的是，中上层的职员与工人相比，较为富裕的经济状况和所受的现代教育，也可以说是具有浓厚色彩的西式教育，使他们不仅有余裕摆脱维持生存所必需的被动消费，而且也形成了以追逐西方社会生活为现代、为摩登的消费模式和方向。（忻平，2009：286－293）然而，20世纪20—40年代的社会，动荡太多，社会的不确定的因素瞬间就会改变一个家庭的格局。现实社会中，家庭的生活压力需要夫妻双方共同承担，男性虽然不希望与有独立生存能力和社会竞争能力的女子共同持家，但又不得已勉为其难。女性们已不能完全通过淑女教育实现自己的社会理想。

据考察，职员群体的发展期主要在20世纪20年代以后，社会中间阶层职员的崛起可以说是二三十年代上海社会结构变化的一个显著特征。所谓职员通常是指在社会科层制机构（如文化、政治、经济机构）中从事非体力劳动的服务人员。工厂中上至厂长、工程师，下至办公室的练习生都是职员，商店里的经理、店员，政府机关中的公务员也都可归入职员的行列，或被称为白领阶层、中产阶级等。据统计，抗战前上海的职员已达到20万—30万人左右，20年代以后各种职业团体接踵出现，如律师工会、会计师工会、工程师工会、医师工会、钱业职业工会、洋务职员工会、招商局同事俱乐部、海关工会、新闻记者俱乐部、电报同志友谊社、药业友谊社、邮务生协会，

等等，在这些新式职业范围内出现成批职业团体本身即意味着职员群体已成气候。（张仲礼，1990：1000－1003）

上海职业人口在工资制度笼罩下，有什么样的工资，就有什么样的生活，然上海城市职业人口分属于外国、国家机关、民族资本三大系统，各有不同的工资水平[①]差异甚大（忻平，2009：240－247）。根据忻平的统计和概括，抗战前，上海四行二局一般职员月工资收入在 100 元以上，外资企业中的职员在 200—400 元之间。报社主笔为 200—400 元，编辑主任 100—200 元，编辑 40—100 元，中学教员约 70—160 元，小学教师一般为 20—50 元，少数达 70—100 元，总体平均来看，职员工资在工人工资一倍以上。所以，对照 20 年代初上海五口之家的市民消费水平以月需 66 元为中等，30 元为中等以下的标准，新式职业领域的职员一般不难维持中等水平的小家庭消费。

1935 年公共租界华人职业构成表

职　业	人　　数				%
	男	女	儿童	合计	
总计	525 596	336 565	258 697	1 120 860	100
农业及国艺	942	208		1 150	0.1
工业	165 035	38 134	1 680	204 849	18.28
商业	177 499	4 150	1 679	183 328	16.36
银行金融及保险业	10 502	102		10 604	0.95
运输及交通事业	13 466	55		13 523	1.21
专门事业（医师、律师、会计师、新闻界等）	13 167	1 467		14 634	1.31

① 例如，属国营企业的上海市邮政局从邮务长到信差约分为十个等级，工资从 1 650 元到 7 元均有。

续表

职 业	人 数				%
	男	女	儿童	合计	
政府及市政机关	7 908	81		7 989	0.72
陆海军界（在职的不在内）	409	1		410	0
写字间、办事员、速记员等	3 569	58		3 627	0.33
家务等	42 489	14 465	296	57 250	5.11
艺术界、技艺界、运动员	2 818	863	25	3 706	0.33
杂类	87 792	276 981	255 017	619 790	55.3

资料来源：1946 年上海市各级教育概况统计表（1937—1945），档号 Q1 - 18 - 59 - 51。

“五四”以后，教师成为女子最为普遍的职业选择。在京津沪粤以及一些大都市，出现了一些由女子经营的商店。整个社会的转向出现，但凡女性擅长和可以胜任的事情，均可由女性担当，不至于因“性别”不同而外于男子了。陈冬原在《中国妇女生活史》（陈东原，1998：420 - 450）中指出，当时从事职业的妇女，并不因为她没有了从前那种在家里做主妇的责任，也不是因为她们没有小孩子要等她们去教养，而她们不能不舍身到社会来谋职业。主要是经济压迫之故。尤其在大城市如上海，要维持一家人体面的生活，主妇的能力就显得尤为重要。30—40 年代，妇女虽然走出了家庭，但家务的烦劳依然存在。有文记载，

一位女教员在学校担任 20—30 节课，回家后要改作业、判卷子、备课和看一些材料，还要带孩子、烧饭、洗衣、侍候丈

> 夫。稍有闲暇，要织毛衣、做小孩的鞋袜。有的家里请有女仆、女佣，但是许多事情仍是要自己亲力亲为的。一旦怀孕了，操心着急更不用说。几个孩子生下地，对于教职便很难应付了。（雷良波，陈阳凤，熊贤军，1993：338）

所以一些年轻女子，出于经济压迫之故，一段时间内不得不从事职业，但结婚后很快就步入人生的“三部曲”：结婚—生孩子—弃职归家。此时的妇女多的更是职业的痛苦。

1933年9月13日，上海《时事新报》以“婚嫁与女子职业”为题，刊登林语堂在中西女塾的演讲，林指出：“出嫁是女子最好、最相宜、最称心的职业：唯一没有男子竞争的职业，就是婚姻。在婚姻内，女子处处占便宜，在婚姻外，男子处处占了便宜。”

冯氏的婚姻与职业是融为一体的。冯秋萍在婚后也不可避免地选择了回归家庭。冯秋萍绒线编织学校就设在冯秋萍丈夫的“良友”绒线店楼上，这种类似家庭作坊式的商业模式，将冯秋萍与丈夫捆绑在一起，共同经营事业和婚姻。冯秋萍在1961年7月4日填写的“干部自传”中讲述自己的职业成长经历时写道：

> 我教授编织，由丈夫前去接洽，在旧社会丈夫失业，依靠女人挣钱、养家活口，是坍台的。所以自说自话称他妹妹，改名冯秋萍。事先没有得到本人同意。这种恶劣的夫权思想，压迫女子的恶劣行为，余恨犹在。①

张爱玲曾评价苏青说：“她的讽刺并不彻底，因为她对于人生有

① 从冯秋萍的自述档案中可以看到，冯成为一个职业妇女前，或者通俗地说，在即将抛头露面之前是隐去自己的身份的。然而这个隐去身份是主动还是被迫，由于此份自述材料写于1961年，冯的丈夫已于1958年的“三反”“五反”运动中病死狱中，基于当时的历史背景，不能臆断和确定。

着太基本的爱好，她不能发展到刻骨的讽刺。”① （张爱玲，1994：460）同样苏青自己也说：“我是带着十二万分惋惜与同情之感来写完这篇《结婚十年》，希望普天下的夫妇都能够迁就些，可过的还是马马虎虎过下去吧，看在孩子的分上，别再像本文中的男女般这样的不幸。”（苏青，1994：430）在《饮食男女》中再次发言：“我敢说女子需要选举权，罢免权的程度，决不会比她需要月经期内的休息权更切；一个女人喜欢美术音乐的程度，也决不会比她喜欢孩子的笑容声音更深……”②

可见，但凡一个有生活热情的平凡女子，她总是以热情的姿态拥抱世俗生活，热切渴望爱情和婚姻幸福，因此努力地与男权文化保持着和解的态度，在这种态度之下，是一个世俗生活中的女性对现实人生的无奈接受与妥协。30 年代，广大的、平凡的知识妇女内心的彷徨和不适往往只能以消费、消遣等新鲜玩意来排遣，她们更多的不是冲破家庭的藩篱而是选择妥协。

冯秋萍在家庭、职业选择上没有走出这样的约束，或者说幸运的是她把爱好、职业理想和主流价值观通过一个载体——编织，得到了很好的平衡。恰恰既吻合了政府、男性精英知识分子们对女子的期许和理想化的模式，成为社会的楷模和女子学习的范本，同时又在夹缝中寻找到一条合适的职业道路，满足了职业女子的希冀和理想罢了。

从已知文献里，鲜见冯丈夫（冯松涛）的记录，所见常与冯氏名字出现在一起的是恒源祥的老板沈莱舟。1938 年 11 月，上海著名的《申报》第 14 版，就曾用整版篇幅以恒源祥绒线号为标题，介绍了恒源祥与著名绒线编织大师冯秋萍、黄培英。沈莱舟还专门花钱印

① 引自张爱玲为苏青的自传体小说《歧路佳人》作的代序，“我看苏青”。

② 引自苏青：《第十一等人》，载《中华周报》第 15 期（《中华周报》办刊于 1931—1934 年间）。

刷《冯秋萍毛衣编织花样与技巧》的小册子，在店堂里免费散发。①1945年8月，抗战胜利。上海各界妇女民主气氛日益浓烈，走出家庭，自食其力，成为妇女界的时尚。沈莱舟审时度势，再次邀请因抗战而静寂多日的冯秋萍重新出山，并买下了复青玻璃电台和新运电台的各档黄金时段，请冯秋萍讲授绒线编织技法，同时将讲课的内容整理成书《秋萍毛线刺绣编结法》4集共16册的图书。沪上名人王晓籁、严独鹤等为此书题签，沈莱舟重金聘请上海小姐谢家骅、著名京剧明星李蔷华、电影明星张翠红等担任模特儿，在书中一一刊登她们身着冯秋萍专门编织的新潮绒线时装的照片。书放在恒源祥店堂里免费赠送。1947年9月中旬，上海各报刊出了"由梅兰芳博士、刘海粟博士、沈莱舟先生、鲍国芳女士与冯秋萍女士"担任评委评出的"绒线编织品有奖竞赛"获奖者名单。同一版面上又推出了绒线编织大师冯秋萍为其绒线新装促销的广告，同时宣布"秋萍编织学校招收新生"。(吴基民，2006：32)

从冯秋萍自己登记的档案里，其丈夫的痕迹只是停留在50—60年代的整风运动和肃反运动中对其的批判上。(冯与丈夫冯松涛育有两个女儿、两个儿子，后于60年代改嫁朱姓建筑工程师)。沈莱舟是冯秋萍职业生涯的推手，也是冯氏事业背后的真正的决策者和经营者。沈老板是个生意人，生意人是不做也不愿做赔本买卖的。冯秋萍是沈老板生意经的一部分，可见女性在此地不过是一个装点门面的消费品罢了。

根本来说，20世纪30年代的知识妇女在家庭与职业的选择上一直处在彷徨犹豫的两难境地。翻看冯秋萍的人生即可见一斑，她在30年代曾红极一时，抗战后一度从公众视野中消失（回归家庭），为

① 为了扩大恒源祥的影响力，沈莱舟不仅上电台打广告，同时还邀请著名演员周旋、白杨、上官云珠、童芷苓、竺水招、徐玉兰、尹桂芳等明星来当模特，穿上冯秋萍专门编织的毛衣亮相造势。绒线编织毕竟是个新鲜事物，编织毛线用的竹针当时也十分畅销。沈莱舟专门从日本进口了一批竹针，两根一副地重新包装。顾客在恒源祥买一磅绒线就送一副竹针。

了丈夫的事业和家庭的经济[①]，40年代重出社会，再次达到职业的高峰。女子教育的目的是为了妇女的解放，然而囿于制度、政策、社会环境、思想的局限，解放得并不彻底。在现实的生活中，女性开始在由男性制造的解放话语中觉醒时，她们开始反抗男人的想象。但是这种男性知识分子的精神指导无疑对女性的冲击是巨大的。（张素玲，2007：164）女性在反抗中又陷入困惑和迷茫，内心的矛盾无以复加。少数精英女性成功地挣脱藩篱，在社会上取得一席之地；而大多数则成为男性背后的一个美丽的阴影，曾经昙花一现却在婚姻、家庭的牵绊下归于沉默。

20世纪50年代整个社会格局发生了根本变化，冯氏们的人生又掀开了另一页篇章……

后　记

老子云："惚兮恍兮，其中有像；恍兮惚兮，其中有物"。"物"与"像"的命题，引发的思考关乎于心灵和技术。

心灵手巧是作为超越手工劳动本身的伦理价值内涵而出现于人类以"手"为媒介与客观物质世界发生的实践关系。从"心"延伸到"手"的物件，都是与生命或自然的主题相关联的。手工时代，作为人们和一个家庭的主要生计和日常生活用品的主要来源，手工所承载的不仅仅是精神的慰藉，更多的是物质的职责。手工劳动包含了"民生"的意义，经久耐用是对器具的最基本要求。而耐用衍生出的用物过程的"慢"，如使用后的修修补补、缝缝缀缀，成为天经地义的事。这种重复利用的方式也与手工劳动蕴涵的鲜活的精神情感关联。

女红首先发源于家的场域，其出现与发展最先是满足一个家庭的生活需要。在中国社会里，妇女的价值总是与"家"关联的，中国人

① 详见冯秋萍档案中的自述材料［上海工艺美术研究所档案：干部自传（1961. 7. 4），类号2-1：16］。

尤其把家放在一个非常重要和必需的位置中。所谓“齐家治国平天下”就是以家庭作为个人实现远大抱负的起点。母亲、妻女亲手传递的质朴的关爱，更多程度表达的是家庭关系的紧密联结和和融关系。不同的家庭类型以及女子在家庭中的地位，构成了多元的文化场景。从教育的角度看，大户人家的小姐学习女红不是为了生存压力，而是为了养成特定的素质。通过做女红的长时间来宣泄她的闲情逸致、锻炼她的修养操行。底层百姓家的女子学习女红首先就是出于家计的考虑。

近现代，因为教育的变革，女子的身份、角色发生了根本转变。从女红的转向来看，更多地反映了有关中国现代性的另一面。因此，选择这样一个视角来叙述这段故事的目的也在于此。日常生活的现代性问题在文化研究领域已受到相当的理论关注。首先，它直接诉诸现代性和后现代性的（西方）文化问题。[①] 真实的生活并不是完全真实，很大程度来源于媒介的想象。

时间的之前与之后，就像山水画里的留白，写成小说，就是小说的底色——惆怅与悲哀。像冯秋萍、黄培英这样的女子，每天抚触着柔软的毛线，在密密的经纬交错之间，“曲折婉转、女心无限”。她们纤手摩挲留下的细节，是实物。细节往往构成活着的质地和质感，就如细节哺育着细节一样，在历史的卷宗中，人们，尤其是我会被细节吸引而岔开，而逗留，每一次的岔开和逗留都是一个歧路花园，迷恋忘返。[②] 所以岔开复岔开，逗留再逗留。所以离题再离题。然而离题即主题：编织，也是一种教育诉说。

---

① 引李欧梵评亨利·里布夫（Henri Lefebvre）的《现代世界的日常生活》，伦敦，执行出版社，1990。

② 波赫士（Jorge Luis Borges）也译为博尔赫斯。公认为二十世纪最博学的人之一、被称为“作家们的作家”，是近代国际文坛最具分量的大师，也是首位影响欧美文学的拉美作家。他的写作弥漫魔幻写实色彩和形而上学风格。“歧路花园”是波赫士在评论卡尔维诺的《给下一轮太平盛世的备忘录》一书时提出来的概念，用来解释小说中的时间可能不同于现实中的线性时间。作家朱天文在小说《巫言》的封面上转引了此概念：“每一次的岔开和逗留都是一个歧路花园，迷恋忘返。”

参考文献：

陈存仁. 银元时代生活史［M］. 广西：广西师范大学出版社，2007.
陈东原. 中国妇女生活史［M］. 北京：商务印书馆，1998.
程谪凡. 中国现代女子教育史［M］. 上海：中华书局，1936.
程乃珊. 金融家［M］. 上海：东方出版中心，2008.
冯秋萍. 无师自能［M］. 上海：良友编结社，1942.
冯秋萍. 秋萍毛线刺绣编结法［M］. 上海：良友编结社，1946.
冯秋萍. 绒线编结法［M］. 上海：华懋有限公司，1947.
冯秋萍. 秋萍绒线刺绣编结法［M］. 上海：良友绒线公司，1948.
冯秋萍. 绒线童装特刊［M］. 上海：艺文书局，1948.
冯秋萍. 绒线棒针花式编结法［M］. 上海：上海文化出版社，1955.
冯秋萍. 上海工艺美术研究所档案：简历（1956. 3. 25）. 类号 1－2：2.
冯秋萍. 上海工艺美术研究所档案：情况表（1956. 6）. 类号 1－3：2.
冯秋萍. 上海工艺美术研究所档案：干部简历表（1957. 4. 20）. 类号 1－4：4.
冯秋萍. 上海工艺美术研究所档案：整风思想总结（1958. 8. 25）. 类号 10－1：10.
冯秋萍. 上海工艺美术研究所档案：人事简历表（1958. 12. 16）. 类号 1－5：4.
冯秋萍. 新式绒线衣物编结法［M］. 北京：中国财政经济出版社，1960.
冯秋萍. 上海工艺美术研究所档案：干部简历表（1960. 3. 10）. 类号 1－6：6.
冯秋萍. 上海工艺美术研究所档案：干部自传（1961. 7. 4）. 类号 2－1：20.
冯秋萍. 上海工艺美术研究所档案：职工简历表（1972. 11）. 类号 1－1：6.
冯秋萍. 上海工艺美术研究所档案：冯秋萍成分的报告批复（1973. 3. 28）. 类号 5－1：1.
冯秋萍. 上海工艺美术研究所档案：冯秋萍爱人的有关材料（1981. 6. 2）. 类号 5－4：2.
冯秋萍. 绒线编织常识［M］. 上海：上海文化出版社，1984.
冯秀婷. 冯氏钩针编结花样 555［M］. 福建：福建科学出版社，1986.
冯秋萍. 上海工艺美术研究所档案：职工简历表（1986. 3. 21）. 类号 1－1：6.
冯秋萍. 秋萍绒线编织新作［M］. 天津：天津科学技术出版社，1990.

冯秋萍. 上海工艺美术研究所档案：法人代表登记证. 类号 1-8：1.
高平叔. 蔡元培教育论集［M］. 湖南：湖南教育出版社，1987.
高彦颐. 闺塾师：明末清初江南的才女文化［M］. 李志生，译. 江苏：江苏人民出版社，2005.
郭武群. 上海、天津近代城市文化比较浅析［J］. 刘海岩，等编. 城市史研究（17-18）. 天津：天津科学院出版社，1999.
胡平. 遮蔽的美丽：中国女红文化［M］. 南京：南京大学出版社，2006.
黄培英. 培英丝毛线编结法［M］. 上海：培英编结公司，1941.
黄培英. 编结特刊［M］. 上海：国华煤球厂事务所发行，1946.
黄培英. 大家来编织［M］. 上海：上海毛绒纺织厂，1950.
黄培英. 上海工艺美术研究所档案：干部简历表（1957）. 类号 1-1：4.
黄培英. 上海工艺美术研究所档案：干部自传（1960. 10. 31）. 类号 2-1：16.
黄培英. 上海工艺美术研究所档案：关于黄培英问题的复查报告（1978. 11. 19）. 类号 5-1：1.
黄培英. 绒线服装编结法［M］. 上海：上海文艺出版社，1979.
黄培英. 上海工艺美术研究所档案：关于黄培英问题的复查报告（1980. 10）. 类号 5-2：1.
黄盈盈. 身体·性·性感：对中国城市年轻女性的日常生活研究［M］. 北京：社会科学文献出版社，2008.
李今. 海派小说与现代都市文化［M］. 安徽：安徽教育出版社，2000.
李克强. 绅士：三十年代上海男性的摩登形象［J］. 江西：二十一世纪，1998（50）.
李欧梵. 上海摩登——一种新都市文化在中国 1930—1945［M］. 毛尖，译. 北京：北京大学出版社，2001.
李晓红. 女性的声音：民国时期上海知识女性与大众传媒［M］. 上海：学林出版社，2008.
李永东. 租界文化语境下左翼小说的叙事症候［J］. 北京：文学评论，2006（4）.
雷良波，陈阳凤，熊贤军. 中国女子教育史［M］. 武汉：武汉出版社，1993.
柳宗悦. 工艺文化［M］. 徐艺乙，译. 广西：广西师范大学出版社，2006.
倪墨炎选编. 浪淘沙——名人笔下的老上海［M］. 北京：北京出版社，1999.
让·雅克·卢梭. 爱弥儿［M］. 彭正梅，译. 上海：上海人民出版社，2007.
苏青. 苏青文集：下［M］. 上海：上海书店出版社，1994.

苏青．结婚十年［M］．北京：中国妇女出版社，2009.
唐振常．上海史［M］．上海：上海人民出版社，1989.
唐振常．市民意识与上海社会［J］．香港：二十一世纪，1992（6）.
唐振常．近代上海探索录［M］．上海：上海书店出版社，1994.
吴基民．羊行天下——恒源祥的故事［M］．上海：上海文艺出版社，2006.
吴凌云．幸勿相忘：那些尘封的信物［M］．广西：广西师范大学出版社，2009.
忻平．从上海发现历史：现代化进程中的上海人及其社会生活 1927—1937［M］．上海：上海大学出版社，2009.
姚玳玫．想象女性——海派小说（1892—1949）的叙事［M］．北京：中国社会科学出版社，2004.
余冠英．诗经选译［M］．北京：作家出版社，1957.
庄俞、贺圣鼎编．最近三十五年之中国教育［M］．上海：商务印书馆，1931.
朱迪斯·巴特勒［美］．性别麻烦：女性主义与身份的颠覆［M］．宋素凤，译．上海：上海三联书店，2009.
张爱玲．我看苏青［M］．//苏青文集：下．上海：上海书店出版社，1994.
张爱玲．红玫瑰与白玫瑰［M］．广东：花城出版社，1996.
张爱玲．倾城之恋［M］．北京：十月文艺出版社，2006.
臧杰．天下良友：一本画报里的人生“传奇”［M］．山东：青岛出版社，2009.
张素玲．文化、性别与教育：1900—1930 年代的中国女大学生［M］．北京：教育科学出版社，2007.
张仲礼主编．近代上海城市研究（1840—1949 年）［M］．上海：上海文艺出版社，1990.
赵树勤．女性文化学［M］．广西：广西师范大学出版社，2006.
朱天文．巫言［M］．上海：上海人民出版社，2009.

中国农村职业教育的现状与困境*

Vocational Education in Rural China: Present Status and Problems

张力跃 (Zhang Liyue)
浙江师范大学职业教育研究中心
Center for Vocational Education Studies, Zhejiang Normal University

内容提要：在中国的人力资源发展规划中，农村职业教育被赋予重要期待。但从现实来看，政府的积极号召与以农民子女为主的受教育群体的反应并不一致，潜在需求与现实需求、社会需求与个人需求之间存在着割裂。理论界亟须对农村职业教育的困境作出应有的归因分析和预测判断，前提是我们必须掌握可信的第一手资料。本研究经过大量的调查，将当前我国的农村职业教育现状归结为办学方向之惑、办学层次之限、专业设置之钝、培养质量之弊、信息获取之隔、分割管理之锢六个方面，农村职业教育遭遇困境的深层原因是社会结构的变迁导致其办学功能发生了从地位教育到生存教育的蜕变，从而与受教育者个体的利益诉求产生落差。要破解困境，需要尊重受教育者的个人利益，增进个人职业教育选择的制度安排，增强中等职业教

* 本研究受全国教育科学规划教育部青年课题“农村职业教育继续改革的必要性与动力、阻力及其机制研究”(EJA100437)，教育部人文社科研究青年课题“受教育者个人教育意愿的形成、变化与实现过程及其对应的农村职业教育生态变迁”(10YJC880155)，浙江省教育科学规划重点课题“新时期农村职业教育发展的路向与策略研究”(SCG1)资助。

育发展的内驱力，实现从设计模式到内生模式的转变。

Abstract: High expectation has been given to rural vocational education in China's human resources development planning. However, there is sharp distance between the Government's ideal, and the need of the students which mainly come from the farmer families. Without mastering reliable first hand resources, one can hardly find out the formation of the dilemma of rural vocational education in China. Based on large mounts of investigation and field works, this article will analyze the status and difficulties of the vocational education in rural areas from six aspects, including value orientation, school levels, program design, educational quality, information conditions, and administration style. The basic argument is that the decline of vocational education in rural areas is caused by the value change, which implies that education is not regarded as the ladder of social success any more by the peasants. To solve the dilemma, extra institutional arrangements must be adopted to enhance the social value and the quality of rural vocational education.

一、前　言

中国最大的国情是农业人口众多，“三农”（农业、农村、农民）问题从新中国成立起一直到今天从来都是中国政府施政的重中之重，在中国备受看重的“一号文件”2003 年以来连续 7 次以“三农”为主题。现在的一个共识是，政府和社会都意识到，要最终解决“三农问题”，必须将集中于土地上的多余的农业剩余劳动力转移到城市从事第二、第三产业，在这一过程中以县域中等职业教育为主体的农村职业教育被赋予了很大的期待。我们可以从连续几次召开的间隔极短的全国职业教育工作会议和繁荣的职业教育政策文本中感受到这种

强烈期待。[①] 但从现状来看，以农民子女为主体的中等职业教育受教育群体并没有积极响应这种号召，20 世纪 80 年代的辉煌与现在的颓势形成显著差异，国家大力提倡发展的农村中等职业教育招生困难，处境艰难[②]，积极的政府号召和低迷的百姓反应间形成强烈的反差。

在一次座谈会上，吉林省农村职业教育的"开山人"之一，原农安县教育局副局长姜文焕说起 20 年前刚刚兴办职教时某职业中学破房子、漏屋子、秃台子、破猪棚般的校舍如今已改造成标准的教学大楼，但是因招不进学生，只有 20 多名学生还分设 5 个专业，由 50 多位教职工陪着"太子"读书。如今这所学校维持不下去了，他们正与一乡村养殖专业户协商，准备利用校舍重开猪场。吉林省人大常委会一份对贯彻《中华人民共和国职业教育法》情况的视察报告指出：作为堂堂农业大省的吉林近几年农村职业教育开始大面积萎缩、

① 早在 2004 年底的教育部工作会议上，周济部长就提出，2005 年中职招生要在 2004 年的基础上增长 100 万，并且再经过若干年的努力，逐步实现中职与普通高中规模大体相当的协调发展。2005 年底国务院颁布了《关于大力发展职业教育的决定》，其中明文规定，到 2010 年，中等职业教育招生规模达到 800 万人；"十一五"期间，为社会输送 2 500 多万名中等职业学校毕业生、1 100 多万名高等职业院校毕业生。其后，国家发改委在《中等职业教育基础能力建设规划》中明确表示，中央将对职业教育投入专项资金 60 亿元，并重点支持建设 1 000 所左右县级职教中心（或县级职业学校）和 1 000 所左右示范性中等职业学校。高目标加上高投入，不仅使职业教育有可能在规模上再次和已经规模庞大的普通教育匹敌，而且使得职业教育对全社会的影响陡增——这些学生大多不以继续升学为出路而以就业为目的，因此其发展状况事关上千万人的就业。这样，职教发展的问题，就不能不成为社会敏感问题了。（详见苏扬. 当前中国职业教育发展若干敏感问题刍议［J］. 中国发展观察，2006（8）：004－008.）

② 1998 年以来，中等职业教育的招生规模逐年下滑，根据《中国教育年鉴 2004》数据，2004 年，全国普通中等职业技术学校 1.45 万所，比 1998 年的 17 106 所减少 2 606 所；全国初中毕业生 2 000 多万人，其中有 822 万人升入普通高中，566 万人进入职业学校，两者之比接近 6∶4，与 1998 年普通中等职业技术学校招生数占高中总招生数 53.12% 相距甚远，此外尚有 700 万左右的初中毕业生未接受培训就直接进入社会。近几年是我国学龄人口高峰期，高峰过后中等职业教育的形势将更为严峻。（详见于伟，张力跃，李伯玲. 我国农村职业教育发展的困境与对策［J］. 东北师范大学学报，2006（4）：116－124.）

滑坡，多数县、市、区已经没有农村职业学校和涉农专业。尚存的农村职业学校不少挂“农”字之名，行“非农”之实，部分农职高中已干脆普教化。总之，农村职业学校和涉农专业正面临比其他职业学校和专业更为严重的生源危机和发展危机（刘海，于志晶，陈衍，2007：62）。

在经历了20世纪80年代到90年代前期的高速增长后，从90年代后期以来，我国的农村职业教育出现滑坡，集中表现在招生就业困难、办学质量低下、东西部差异较大，办学机制以及人才培养的规模、结构、质量还不能适应经济社会发展的需要，发展形势低迷。这种困境具体表现为两个背离，即潜在需求与现实需求、个人需求与社会需求的背离。一方面，按照国家有关部门的预期分析，到2050年，我国大约需要向城市转移3亿农村剩余劳动力（转型期中国重大教育政策案例研究课题组，2005：17），职业培训的潜在需求可谓十分巨大，但另一方面，从农村职业教育的现状来看，每年的招生数和在校生数与普通教育相比差距太大，结构不合理，潜在需求并没有转化为现实需求；另一方面，从产业结构升级的趋势看，我国产业界亟须数以千万计的技工人才，但家庭和个人的有效教育需求更多地指向普通教育，个人需求与社会需求不协调。

中国社会学者陆学艺先生说过：“50年来的实践告诉我们，一种经济—社会问题，一旦不是某一乡、某一县、某一省特有的，而是普遍化的，不是一年、两年，而是较长时间解决不了的，这就不是一般的工作问题，也不是某个领导的问题”（陆学艺，2002：95），农村职业教育面临的困境作为一种重大教育现象，亟须学术界进行实证研究，弄清真相，给出理论解读，提出有效的解决策略。

2005年，我们围绕农村职业教育困境问题展开研究。科尔曼（Coleman）曾经非常自信地指出，以方法论个体主义（Methodolo gical In dividualism）和微观层次为基础的理性选择完全可以用来解释宏观层次的社会现象（Coleman，J. S.，1964：36）。本研究以农民为子女进行职业教育选择过程中的根本考量为着眼点，深入剖析农村职

业教育的办学方向、培养模式、培养质量及其办学支持系统与教育对象（包括潜在的教育对象）教育期待之间的差距与重合，探讨我国当前农村职业教育困境的深层原因。

研究采用的主要实证方法是调查研究。调查选择 GDP 排名（2003 年）分别处于第 4、9、13、17、31 的浙江、山东、吉林、河南、贵州等 5 个省，在吉林省选择了 4 个，其余各省选择了一个在所在省人均 GDP（2003 年）排序表中处于中间位置的县域（包括浙江 S 县，山东 P 县，河南 X 县，贵州 P 县，吉林 D 县、S 县、N 县、F 县等 8 县）作为取样范围，保证了我们的调查在一定程度上的可推论性。课题组采取问卷、访谈、实地考察等形式，走访了地方政府及教育行政部门、农村职业学校以及有关农户，了解行政领导，职业中学及普通初中学校校长、教师、学生，以及农民对农村职业教育存在的各种问题的意见和看法。其中通过问卷调查职业高中教师 749 人、学生 3 815 人、学生家长 2 106 人，普通初中教师 774 人、学生 3 518 人、学生家长 2 207 人，所有问卷中可量化处理数据都输入 SPSS 软件进行了统计处理，对数据进行了相关分析。访谈 96 人/次，同时对有代表性的个案进行了整理。调查表、问卷、访谈所获得的资料与地方文献、实地观察等相互印证，力求保证调研的整体性、全面性与客观性。

对数据的分析按照两条路径进行，一是农村职业教育与同级普通教育对比，二是农村职业教育的实然形态与农民及其子女的受教育期待对比。目的是在更广域的范围内对农村职业教育的生态进行多方位分析。

二、农村职业教育的困境

中国的农村职业教育困境集中表现在办学方向之惑、办学层次之限、专业设置之钝、培养质量之弊、信息获取之隔、分割管理之锢六个方面。

（一）办学方向之惑

中国职业教育有“普教化”的毛病，职教特色不明显，农村职业教育又加上了“都市化”的毛病，农村特色不明显。在经历过上世纪90年代前后的高峰后，1998年高校扩招以来农村职教直线下滑，在重重两难的抉择中艰难前行。

1. 为升学服务还是面向就业

从以往的文凭导向、学科导向和升学导向发展到现在的就业导向，可以说理论界和政府对职业教育本质属性的认识愈来愈清晰，根据我国当前的社会经济发展需求，答案毋庸讳言，职业教育最紧迫的时代任务就是“面向就业，重要的是面向企业，培养企业需要的人才”（温家宝，2005）。但在实际办学中，县域农村职业高中的办学目标定位与国家的产业结构发展需求和城镇化战略严重错位，对口升学①成为许多职业学校办学的主要目的，更是相当数量学生接受职业教育的直接目的，与国家和社会发展赋予职业教育的任务严重背离。

根据我们的调查，大部分农村职业中学都将对口升学作为办学的主要支柱。像河南新县职业高中的许多优秀的学生都参加了对口升学考试，2005年升学率高达77.2%。新县的两所综合高中也在探索对口升学的路子，把对口升学作为学校的支柱之一。山东省平度县技工学校高考部的学生在经过3年的文化课学习后，也是以升学为主要目的，只有升学无望，才依靠中级工资格，去市场就业。

① 从1999年开始，国家规定中职毕业生可以通过“3+X”考试升入高职专科学校“对口专业”，简称对口升学。

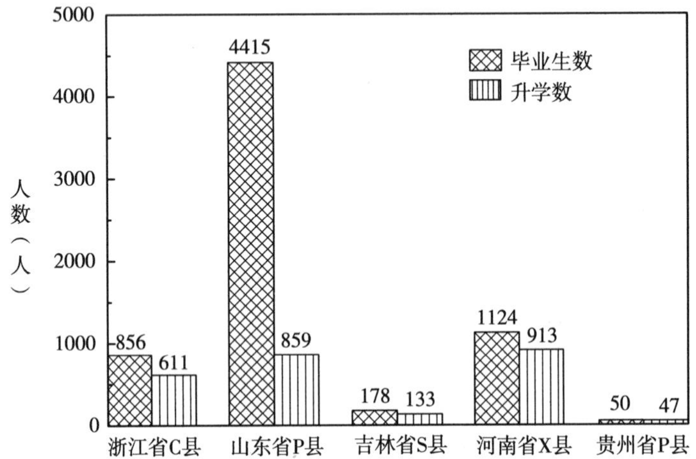

图1　2004年浙江省C县等5县职业高中毕业生去向统计

吉林省S县职高校长：目前对口升学能保证学校有稳定生源，中等职业教育之所以能发展，如果没有对口升学这个政策肯定吸引不了那么多学生。（其中）把三分之一有发展潜力的、还（能）认真学的学生吸引到对口升学这一条路（上来），可以让他们接受高等职业教育，目前对口升学是职业高中发展的核心策略。①

职业中学把升学作为办学主要方向，其直接动因在于，一是家长在高校扩招背景下，认为接受高等教育的可能性提高了，其个人持续收益较接受职业教育从生涯发展来看更大；二是职业教育自身的教育质量不能满足农民及其子弟进入城市职业圈的需求。以就业为导向更多的是来自产业界和政府的要求，是政策导向，远及不上受教育者自身需求对职业学校的影响来得直接。

① 根据2005年11月9日录音整理。

但是对口升学的学校水平和数量远不能满足家长和学生的需要。职业学校以此作为办学定位，不仅无法发挥转移农村富余劳动力、促进产业结构升级的功能，也给自己的办学带来了极大的负面影响。

（1）影响专业设置与教学模式

吉林省F县职高校长：近几年来，我们主要是依据吉林省对口升学计划和学生的要求，学校设置了医学、计算机、财经、旅游管理、种植5个专业，根据省颁纲要，选定教材，学习和考核上与普高班一样，重视文化学习，是地道的应试教育，没必要开展实践教学。①

（2）影响实训基地的建设

吉林省F县某综合中学校长：我们曾建有四个示范性实训基地，最近几年基地建设下滑，主要原因是我校职高班的对口升学率很高，对口升学招生上有一个弊端，就是很少考察学生的实际技能，总分750分，其中语数外三科就占450分，因此直接影响了我们建设实习基地的投入和热情。②

由于对口升学的学校不理想，就业情况艰难，农民及其子女对农村职业教育的信心严重不足，人们对职业教育的有效需求没有被激发，极大地影响了对职业教育的选择。农村职业学校办学在就业与升学之间困惑，在积极的政府号召和低迷的百姓反应间徘徊。

2. 为城市输送劳动力还是就地转化

“三农”问题的根本症结在于庞大的农村人口和有限的土地资源

① 根据2005年10月22日录音整理。

② 根据2005年10月20日录音整理。

的矛盾，转移农业人口是改变现有农耕制度、破解“三农”问题的主要思路。改革开放以来，中国已经把约2.5亿农村劳动力转变成非农产业从业人员。其中，乡村工业和其他乡村非农产业的发展吸纳了约1.5亿农村劳动力，进城的农民工约有1亿多人。与这种历史进程相应，20世纪90年代前的这一时期，中国的农村职业教育主要立足于为当地经济建设服务，“离土不离乡，进厂不进城”，专业设置和教学内容多与农业和乡镇企业的需求相关。由于当时的计划经济体制能够保证毕业生充分就业，那时的职业学校（主要为中等专业学校和技工学校）受到了广大农村家长和考生的追捧，就地转化是农村职业学校安排毕业生的主要途径，培养质量也与用人单位的要求基本契合。

20世纪90年代中期以后，由于乡镇企业的产业结构升级，资本和技术增密，吸纳农村劳动力的能力有所下降，农民进城打工成为转移农村富余劳动力的主渠道。2006年2月28日，教育部部长周济在答中外记者问时指出：“我们今后一段时间发展职业教育一个很重要的方面，主要对象就是农民工。一方面，现在进城农民工已经有1.4亿，还有1亿的农村劳动力等待着转移。要提高农民工的素质，就要通过职业教育。”（徐长发，2006：11）既然市场这么大，需要接受职业教育的人口这么多，毫无疑问，农村职业教育应该积极参与到这项宏大工程里来，按照第二和第三产业的需求来引导农民走向城市职业人。事实证明，农村职业教育基本没有享受到这块蛋糕——大量农民工没有经受任何培训进入城市低端劳动力市场，而农村职业学校辛苦培养的毕业生却受到企业界的冷遇。

> 国务院研究室发布的《中国农民工调研报告》显示，目前，我国农村劳动力中接受过短期职业培训的有20%，接受过初级职业技术培训或教育的有3.4%，接受过中等职业技术教育的有0.13%，没有接受过技术培训的高达76.4%。建筑行业的3 200万农民工中参加过培训的仅占10%（徐长发，2006：17）。

原因很明显，置身农业地区（包括城镇），师资、设施条件连县域普通高中都比不上的农职学校，在远离城市用人单位的情况下，如何能培养出适合城市产业需求的人才？尽管存在庞大的潜在需求，但事实是，这块蛋糕农村职业教育无法独自吃下，现实条件决定其承担为城市输送合格劳动力的重任力不从心。

3. 培养农民子弟还是农民本身

目前，农村职业中学招生对象一般为初中毕业生，而作为农村人口主体的大多数成年劳动者并没有被列入招生对象。我们调查发现，进城打工前只有 12.7% 的农民工接受过进城打工培训，12.9% 的农民工接受过种植养殖培训，而绝大多数守地在家的农民几乎谈不上职业培训。

农民未接受和不接受农村职业技术教育的首要原因是时间冲突。当前农村职业技术教育供给方在教育时间安排上对农民的特点考虑不够，或没有充分考虑农民的作息规律。正规教育培养周期较长，一般在两年以上，且开班时间比较死板，一般在秋季开学，而此时正是农忙季节。在农村，由于目前农业生产规模和农业生产力水平的限制，农民对农业技术的需求随意性较强，并且随着市场和农业技术的发展而不断地变化，长学制教育很难适应这一需要。

其次，很多职业技术学校的教学与当地经济社会需求脱节，与农民生活脱节，教学内容无法满足农民多样化的需求。对农民的职业技术教育需要讲实际、实用、实效和可操作性，在农业技术层次的需求上，农民最关注有关“名、特、优、新技术知识”，其次分别为最新农业科技成果和农业信息；在农业技术类别的需求上，农民需要新技术、新工艺、新品种、新材料、现代农业经营管理以及农业现代化生产设备等，尤以新技术、新品种最受欢迎。由于农村职业学校长期沿袭普教模式，师资队伍实践技能差，实习基地缺乏示范性和推广性，根本无法让农民学以致用，因而大多数农民选择了与工作结合紧密的民间学徒式训练，没有在职业学校接受教育。

表 1　进城农民工已接受的培训方式构成

大学职业教育	职校、技校	政府举办的农业技术推广培训	社会举办的短期技能培训	民间师徒培训	岗前培训
1.2%	6.4%	28.4%	12.8%	42.7%	8.5%

尽管存在数量巨大的潜在目标群体，作为制度化教育一员的农村职校，一时还无法在学制、师资及教学内容和方式上进行大的变革，来应对这种既是机遇也是挑战的迷局。

（二）办学层次之限

从 20 世纪 90 年代开始，随着中国经济的进一步发展，就业技术结构也相应有了很大变化，社会整体对技能人才的要求逐渐高移，大力发展高等职业教育成为必然趋势。这给农村职业教育的办学造成了进一步压迫，农村职业教育的毕业生要和具有更高学历、更深厚专业背景的高职学生竞争，这使他们在劳动力市场面临着颇为不利的局面。

1. 劳动力市场的高学历取向不利于农村职业教育学生就业

由于近年来我国经济结构的总体趋势正在由劳动密集型向技术密集型发展，一方面用人单位对员工有了更高的专业要求，另一方面，产业界向劳动力市场提供的职业岗位数量远远不能满足由大中专毕业生、下岗待业工人、进城务工农民等组成的大规模新增劳动力的就业需求，因而对劳动力的高学历取向甚至“人才高消费”现象都出现了。

浏览一下就业市场上的各类招聘信息我们可以发现，职业介绍公司所提供的大多是简单劳动岗位，而人才市场则普遍要求大专以上学历者，在各类招聘信息中很少出现招收中等职业学校毕业学生的字

样。一方面，一些部门明文规定，今后求职者必须大专毕业，诸如公检法部门、保险银行业等，就算以前中职毕业的员工，也大多无发展前途。姑且不论该规定是否正确，事实上这些部门已经在拒绝中等职业教育。另一方面，一些企事业单位不顾自己的实际，盲目地提高用人标准。高学历人才降格使用，本科生做大专生的事，大专生谋求中专生的岗位，这种现象比比皆是。事实上有些岗位中专生完全可以胜任，却没人聘用他们。

> 吉林省S县职业高中03级财会专业杨某：我到某单位去应聘，负责人说我们的学历要求至少是大专以上，不符合条件的一律不用。我承认学历很重要，但是能力也很重要啊，我在学校学习成绩很好，而且正在参加自考，为什么他们不看看我的工作能力再作决定呢？如果他们一定要求大专以上，那么学校还招收我们这些职高生做什么呢？①

另外一些企业从提高企业形象的角度出发，也往往在人才市场打出“至少大专以上”的招牌。媒体对“知识经济”的过分炒作，也使一些企业觉得必须储备一些高层次人才。这就造成了人才的“高消费”与“超前消费”。

> 某单位人事部长：招聘的条件是领导决定的，现在大多单位都要求是大专以上，如果我们单位要中专生的话，领导一是觉得面子上过不去，另外怕中专生的能力太差，知识欠缺，影响到整个员工的整体素质，现在到处是大学生，每天都有很多人来应聘，我们为什么放着大学生不用而用中专生呢？②

① 根据2005年11月9日录音整理。

② 根据2006年1月8日录音整理。

还有很重要一个方面是我国的劳动力市场没有实行真正意义上的职业资格准入制度，重视学历、文凭几乎成了衡量一个人知识结构和能力大小、赢得择业和就业机会的唯一凭证，劳动力市场依然是以学历文凭作为确定劳动力工资价位水平的主要依据，职业资格证书几乎落入有名无实中。这是将正规学校教育的文凭与各行各业的职业资历直接挂钩的学历文凭制度的产物，是应试教育的产物。这有悖于我国现行的劳动预备制度，十分不利于持有双证的中等职校毕业生在劳动力市场公平竞争。另外一部分人没有经过培训，通过社会关系直接上岗，这样就使职业学校毕业生的就业更加雪上加霜，直接影响着一些初中生接受职业教育的积极性。

徐某，今年19岁，2004年刚从吉林省D县职业高中机械专业毕业。当初他初中毕业时学习不是很好，家里人就不让他再继续读高中了，然而当时他年龄太小，不适合出去打工或就业，看到学校里职业高中发的招生宣传单，就决定让他去上职业高中。徐某自称在学校学习还可以，每门功课还过得去。毕业时，学校和深圳东莞一家电子玩具厂进行了毕业生就业联系。他和班里20个同学都报了名。“我们是坐着又脏又破的火车到东莞的，刚到那觉得还挺新鲜，后来上班后才发现工作的环境很差，待遇也奇差，每天工作十几个小时，和外地的打工仔一样的。一些技术性的活儿老板都不让我们干，都让那些本科生、研究生们干，他们待遇比我们要好得多，事实上很多技术活我们足能够很好胜任的，只是老板根本不给机会，我们大多干一些体力活儿，很多同学熬不住都回来了，我后来也回来了。但找工作特别的难，很多单位要想进去都得靠关系，我以前的初中同学毕业之后通过关系直接就到劳动局上班了，也没进行什么培训，而我（职业）高中毕业到现在也找不到工作，现在帮朋友开网吧，学的专业也丢了，我觉得上了职高也没用，他们（老板）好像认定你就不行

似的，不给你施展的机会。他们只看重学历和关系”。①

“先培训后上岗”的劳动准入制度到现在也未能得到落实，在我国的许多企业中没有经过岗前培训就上岗是普遍现象，甚至有些高技能的工种也是如此。中国劳动力市场要真正实行职业资格证书制度恐怕还有很长的路要走。但这已给中等职业教育的发展带来了很大的冲击，那些持有职业技能资格证书的中等职业学校毕业生找不到工作，使劳务市场的竞争显得无序和混乱。

2. 面临多种群体竞争，就业去向不理想

从现在的形势来看，要想获取工作岗位，农村职业教育的学生不仅要和高等职业教育的毕业生竞争，还有大批因产业结构调整产生的大量下岗工人，以及规模很大的进城农民工。这些下岗职工和农村务工人员数量巨大，必然要与中职毕业生争夺有限的就业市场，这样不可避免地造成中职毕业生就业难。

河南省X县胡某，男，今年20岁，父亲是村里的赤脚医生，母亲在家务农。5年前初中毕业时觉得升入县重点高中没有希望，就报考了商丘市卫生学校，选修外科专业，他说像他父亲那样当个医生也不错，只是他不想在农村扎根，至少也要在县里找份工作，因为毕竟学了三年专业知识。然而学成毕业后，找工作并没有像他想象的那样容易，他拿着履历表跑遍了整个县城的医疗单位，人家大多说单位人员编制已满，目前不招人。没有办法，他只好托城里的亲戚跑关系，上下打点花去了至少一万多块钱，最后总算在县防疫站找了一份工作，和他的专业也不对口。现在他还待在家里帮父亲的忙，因为单位的人事冻结，暂时进不去，什么时候上班再另行通知。他气愤地说：“如今防疫站连打

① 根据2005年12月15日录音整理。

扫卫生的职位都没有了，到处都人满为患，我辛辛苦苦地学了三年的专业知识，到头来和没上过学的人一样就业难，早知这样就不会读了。”①

夏金星等于1999年上半年对湖南省1990—1993届的2 838名农村职高毕业生的就业去向情况进行了抽样调查（见表2），调查表明，目前农村职业学校的毕业生去向有6类，按比例高低，依次是：①打工，即在自己不拥有所有权的工厂工作，主要分布在异地，如沿海或大城市；②专业户，即开展有一定规模和效益的专业生产经营活动；③务农，即在农村进行常规的农活或闲居家里；④教书，即在职业中学（多为实践指导教师），或在当地乡镇初中和小学任教；⑤干部，即在乡、镇政府机关和下属机构中任职；⑥其他，主要包括升学和参军两类（夏金星，屈正良，彭干梓，2001）。

表2　2 838名农村职高毕业生就业去向构成　单位:%

类　别	打　工	专业户	务　农	教　书	干　部	其　他
农科类	25.7	20.1	17.8	17.4	12.2	6.8
非农科类	51.3	15.5	11.1	5.0	8.2	12.0

通过表2我们可以发现，打工成为农村职业教育毕业生的主要就业去向。但他们大多数进入了第二、第三产业，集中在建筑业、服务业及纺织、制衣、制鞋、玩具等以手工操作为主，技术含量较低的传统行业。上述调查还表明，农村职业教育毕业生改行的比较多，平均收入比较低：按毕业生去向统计收入情况，成为专业户的毕业生人均年收入过万元（人均月收入1 040元），位居第一，其他依次为打工、干部、教书、务农，人均月收入分别为813元、626元、471元、418元；按所学专业统计，非农科类专业毕业生的收入要明显高于农科类

① 根据2006年1月13日录音整理。

毕业生（农科类毕业生平均月收入684元，非农科类毕业生平均月收入842元）。专业对口的平均收入还低于改行的平均收入。这说明接受农村职业教育总体收益较低，导致了家长和考生对农村职业教育的冷落。

3. 农村职业学校学生想升入高职院校并不容易

虽然为就业服务是职业教育的首要办学目标，但沟通升学渠道，为农村职业学校学生的多元发展取向提供人性化的制度也是教育公平和民主化的应然要求。然而，我国自20世纪70年代末、80年代初开始调整中等教育结构，在30多年的时间里，将中等职业教育办成了一个既不能很好地与高等职业教育对接，又不能与普通教育沟通的"断头教育"或"职业终极教育"。中等职业学校的毕业生大多不能升入高一级的学校深造。按照2006年教育部、国家发改委下发的《关于编报2006年普通高等教育分学校分专业招生计划的通知》（教发［2006］4号），各地安排高职院校对口招收中等职业教育应届毕业生的规模不得超过当年本省（区、市）中等职业学校应届毕业生的5%，也就是说只有5%的学生能够升入高一级职业院校学习，许多优秀的"中职"毕业生都没有深造的机会。这种"断头教育"使得许多想进一步深造的学生望而却步，即使职校录取了也不愿来上。因此造成中等职业教育招生难、报到率低的局面也不足为怪。

> 李某，女，今年17岁，贵州省P县职业高中02级计算机专业的学生。李某说她本来要考重点高中的，可是中考的时候没有考好，没有考上，朋友及家长都说学个好专业也挺好，她就选择了P县职业高中计算机专业。由于本来底子就很好，再加上学习用功，李某的学习一直在班上名列前茅。无论是关于计算机的理论知识还是实践操作，她都掌握得很好。她说很热爱自己的专业，很想有机会学到更多的知识，但现在中专的这些知识已经不能满足她的求知欲了，她很想接受大学知识，自考毕竟不如教师

的讲授。当我告诉她其他地方学习好的职高生可以保送上大学的时候，她眼中露出羡慕的眼神，她说要是P县也实施这样的措施，她肯定能够得到这样的机会。她说："如果职高生也可以上大学，那么很多学生会选择上职高的，否则上学的热情就会大打折扣。"①

由于中、高职学校衔接不畅，初、中级技术人才无法在学校体制内实现向高级技术人才的过渡。法国著名社会学家图海纳（Touraine）将现代社会比喻为一场马拉松比赛，他认为有能力在跑道上坚持跑下去的人才能属于主流社会的一分子，而没有能力继续坚持赛跑的人就会被抛弃在"主流社会"以外，成为"底层社会"的一分子，一个人一旦被"主流社会"抛弃就很难有机会再进入"主流社会"（孙立平，2005）。农村职业学校升学途径不畅，大大限制了农村职业教育学生的多元发展，严重影响了后续学生的报考热情。

（三）专业设置之钝

职业教育的本质属性是为就业服务，而要实现培养人才的类型及规格与就业市场的需要契合，专业设置是关键。中国大部分农村职业学校的办学位置与人才输入地相隔较远，信息严重不对称，对市场的人才需求类型不敏感，加上专业培养周期较长，管理不规范，极大地影响了人才培养质量。

1. 专业设置与市场需求不协调

从产业结构升级的需要来看，中国目前在工业生产一线的劳动者素质偏低和技能型人才紧缺问题十分突出，"2004年底全国城镇从业人口中技能劳动者仅占32.9%，劳动者技术等级偏低，初级工占

① 根据2005年10月29日录音整理。

43%，中级工占36%，高级工占17%，技师和高级技师仅占4%”（陈至立，2005）。现阶段国家对职业教育的迫切需要是培养高技能人才，重点是高级技工和技师的培养。“要提高我国的制造业水平，必须培养大批掌握新技术、能操作最新的机床、有创新精神的高技能人才。”（温家宝，2005）由于中国处于加速实现工业化的发展阶段，伴随着现代制造业的蓬勃兴起，近年来人才市场对一线工程技术岗位应用型人才的需求加大。但相关专业规模却发展缓慢，机械仪表、电气电子、能源动力、土建等应用面广的大宗工科类专业规模增长大多数低于平均增长率，所占比重也有所下降，导致近年来国家应用技术人才的严重短缺。我们在调查中发现，许多职业学校的专业设置对劳动力市场缺乏敏感性，不能前瞻性地进行专业调整，所开专业多为成本小、对实习基地要求不高的专业。专业结构与产业、行业人才结构不协调（见表3）。

表3　吉林省S县等5省8县职业高中近三年专业设置一览

吉林省S县	机械、电子、信息、动物科学、植物科学、医学、财会、餐旅、商务英语、综合技术
吉林省D县	财会、餐旅、农学、建筑、机电、电工、机械、食品加工
吉林省N县	幼师、机械加工、机械数控、汽车运营与维修、计算机应用
吉林省F县	机电、应用电子、医疗卫生、计算机、工程民用建筑、旅游
浙江省C县	学前教育、外贸英语、计算机应用、艺术、财会、海关报关、旅游管理、电子应用技术、数控、服装设计与制作、汽车运用维修、烹饪、航空服务与管理、电子商务
河南省X县	种植、养殖、财会、计算机、烹饪、旅游、机电、市场营销、国际商务、建筑、音乐、美术、化工、医科、文秘
山东省P县	建筑、机电、财会、旅游、服装、计算机、法律、汽车驾驶与维修、畜牧兽医、电子技术应用、机械加工、文秘、数控
贵州省P县	应用电子、旅游、计算机、机械设计制造及自动化、工商管理、数控、电子、热表处理、航空发动机制造

通过调查我们发现，农村职业高中开设比较普遍的是计算机、种植、机械等几个专业，其他诸如餐旅、服装等则主要依据学校的具体办学能力、学生的兴趣以及市场的需要开设。除贵州省P县有依托企业办学（三线企业附属技校），设置了数控、航空发动机制造等需要实习仪器的专业外，其他几个县开设专业尽管多元，但主要是成本小的专业类别。

从全国来看，2003年中等职业学校（不含技工学校）招生数为424.1万人，招生最多的专业是信息技术类，有111.8万人，占中等职业教育招生总人数的26.36%，毕业生为301.1万人，毕业生最多的同样是信息技术类，有69.4万人，占中等职业学校毕业生总人数的23.05%。也就是说，这样的情况在全国中等职业学校普遍存在。

2. 专业周期较长

在我们调查的各县职业高中，无论什么专业都需要3到4年的时间。我们知道，职业技术教育针对的是以应用技术为主的职业，因此相对于其他类型的教育来说，它应该具有更高的灵敏度，能根据劳务市场的变化及时作出反应，这样的职业教育才具有生命力。其灵活性既表现在教学内容方面，即根据技术的变化及时调整教学内容，也表现在专业设置方面，即根据劳务市场的变化及时调整专业设置，同时还表现在培训周期方面，即根据不同的培养目标及时调整学习年限。很显然，学制固定、培养周期长的长学制模式不能适应这一要求。

太长的学制不但没有让学生学到更多的知识，相反还在一定程度上耽误了学生的就业。许多学生反映，由于学制长，等到他们三年毕业后要不所学的知识已经过时，要不专业不再热门，这样找工作就处于被动状态。而社会上开办的许多短训班则培训周期短，收费低，而且专业门类繁多，且大多是劳动力市场炙手可热的专业，这样学员就可以根据自己的具体情况选择适合自己的专业。因此，许多以就业为目的的家长和学生认为职业学校学制长，花钱多，不如选择社会上的培训班划算。许多学生被中专录取了也不来报到。这样无疑使职校处

于步履维艰的境地。

3. 专业设置随意性较强

《中华人民共和国职业教育法》并未对专业设置作出直接规定，直到2000年教育部发布了《教育部关于印发（中等职业学校专业目录）和（关于中等职业学校专业设置管理的原则意见）的通知》（教职成［2000］8号），“中职”的专业设置才开始逐步得到规范。一般情况下，地（市）教育行政部门就有“中职”专业的审批权，这是为确保农村中职的生存。但由此也出现了两个问题。一是专业命名乱，同一所学校专业过多过滥。我们调查的8县职高存在4个以上不同类别的专业是普遍现象，而这在一定程度上与“中职”发展的内在需要不相符。“中职”专业建设的成本要高于普通教育，一所学校能够在两个专业门类上建设成功已经不易，而大量进行专业开发也就基本意味着各个专业没有什么投入。专业建设不好，培养质量必然下降，自然也就陷入了进一步尾随市场变换专业的境地。二是专业更迭频繁。农村中职发展艰难，与专业的稳定性、更迭频繁相伴而生。C县10年间职教中心先后开设过服装、制药、钢铁等30多个专业，遍布《中等职业学校专业目录》规定的所有门类。F县职高也以就业为主要导向设立了计算机、旅游等7个专业，但现在只剩计算机和旅游两个专业。P县职高于2001年设立应用电子科技专业和旅游专业，后因县内一家主要宾馆倒闭，学校就此失去了实训基地，学生毕业后也无法就业，不到5年时间，旅游专业已经停招。

4. 专业设置的条件配备不足

从调查中了解到，面对频繁变化的专业设置，师资的配备成为各县职高办学面临的主要问题。S县一所职高有计算机、财经等5个专业，实际是因对口升学而设立的，5个专业的学生集中在一个教学班里。而学校现有的4名专任职业技术教师中，只有两名教师专业对口。这就出现两方面的问题。一是师资紧张，专业对口的教师更为紧

张。在S、D、F、P 4县，均已经连续5年没有进各类教师，原因是县教师严重超编。为了缓解职教教师紧张的问题，县里决定将“普高”中的优秀教师抽调到职教队伍，这是目前唯一的解决办法。二是由于专业设置不当，还造成实训基地与设备的不配套。许多专业多为理论讲授，实践课比例严重不足，实践技能培训只能是纸上谈兵。比如，计算机相关专业是各县普遍设立的专业，但是专业建设条件却很差，普遍不能达到办学要求，不仅设备无法配套，仅有的几台电脑也往往配置很低。基本的应用条件达不到，人才的实践能力培养就只能是一席空话。

面向市场办学，是职业教育发展的方向，但市场信息、中介服务、研究机构尚未跟上职业教育发展的需要。就业市场信息不透明，职业学校办学的盲目性，对就业市场信息不敏感，与职业教育发展惯性、周期较长相互因应，造成就业市场人才需求与农村职业学校人才培养脱节。这样一来，一方面，一些专业的职业技术人才短缺；一方面，另一些专业的职业技术人才过剩，造成了职业技术人才结构性不合理。

（四）培养质量之弊

中国曾经在很长时间奉行“职业教育普通化、普通教育职业化”的职普融通办学思想。现实中普通教育没有职业化，但职业教育却“非常”普通化。按照“普教”思维而不是专业思维办学，按照学科逻辑而不是技术逻辑设置课程，按照理论讲授而不是技术实践实施教学，导致学生的实践技能培养严重不足，学机械制图的看不懂图，学汽车维修的修不好汽车，学信息技术的除了会上网聊天、打打游戏，什么都不懂，形成了培养质量的致命硬伤。

1. 职业教育课程学问化

职业教育课程在当代的历程，是学问化与反学问化对抗的历程。一种观点认为，要把职业教育课程建成类似于物理学之类的形式学科，

另一种观点则强烈主张将技术实践活动作为建构职业教育课程的基本立足点。就目前的职业教育课程实践来说，前一种观点的影响显然比后一种观点要大，在农村职业教育尤其如此。这种学问化倾向渗透到职业教育课程的所有层面，农村职业教育的课程设置过分注重文化课和专业课，科学的重要性掩盖了技术的重要性，理论知识的重要性掩盖了实践知识的重要性，使得职业教育课程完全脱离了自身的轨道。

原国家教委1990年颁布的《关于制定职业高级中学（三年制）教学计划的意见》（［86］教职字008号）中明确指出，文化课、专业理论课、实训课课时安排，工农医类一般为3∶3∶4，文科类一般为4∶3∶3。我们的调查显示，县级职业高中的课程实施中，实践课程占总课程的比例偏低，培养人才类型与市场需求存在结构性错位。以所调查的5省职业高中为例，文化课、专业课与实践课的比例为1.7∶3.2∶1，实践课仅占总课时的17.0%。调研发现，各地都普遍重视职业类学校的文化课的教学，而专业课和实践课的比例相差悬殊（见图2）。显而易见，课程设置过分强调了理论的学科系统性和完整性，实践课程地位低下，实践课成了理论课的补充，甚至许多学校将实践课当做理论课来上，学生的智能结构严重脱离了现实的需要，

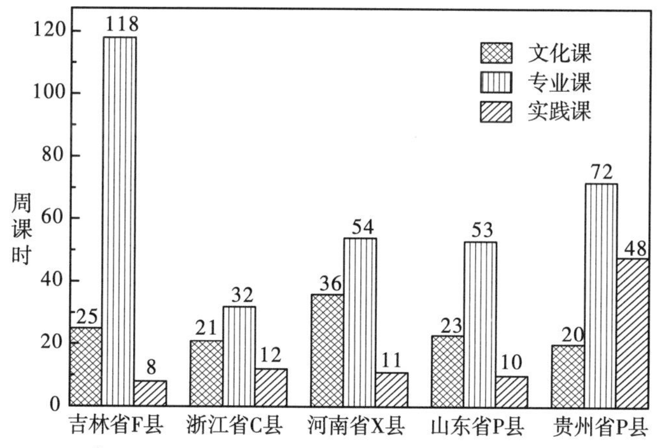

图2　吉林省F县等5县职业高中各类课程对比

25.8%的学生对课程不太满意。

2. 职教师资整体素质不高，缺乏实践技能

农村职业学校教师队伍总体上数量不足，学历达标率偏低，素质不高。2006年中等职业学校专任教师学历达标率全国平均仅为74.28%（普通高中为86.46%）。许多农村职业学校是由普通高中改制而成，教师多为文化课教师，少量的专业课教师也由于缺乏必要的培训而不具备相应的动手能力。许多中等职业学校教师的录用、培养、管理等仍沿用普通教育的模式，学校招不进急需的非师范类的大学毕业生和企业工程技术人才，而本校原有教师由于职称评审等原因不愿转为专业课教师，造成专业教师数量不足，质量不高，教育教学质量难以保证。我们在调查中发现，许多职业学校的专业课教师缺乏。专业课教师和普通文化课教师的比例失调，文化课教师的比例普遍偏大。教师的知识结构与职业教育所要求的知识结构不相适应，缺乏必要的工作实践能力和专业实践技能，据教育部职成司统计，2006年，普通中等专业学校文化课教师占专任教师总数的40.1%，专业课教师为55.9%，实习指导教师为4%；职业高中文化课教师占专任教师总数的52.4%，专业课教师为45.1%，实习指导教师为2.5%；成人中等专业学校文化课教师占专任教师总数的48.5%，专业课教师为48.9%，实习指导教师为2.6%。双师型教师严重缺乏，占专业课和实习指导教师的比例不足1/3。根据中国社会科学院国情调研课题组的一项调查，在回答问题“您在企业或单位从事过与现专业有关的工作多少年”时，有62.9%的教师回答“没有”，有19.3%的教师回答“5年以下”，只有17.8%的教师回答“5年以上”（中国社会科学院国情调研课题组，2007）。教师缺乏专门的职业技能培训，难以完成相应的实训教学及指导工作。尤其是近几年来新加入的教师，尽管学历较高，但实践能力较弱。教师从教之路从学校到学校、从书本到书本，大部分教师没有企业工作经验。

吉林省S县职高教师：我们开展不好实训课的原因主要是缺师资，绝大部分实践技能教师是非专业人员，没有受过专门训练，只是上课前自己看看教材，所以本来是实践课的内容都按理论课上了，一些技术性很强的内容只能是在黑板上比划比划。①

职业教育教师参与继续教育机会少层次低，培训形式单一，培训内容与教育教学实际脱离，追求学历达标，忽视内在质量。在我们调查的5省8县中，近两年内只有26.7%的职高教师参加过地（市）级以上教师继续教育培训，30.3%从未接受过任何培训，教师实践技能得不到提高，就谈不上学生实践技能的培养了。

吉林省F县职高教师：我们进修存在的一个劣势就是我们不能提高专业技能，只是提高学历教育。这个学历教育专业与所教专业以及过去所学专业未必对应，往往很多时候不能对应。所以，职业类学校教师的进修多为“提高学历”，而不是提高“专业技能”。从理论上来说，我们更需要的是提高专业技能。例如，我教汽车修理，我从来没有过修理汽车的经验。加之我们实习基地缺乏，离国家在此方面的要求差距较大，所以，授课只能是纸上谈兵。②

不少教师感到很大的压力，但碍于形势却不得不硬着头皮“自学成才”。他们抱怨：“自己先回家学，然后按照课本上教学生，压力很大，备课的任务很重!”教师对所任教的科目掌握不足，甚至自己都未能清楚明白，根本不能适应就业导向的教学要求。由于学校近几年生源尚且不能保证，办学经费十分紧张，根本不可能派教师出去培训，职业课的教师大多没有受过专业训练，对所教科目的理解能力

① 根据2005年11月9日录音整理。

② 根据2005年10月22日录音整理。

有限，未能真正掌握课程的重点，与正规的教师的要求实有很大的差距。任教的课程非自己本行，教师却作出了如下的反映："没问题，能教！回家自己先看一遍，再教给学生，有大纲有参考书，教几年就不累了。"①

农村职业教育缺乏有实践经验的专业教师、双师型教师，整体素质不高，这成为制约学生实践能力培养的重要因素，是职业教育发展迫切需要解决的问题。

3. 农村职业学校缺乏实训基地和设备

职业学校的教学应以实际操作为主，但由于实习设备需要较大投入，很多农村职业学校没有这方面的实力，实习设备大都不能满足学生实践的需要。不少学校除应付基本建设、人头费和日常开支外，已不可能有更多的资金投入到实验、实训、设备和基地建设上。

> 吉林省F县职高教师：职业教育最重要的就是让学生掌握技术，要掌握技术就离不开实习，许多职业学校连实习基地都没有，全是理论课，我们就是在黑板上作实验呢，学生一到实践中都得从头学起，一点动手能力都没有。②

职业教育与普通教育投资相比，国际上有一个通行的标准，即职业教育与普通教育的教育成本比例是2.48∶1。国家统计局数据显示，2006年中国职业中学生均预算内教育经费支出为2 163.69元，普通高级中学生均预算内教育经费支出为2 240.96元，职业教育、普通教育生均预算内经费支出之比是0.97∶1，与国际标准相差1倍多。我们用普通教育的投入来办职业教育，职业教育的特色和质量可想而知。由于国家及各级地方财政对职业教育投入不足，中等职业学校尤其是农村职业学校的办学条件普遍较差，最受影响的就是实习实训基

①② 根据2005年10月22日录音整理。

地建设，具体表现为以下三个方面。

（1）职业学校固定资产总值水平偏低

2002年全国各类学校固定资产总值为8 769.05亿元，其中高等学校固定资产总值为2 379.35亿元，占27.13%；普通中学为2 783.44亿元，占31.74%；小学为2 374.38亿元，占27.08%。而中、初等职业学校（包括中专、技工学校、职业中学）固定资产总值为820.15亿元，仅占合计的9.35%，远低于其他几类教育。一般来说，职业学校要为学生提供实习实训设备，固定资产总值水平应该高于普通中学。目前职业学校生均固定资产投资不足，最重要的正是反映在学生实习实训设备不足方面，直接影响了学生职业技能水平的提高。

（2）购置专用设备费用和基建支出比例均偏低

2002年，全国各级各类学校购置专用设备金额从2001年的204.03亿元增加到258.75亿元，增加了26.8%，其中普通中学由47.06亿元增加为69.53亿元，增加了47.75%。而同期技工学校购置专用设备金额却由1亿元下降为9 217万元。从基建支出比例来看，2002年高等学校基建支出比例为11.71%，普通中学也达到了5.1%，但中等职业学校的比例偏低：中等专业学校的基建支出仅占总支出的2.23%，技工学校的支出比例为2.29%，情况稍好的职业中学也只有3.82%。

（3）生均固定资产总值和生均仪器设备值不高

2003年，中国城市普通高中生均固定资产总值和生均仪器设备值分别为1 498元和191元，职业高中则为924元和166元，职业高中的生均固定资产总值和生均仪器设备值情况与城市普通高中相比，差距十分明显。

实践条件差导致职业学校的学生实践机会严重不足，根据中国社会科学院国情调研课题组的调查，大部分学生认为自己操作的机会少。在学校实训基地方面，有54.54%的学生表示“没有去过实训基地”，有34.73%的学生“在校内的实训基地实习过”，有10.73%的学生回答“在校外的实训基地实习过”。到企业（或单位）实习的情

况是，有79%的学生没有去过实习单位，只有21%的学生说去过（中国社会科学院国情调研课题组，2007）。

河南省X县职高学生：我们也想学点知识，可是老师在课堂上讲的全是理论知识，太枯燥乏味了。平时也没有实践的机会，到考试的时候也全是死记硬背的知识，到时背背记记就行了，没有必要听。每次上实践课的时候是同学们最高兴的时候，也是大家最用心的时候，只可惜这种机会太少了。①

由于实践培训不够，农村职业学校学生的实践技能较差，在应聘工作时遇到很大困难，吉林省D县职业高中的校长在访谈中和我们说，他们学校的学生送出去后，不长时间就被送回来了，因为没有技术，只能做流水线的工作，学生自己觉得无法胜任也往回跑。家长们对学校的这种教学状况很不满意，对农村职业学校的教学质量评价较低（见图3）。

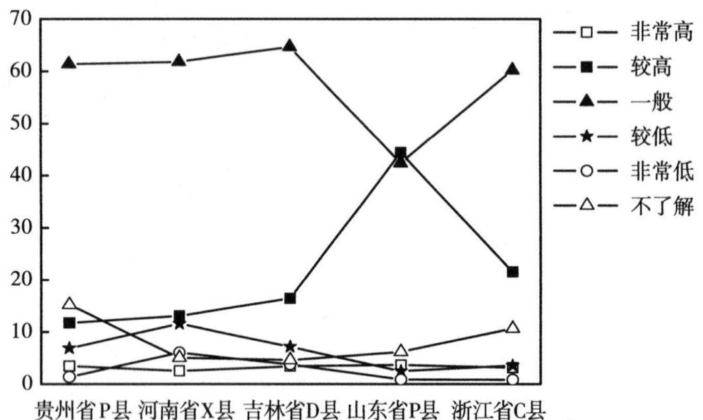

图3　贵州省P县等5县职业高中学生家长对学校教学质量评价（%）

① 根据2006年1月7日录音整理。

图3显示，农村职业学校学生家长对子女所在学校的教学质量评价多为“一般”，认为教学质量好的仅是山东省P县，此外，“不了解”、“较低”也占比较大的比例。尽管家长选择“一般”的为最多，但是联系中国传统文化观之，我们认为学生家长选择“一般”是对农村职业教育培养质量不满的一种隐晦表达。

山东省P县某中学初三毕业生：其实我本来是打算选择上职业学校的，升学没希望，能掌握一技之长也是很好的，可是人家都说在职业学校是学不到什么东西的，那里的教学质量太差，在那读书简直就是浪费青春，到头来浪费了时间和金钱。①

（五）信息获取之隔

当前在中国农村职业教育发展过程中，一个关键的问题是如何把技能培训与经济发展、就业需要紧密联系在一起。在市场越来越成为配置劳动力资源的重要手段的情况下，信息就成了联系上述劳动力市场、农村职业学校、农村职业教育学生三者的最重要的纽带和桥梁。理想的信息沟通状态应该是这样，社会把各种熟练劳动力和高级人才的需求信息输入劳动力市场，个人则根据劳动力市场的供求信息，调整自己对教育的选择，与社会对劳动力的需求达到一致，最终实现个人的经济利益和效用的最大化。同时社会生产部门也在一定程度上根据劳动力市场的供求状况，调整需求。亦即个人与社会以劳动力市场为中介，各自不断调整需求，使二者达到基本一致，但是事实并非如此。

当前劳动力市场上出现了这样一种耐人寻味的现象，一方面是职业学校数量多了，职教资源比过去丰足了，职教生在劳动力市场上显

① 根据2006年3月18日录音整理。

得供过于求，有人甚至说社会不需要发展职教了；但另一方面我们经常会看到各种报道："我国数控机床技工年缺额达60万人"、"6万元年薪招不到高级技工"、"中国缺乏'高级蓝领'"、"好钳工比研究生难找"，等等（群言，2002）。个人、职业学校、用人单位间的信息不对称非常明显：雇主拥有确定的、丰足的工作信息，但并不能获得有关求职者的全部信息；同样，求职者往往不能得到有关职业的可靠和充分的信息，也不能将个人的全部情况告诉雇主。在这样一个信息不对称的劳动力市场中，很难想象劳动力的配置是职遇其人、人施其才、才尽其用，无序流动和自愿失业是不可避免的。

对于中国农村职业学校而言，由于大多数学校规模偏小而且是行业办学或地区办学，掌握的信息零散而不准确，难以真实反映社会需求；况且，由于农村职业教育的市场化程度不高，许多农村职业学校对职业市场的反应不灵敏甚至是不考虑市场信息；而且，对于地理位置偏远的农村职业学校而言，获取信息的成本过高也是其信息收集和发布不积极主动的经济动因。因此农村职业教育的行为不仅不能选择正确的投资方向、开办符合社会需求的职业培训，发挥信息导向作用，而且在大多数情况下是盲目决策，误导了职业教育资源的配置，最终导致人才结构的畸轻畸重，使与职业市场的需求产生结构性的失衡。

对于受教育者而言，相对于政府和教育机构，广大学生是职业市场的劣势一方。作为单个信息使用者，同样由于收集信息的成本过大，学生缺乏收集市场信息的能力，他们很难知道真正的市场预期。于是难以做出理性决策，导致盲目跟风，使职业教育市场信号失真。

从职业教育市场的供给与需求两方面可以看出，由于信息来源的失真，信息公共产品的性质，及提供信息和获取信息高额成本的存在，使市场不能提供投资者所需要的全部信息，也使大多数的求学者缺乏收集信息的激励，因此导致职业教育市场上不对称信息广泛存在，并最终从市场供给和需求两方面造成市场失灵。

一方面，大量的新增就业岗位出现在第三产业；另一方面第二产业对高级技工需求增加、对一般技工需求下降。例如，目前中国数控

技术应用领域操作人员每年需增加100万人左右，汽车维修行业每年需新增30万人，护理人员每年需新增15万人，但是这些领域的技术人才严重匮乏。

而从供方（人才）来看："九五"以来，中国教育事业取得了跨越式的发展，其中9年义务教育的人口覆盖率在过去十几年中翻了一番，高等教育在校生规模自1998年扩招以后更翻了两番。与之形成反差的是，中等职业教育成为发展最慢的教育：不仅在校生增加的速度是各类教育中最慢的，而且由于大量中等职业学校升格为高等职业学校以及中职招生困难，导致中等职业学校的教育质量出现了显著滑坡。刚刚在20世纪90年代中期规范发展起来的高等职业教育，在高校"恶性"扩招以及中等职业学校"恶性"升格的冲击下，"高职"原有的从培养目标、教学理念、课程设置到师资力量都显著有别于普通高等教育的特色丧失殆尽，不仅没有为社会提供足够的适合人才，反而加剧了就业压力（高等职业学校的在校生数量已达高校在校生数量的1/3左右，但其学生初次就业率显著低于整个高等学校学生的初次就业率）。这个阶段，技工学校的发展也殊为困难：不仅有与其他类中等职业学校同样的发展压力，还由于国企改制等使其失去了母体支持，许多学校连招生都难保，遑论培养市场需要的合格人才。只有各种短期非学历培训，在市场竞争条件下倒还取得了空前的发展。

总体来看，显然，从数量到质量，供方和需方都是失衡的。也因此，当前就业形势严峻不仅在于在校生数量庞大、待就业人数众多，更在于人才培养结构与劳动力需求结构的脱节——一些现象最近已屡屡见诸报端。以下仅举发达地区两例。

例一　2005年，深圳市近百万技工中，技师和高级技师只有14 000多人，而中级以上的技工只有22万人。高、中、初级技术工人离德国等制造业发达的国家35:50:15的平均比例相去甚远。

例二 广东技术工人总量严重不足，尤其是高技能人才奇缺。按技能人才需求预测分析，“十一五”期间，广东中级工以上技能人才缺口180万人，其中高级以上技能人才缺口100多万人。长三角等地区也出现了类似的问题。“中国制造”正遭遇技工人才短缺的尴尬（苏扬，2006）。

对农村职业教育学生来说，职业信息的传递渠道在市场中不是很少存在，就是所提供的信息只是无人问津的工作，他们处于劳动力配置和流动的体制洞之中：有价值的信息无从获得，与雇主的相互信任无从建立，求职者与雇主的相互约束没有体制保证。在这种情况下，只能依靠社会网络作为信息的桥梁，作为信任的基础，作为人际关系约束的保证。这就带来了很大的不确定性和随意性。

在调研中我们发现，由于掌握信息不充分，加上劳动力市场不规范，农村职业学校经常被虚假的市场信号误导，遭遇“就业陷阱”、“虚假订单”等，给学校和学生带来很大损失。一些用人单位存在用人欺诈行为，以虚假订单把学生骗去，却不按事先的承诺兑现待遇，或者在干满一年试用期后，以种种理由把人辞退，等等，而相关的法律约束还没有形成，许多出外务工的学生上当受骗后有冤无处申，严重影响了家长和学生对职业教育环境的信心。

河南省X县职业高中校长：几年前，我们和外面联系好“订单”后，由我校培训，对方负责工作。但是派老师把培训好的学员送达的时候，对方却毁约取消“订单”。因为我们已经和家长承诺过为孩子找工作，所以，我们没有办法，不能把孩子们领回来。万般无奈之下，我们派老师和学生们一起租房子，买锅灶，硬撑着为学生在当地找工作。①

① 根据2006年1月7日录音整理。

> 吉林省F县某综合高中校长：以前我们和青岛的一个企业联系过，说好是毕业后去他们那里，每个学生都交了一万多，后来事情黄了，搞得我们很尴尬，这些学生都是本厂（该校是林厂附属中学）子弟，我们实在是很难给同事们交代，也就再不敢和外边这样联系了。①

现在全国大部分县域尚无专门的职业教育服务机构，农村职业教育学生就业靠的是民间组织或自我服务，盲目性很大，成功率极低。不少地方以供求信息为主要内容的地方职业教育统计、调查资料奇缺，职业教育的发展规划和调控方案缺乏相应的基础数据支持，使得农村职业学校的办学处于闭门造车的处境中。

（六）分割管理之锢

农村职业教育的资源本来就很有限，而且所处地域的经济也欠发达，在这种情况下，要办高质量的职业教育，必须走规模办学的路子，这不仅是职业教育资源整合的需要，也是实现信息共享，与市场有效互动的需要。但从目前现状来看，不少县域的职教资源分散，职业教育举办形式多样，行政隶属关系错综复杂。有的学校归县教育局行政管理，有的学校归县劳动保障局行政管理。作为办学单位的学校又存在企业（行业）、教育部门、劳动保障部门多头管理的困扰，它们相对独立、布点分散，招生办学、推荐就业各自为政，存在重复办学、不良竞争现象，有限的职业教育资源得不到充分利用，难以形成规模效益，造成职业教育对生源的吸引力下降。贵州省P县的个案极为典型，县职业高中和黎阳职业高中（本县的一所技工学校）各具特色，双方具备的优势恰好是对方急需补足的短板，但却因为体制分割，虽然近在咫尺却不能优势互补，让人不由感叹，分割管理的禁

① 根据2005年10月20日录音整理。

锢严重妨碍了农村职业教育的长足发展。让我们来检视贵州省P县的一个个案。

1. 资源分散：不同类型职业学校发展迥异

贵州省P县有职业高中和黎阳职高两所“中职”学校，其中职业高中归县教育局管理，黎阳职高是属于三线企业贵州航天集团某基地自办的技工学校，归企业和劳动局管理。虽处同一县域，但由于性质不同，挂靠单位不同，培养模式不同，两所学校的办学境遇也相殊甚远。

生源情况是反映学校生命力的重要指标，我们先从招生情况谈起。县职业高中目前仅有21名纯粹的职高生，其余267名均为普通班学生。由于生源紧缺，学校想了各种各样的办法来吸引学生就读。

> 贵州省P县职高校长：几年来我们招生特别困难，大家能想到的招数我们都用尽了。招不来学生，老师没饭吃呀，实在没办法，我把任务分解给了每位老师，硬性规定每人负责招5名，招到学生有奖励，我组织教师到学校宣传发动，向家长学生许诺推荐就业……结果还是越招越少，招来的学生文化基础也较差。①

为了让学校维持下去，职高校长绞尽脑汁，积极奔走，多次向县长建议争取，把城关镇通往职高的泥土路改造成了水泥路面（职高在P县县城的郊外），让城关镇所有的4路公交车都在职高设了站点，以方便师生生活，稳定惶惶欲散的师资；他还提出方案，把职高的招生任务转化为政府行为，由分管教育的副县长和教育局长牵头，和各乡镇中学的校长签订责任状，各学校保证在该年秋季开学时向职高输送规定的学生数，职业高中招生计划任务的落实纳入各教辅站、

① 根据2005年11月18日录音整理。

中学的年度教育目标管理的考核内容。尽管如此声势浩大，最后的数字还是让人黯然神伤，2005 年职高只招收了十几名学生，而这样的招生水平已持续了 4 年。校长竭尽全力地为学校老师找事做，办普教班，开展阳光工程和劳动力转移培训等，艰难地维持着学校的运转。

相比之下，黎阳职高却“这边风景独好”。2005 年学校计划招收 150 人，实际招生 200 人，超额完成计划数 33%，现在学校共有 516 名在校生，并且打算明年继续扩大招生计划。同处一个地域，结果却如此不同，原因何在？直接原因是就业，更深层次的原因在于两所学校的培养模式迥异。

从收费来看，就读县职业高中只需交费 500 元/年，较黎阳职高 1 900—2 800 元收费标准要低得多，但学校因与就业市场信息隔绝，毕业生求职无门，升学无路，大部分只能靠出卖体力在低端行业就业。由于看不到接受职业教育带来的直接回报，后续学生选择职高的积极性受到很大抑制。黎阳职高却由于身份“特殊”，既有劳动部门提供的大量要人信息，黎阳机械厂自身产业新陈代谢又能吸收不少毕业生，成了就业市场的“香饽饽”。

> 黎阳职高校长：别看我们小，我们的学生百分之百就业。在我们贵州省，凡是劳动部门主管的学校，就业都好，所以招生就好，尤其我们军工系统内部的技校更是一枝独秀。①

对我国当前的社会经济发展需求来说，职业教育最紧迫的时代任务是“面向就业，重要的是面向企业，培养企业需要的人才”。由于黎阳职高正好迎合了这种需要，其毕业生除去分配到本厂的，大部分都联系到上海、杭州、连云港等地的相关企业，成为正规的技术工人。这与职业高中学生艰难的就业状况形成强烈反差。其中的原因，

① 根据 2005 年 11 月 19 日录音整理。

除了因为劳动部门比教育部门掌握更多的用人信息，最主要的，是两类学校的培养模式不同，毕业生素质也有很大差别。

> 黎阳职高校长：职业教育最重要的就是让学生掌握技术，要掌握技术就离不开实习，许多职业学校连实习基地都没有，全是理论课，“黑板上种菜养猪”，学生一到实践中都得从头学起，一点动手能力都没有，所以最后只好靠出卖劳动力挣钱，这样的学校学生当然不愿意上了，那么多职高垮掉就是因为这个原因。

由于背靠企业，黎阳职高开设的专业多为机械类专业（包括机械设计制造及自动化、工商管理、机械制造、数控技术、电工技术、热表处理、航空发动机制造等），与国家产业结构的升级和优化对人才的需求极为契合。同样是三年学制，黎阳职高的学生有一年半的时间在实习，厂里把一些旧的机床设备充实到了学校的实习厂房，由富有经验的高级技工指导，学生有着足够的实习资源。按照学校的介绍，黎阳职高的毕业生一到生产岗位就可以做中级技工，而在生产一线，一个学徒需要跟师傅做三年工才可成为初级技工。重视实习为学校毕业生的质量提高打下了坚实的基础，毕业生供不应求，招生自然火爆。

“以服务为宗旨，以就业为导向”，职业高中本应以此为纲办学，但P县职高的人才培养模式，从人才培养目标、专业设置、教学模式等都与市场和社会对人才的需要严重脱节，多数学生仍然是抱着升大学的愿望到职业学校学习，对口升学成为职高学生的主要求学目的。这种以对口升学为主的办学模式严重影响了职高的专业设置与教学模式。县职业高中基本是开设一些技能要求不太高的专业：应用电子科技、计算机、旅游（以前曾经开设过旅游专业，后因合作单位天台山宾馆倒闭，学校没有任何实习基地，学生无法实习，现已停招），教学条件相当差——没有一个实训基地，只有一个装配了15台电脑的机房，21名应用电子科技专业的学生人均不到一台，学生

的实践能力培养从何谈起？

2. 体制不顺：职业学校难以做到优势互补

按照常理，黎阳职高应该趁着东风与公办的职业高中进行资源整合和重组，走规模化、集团化办学的路子，盘活资源、激发活力、整合力量，在做强做大上下功夫。但校长的一句话让我们感到颇为震惊，“别看我们现在热火朝天，明年你们再来，也许我们学校就消失了。”一边是兴旺发达，一边是前景堪忧，让人深思。按照《职业教育法》的规定，工厂应该为职业教育培训提供必要的实习场所，但现在的企业，均以自身经济利益为重，这种企业办学的投入与收益之间的矛盾，导致企业办学积极性不高，对社会只有索取“人才”的意愿，而忽略培养人才的责任，甚至将办学视为“负担”。这类现象不仅仅是黎阳厂存在，在许多国有大中型企业都存在。所以我国的职业教育存在着技术培训难的问题，这与企业参与职业教育的成熟度有直接的关联。

还以黎阳职高为例。2004 年以来，黎阳职高的招生规模有所扩大，2005 年学校计划扩建实习厂房，厂部原打算下拨 200 万元，但在职工代表大会上遇到了抵制。许多职工认为，学校的主要任务应该是培训本厂职工，而办学是一种社会公益事业，企业没有必要花更多的钱来办学，来承担这种不必背负的社会责任。有很多代表提议把学校缩减，或者干脆减成企业的一个教育处算了。学校的师资由于学生增多开始缺编，但因厂里要讲求效益，实行减员增效，学校连一个教师编制都申请不来，教师的负担很重。问题的实质在于，学校做大做强的目标与企业自身的经营计划产生了矛盾。

国家新出台的发展职业教育的政策也没有惠及黎阳职高，学校所属的企业开始减少对学校的投入，但国家发展职业教育的经费却通过教育系统来划拨，当地教育部门只会将钱下拨到地方职高，行业学校得不到国家的资助。除此之外，学校的其他待遇也比不上地方职校。

学校的在册教师在企业内部按岗位比技术人员低一级，在教育系

统内比同类教师低一级（县里高中教师是 14 级，技校教师是 13 级），职称评定也比地方学校更为困难（见表 4）。

表 4　贵州省 P 县 2005 年职业学校专任教师职称统计表

学　校	合计	文化课教师			专业课教师			实习指导教师		
		高级	中级	初级	高级	中级	初级	高级	中级	初级
县职业高中	37	2	7	12	0	1	7	0	1	7
黎阳职高	20	0	4	0	0	6	2	6	2	0

面临办学困境，黎阳职高的办学者们迫切希望能得到国家的支持，他们急切地提出了如下的愿望和建议：

> 黎阳职高校长：我们非常渴望能够享受到和县职高同样的政策、待遇，那样我们一定会发展得更好。对于发展职业教育，资源的整合非常重要。当初平坝有 8 所职业学校，如果当时集中力量办一所的话，会很不错，大家一窝蜂似的一起上，最终都纷纷垮掉了。我们真不希望刚过几天好日子就散伙了。①

从前文的叙述我们可以清楚地看到 P 县中职发展的困境：黎阳职高有着非常好的办学条件，也面临着极好的办学机遇，但因企业办学积极性不高，且因其隶属于劳动部门，很难得到国家对职教提供的政策待遇和资源，发展似难持久；同样，县职业高中享受国家的政策和资助，但办学条件较差，没有黎阳职高所拥有的师资和设备，开不出市场亟需的专业来，又不掌握劳动部门所提供的企业用人信息，前景黯淡。看着两个近在咫尺又非常互补的学校不能整合，资源不能盘活，让人不由得忧思重重。

① 根据 2005 年 11 月 19 日录音整理。

从全国范围来看，由于计划经济体制的影响，县级职业教育机构分散于各个部门和行业，其发展规模各不相同，对生源的占有率、参与当地教育普及的程度悬殊较大，对经济发展的支撑力度各不相同。目前，我国县域职教资源主要分属于三大部门，即教育部门、劳动部门、经济（业务）部门，这种体制在实际运行中表现为行政管理体制的统筹管理弱化，即局部有序，整体无序，条块、部门、地区分割相当严重。由于相互之间缺乏统一的规划和有效的连接，缺乏相应的协调与配合，各自为战的情况比较突出。因此，虽然已经积累了比较丰富的职业教育资源，实际发挥的作用并不大，整体效益并不高。由于职业教育资源的分散管理，决定了其办学方向上差异甚大，这在很大程度上阻碍了职业学校的自愿组合。

除了全日制学校之间的分割外，农村职业学校与农村社会职业教育部门的隔绝同样很严重，虽处同一地域却各行其是，不能发挥资源的最大效用。具体表现为：农村职业技术教育体系虽然都有办学机构，但缺乏专业技术教师，多数办学机构没有实践场地和实验设施；农业技术推广部门有培训教师和实践场地，但大多数县、乡没有培训机构；科协、妇联、共青团等社会团体开办的农业职业技术培训都有自己的体系网络，但没有自己的教学机构，也没有自己的实践场地和师资。由于管理的分散性，缺乏统一的规划和措施，各部门、各教育形式往往根据自己的特点、性质、目标和上级下达的任务进行单方面的工作，因此总体上缺乏必要的了解和主动配合。虽然大家的主要目标都是要努力提高农村在职劳动者和新增劳动者的思想、文化、科技素质，但实践过程中各部门均有自己独立的目标、计划和工作内容，如果还有一定程度的所谓协作、配合、支持的话，则往往是临时的、被动的和重复的。农业局重点抓农业科技推广，教育局主要抓扫盲脱盲，缺乏必要的科技支持；农业广播电视学校主要搞学历教育，与普通农民的距离甚远；农函大只搞专项技术教育，单方面地瞄准部分农民；农村成人文化技术学校也只是刚刚起步。

农村职业技术教育整体处于资源分散、各自为政、优势不能互补

的条块式职业技术教育体系局面。政府的统筹作用严重缺位，没有化“零”为“整”地让隶属于不同行业和部门的职业教育机构抱团发展，严重阻碍了农村职业教育做大做强。

三、归因：农村职业教育发生了从地位教育到生存教育的蜕变

在当代，教育是社会分层的重要维度和影响社会流动的重要因素，农民作为劣势阶层，通过教育实现代际阶层地位跃迁是其对子女接受教育的主要期待。他们的教育选择行为主要建基于对社会流动规则和教育市场的理性认识基础之上，农村职业教育在这样的架构中经受着农民的考量。在改革开放初期，由于当时整体教育发展水平低，农村职业教育学生毕业后被分配到社会生产的各个部门工作，取得中等专业学校学历资源的学生很多进入管理层，成了干部，农村学生还可就此获得城镇户口，作为生存教育的技术教育甚至成为地位升迁的标志。在这一阶段，中等职业教育相对初中以下教育，高等职业教育（大专、高专）相对普通高中（含中等职业教育）以下的教育水平，在进入中高级职业阶层过程中具有明显的优势，农民对子女接受职业教育的积极性很高，农村职业教育也在这一时期取得了辉煌的发展。至20世纪90年代，中国已经建立了世界上规模最大的职业教育体系。90年代初期以后，随着职业趋高级化带来的人才高要求及国家就业分配制度的变化，中等职业教育文凭在改革初期占据的就业领域受到正规高等教育和高等职业教育文凭的排挤，其优势地位开始下降。持有中等职业教育文凭的人在劳动力市场上的机会减少，进入中高级白领阶层的机会很少，只能从事蓝领工作，对身份地位的改变能力不大，农村职业教育发生了从地位教育到生存教育的蜕变。加上农村职业教育与高等教育及同级普通教育体系流通不畅，升学受限，家长对农村职业教育的认可度大幅下降。农村职业教育由盛而衰的演变让我们不能不重视社会结构变迁对职业教育发展的决定性影响。现在

农村职业教育的现状以及它在改变人们社会阶层结构上的局限性，决定了我国农村职业教育时下不会有人们期望的那样大的发展，相反却有可能继续萎缩，回到常态。

在这种蜕变过程中，政府还不适应市场经济条件下职业教育管理的要求，在发展市场经济的进程中，我们实行了过度市场化的政策，造成了用市场调节替代政府责任的现象，使农村职业教育缺少公共支持。这集中体现在，一是国家对职业教育成本比普通教育高这一事实没有给予充分重视，没有相应的政策补偿，政府功能发挥不足，造成农村职业教育筹资困难和办学成本增加；二是相关制度建设严重滞后，职业教育发展缺乏软环境支持。

在调研中我们发现，在企业用工时，存在“就业陷阱”，“虚假订单”等失范现象，一些用人单位存在用人欺诈行为，以虚假订单把学生骗去，却不按事先的承诺兑现待遇，或者在干满一年试用期后，以种种理由把人辞退，等等，而相关的法律约束还没有形成，许多出外务工的学生上当受骗后有冤无处申，给学生造成了很大损失，也使职业学校对外边来的订单望而却步，增加了职校学生就业的难度，严重影响了家长、学生与学校对职业教育环境的信心。

对职业教育的办学者来说，来自政策和制度的一些不公平更让他们的积极性严重受挫。职业学校教师晋升职称比例偏低，接受继续教育与培训的机会也远远不如普通教育教师，这使职业学校教师感到职业教育不受国家重视。

> 河南省X县职业高中教师：宏观些来说，社会上对职业教育不重视。从职称评定系统来说，职业高中教师和普通高中教师的评定标准一样，评委一样。在评定过程中，几乎没有懂职业教育的人参与其中。由于职业教育的特殊性，我们和普通高中的教师业务上表现差异很大。但是正是这些差异，造成了我们在职称评定中的困难。大部分的职业学校教师职称基本是“中级”，极少数是“高级”，而且工资水平并不高，这对于我们这些辛辛苦

> 苦耕耘着的一线教师来说，付出是远远大于收获的。我们有一位教师从事职业教育工作20余年，职称仍为中级。从他的教龄以及教学水平上看，如果在普通高中，早就是“高级”了。可是，在职业高中，他就一直都是“中级”。①

农村职业教育面向市场办学，也需要软环境进一步优化。现在全国约1/3的省和大部分地、市尚无专门的职业教育教学研究机构，学生就业靠的是民间组织或自我服务。职业学校毕业生劳动市场正处在发育阶段。由于体制分割，造成有的地方劳动部门只面向技工学校提供劳动市场信息。以供求信息为主要内容的地方职业教育统计、调查资料奇缺，农村职业教育的发展规划和调控方案缺乏相应的基础数据支持。政府还不适应市场经济条件下职业教育管理的要求，没有把政府调控与市场机制很好地结合起来。

四、对策：张扬“沉默的大多数”者的个人利益

王小波在《沉默的大多数》一书中曾说，所谓弱势群体，就是那些有话没有说出来的人，他们没有能力也没有机会说话，所以很多人以为他们不存在或者很遥远。福柯说，话语即权力。正是因为没有表达利益的话语权力，“农民的观念落后”常常被认为是导致农村职业教育困境的渊薮。在个人教育选择空间扩大的情况下，农民有了自主选择的权力，是不是接受职业教育反映了农民对职业教育能够给他们带来什么的认识，这些认识来源于对已经接受了职业教育的人的处境的观察，以及把这些人与没有接受职业教育的人的命运进行比较后的权衡考虑。农民的选择行为总是尽量让其子女在现有制度条件下获得个人收益的最大化。以这种视角来认识当前职业教育遭遇农民冷遇的状况，我们就会发现农民对职业教育的淡漠正是他们以经济理性计

① 根据2006年1月7日录音整理。

算考量后的反应。

农民的选择不是通过宣传教育和做说服工作或者用强迫命令就能使他们改向的，从劳动力市场传回的信息以及对接受职业教育者处境的观察，使他们对子女的教育选择显得尤为慎重而具有理性。政策决策者要放下居高临下的理论优越感，设身处地地为农民着想，充分尊重农民的自主权，在明确农民对职业教育主要诉求的基础上，改善外部环境，增强制度设计的人性化，同时提高农村职业教育的办学质量，让农民切身感受到子女接受职业教育的利益所在，这样才能真正弥合两个主体间的需求差异，农民也才会从政策强迫选择、资源稀缺无奈选择发展到理性分析后的自愿选择，最终实现农民个人理性与国家社会理性的协调统一，农村职业教育也才能由以国家推动为主的设计模式走向市场需求推动的内生模式。

1. 转变政府职能，调整越位，弥补缺位，明确发展农村职业教育主要是政府的行为

从计划经济向市场经济的转变，是一个内涵丰富、任务艰巨的过程，管理体制和管理方式的转变是关键要素。在社会主义市场经济条件下，利益多元化和微观主体的分散决策与现行教育体制中政府治理缺位和越位并存的矛盾，要求以完善学校法人治理结构为核心，以教育资源的公平配置为原则，政府加强宏观调控，放松教育活动的微观领域；学校和行政部门能做的事，坚决由学校去做；地方和中央能做的事，坚决由地方去做；市场和政府能做的事，坚决由市场去做；政府做学校和市场不愿做和没有能力做的事。从目前来看，农村职业教育作为一种弱势教育类别，需要国家大力扶持，从受益与投入主体的一致性原则看，从产业结构升级和农村劳动力转移对人力资源培训的巨大需求看，从消除教育差别合理发挥政策的公共性来看，大力发展职业教育都应主要是政府行为。在明确这一宗旨的前提下，实施各项策略。

2. 建立农村职业教育成本补偿机制，加大对职业教育的投入，对企业开征职业教育税

县域高中阶段职业教育是成本高、收益率相对较低的教育类型，非国家持续投入难以为继。因此，国家应该成为农村职业教育办学的投入主体，农村职业教育投入要单独预算，并做出连续性的规划以便使职业教育投入有一个持续的政策保障。

政府应大力推行职业教育券制度。发行职业教育券是市场经济条件下公共教育财政新的运行模式，有利于整合县域高中阶段职业资源，有利于为贫困地区学生接受职业教育提供经济保障，有利于调动职业教育举办者的办学积极性和提高办学质量，不仅体现了政府引导教育需求、调整教育结构、保证教育公平的宏观调控功能，也能够有效拓展民间资金进入教育领域。

根据教育成本分担的能力原则和受益原则，企业也应该有分担职业教育成本的义务。政府可以通过对企业开征职业教育税的形式使企业合理分担职业教育成本。法国 1971 年通过的《终身教育法》规定："凡雇员超过 10 人的企业主必须拿出工资总额的 1.1% 以上作为继续教育的费用"。1976 年又将此比例上升到 2%。要求各企业交纳"成人职业培训税"和"学徒税"，对办学和接纳学徒的企业，减免培训税和学徒税（王晓辉，2000）。为了使职业教育获得充足的资金，我国应尽快通过立法对企业开征职业教育税。根据效率原则和财政原则，职业教育税的课税对象应指向企业的工资支出，并参照职业教育的经费需求以确定合适税率。课税权主体应为中央政府和地方政府，即它是中央和地方的共享税。这样既能调动地方政府的积极性，满足地方职业教育发展的基本需求，又能加大中央政府进行宏观调控。在此基础上，建立职业教育的转移支付制度，对欠发达地区的中等职业教育实施成本补偿机制。

3. 完善就业市场准入制度，充分发挥行会作用，建立有效的人才培养和需求之间的信息沟通机制，形成“信息透明，供求有序，质量优先，平等进入”的就业机制

国家应完善就业市场准入制度，充分调动和发挥行会的作用，把职业技能资格认证权限授予行会。职业技能资格具有严格的行业特点，交由行会组织对职业技能资格进行认定，可以更好地贯彻行业标准，可以使职业学校毕业生获得的职业技能资格证书成为就业市场的专业与权威凭证。要强化政府行为，建立有效的信息沟通机制，增加对职教的宏观调控力，以促进形成“信息透明，供求有序，质量优先，平等进入”的就业机制，保证职业学校有效获得劳动力市场信息，可以帮助农村职业学校明确办学方向和人才培养计划，促使职业学校不断地有针对性地提高教学质量。政府应该定期发布劳动力市场信息，并对劳动力市场信息进行全面分析、科学预测，使农村职业学校可以了解到有价值的信息。

4. 以地方政府为主统筹整合县级职教资源

温家宝总理在全国职业教育工作会议上说：“地方政府也要建立相应的工作机制。要整合现有职业教育资源，改变职业院校条块分割、多头管理的状况。”（温家宝，2005）的确，在我国目前市场机制还不很发达、学校不完全自主的前提下，要解决职业教育诸多深层次的矛盾和问题，政府的统筹管理是关键。地方（主要还是县市）政府有必要成立一个职业教育的行政管理机构——职业教育管理委员会，来统筹城乡职业教育，更重要的是统筹和综合管理农村职业教育。该委员会的主任由地方主要领导出任，委员由有关部门的负责人组成，下设办公室。这个委员会应该是决策、领导、指挥、协调的权力机构，与各业务部门的关系是领导和被领导的关系。这是一个实质性的机构。它有利于站在全局的高度来统筹城乡职业教育资源和农村不同实施机构的职业教育资源，避免人、财、物的浪费。像P县的

情况，应该由政府统筹实行两校合并，按照“政府调控、企业资助、学校办学、市场引导”的原则，政府进行宏观调配、政策制定和必要的资金投入，企业除资助办学外还应积极参与人才培养，县教育局负责业务管理和指导，县劳动保障部门主要承担岗前学生的职业技能鉴定、职业指导、就业信息服务，学校积极根据市场需求和职教规律办学。这样既鼓励了行业办职业教育的积极性，同时优化了资源配置，进一步理顺了职业教育管理体制，各司其职，各行其道，形成齐抓共管的格局，才能真正实现县级职教中心的规模化发展和良性运行。

5. 以实践为导向提高农村职业教育的办学质量

农村职业教育要得到社会的认可，关键还是要提高自身的培养质量，增强培养人才与市场需求的适切性。实现这一目标有赖于以实践为导向大力推进工学结合的人才培养模式的改革，把工学结合作为人才培养模式改革的重要切入点，带动专业调整与建设，引导课程设置、教学内容和教学方法改革。校企合作是实现工学结合的主要支撑平台，由于农村职业学校地理位置偏僻，办学条件较差，信息获取不畅，培养的人才与用人单位的要求存在不小偏差。通过积极开展校企合作，农村职业学校可以和企业建立起结构性的伙伴关系，根据生产实际需要，共同面对一个或多个职业岗位群，在组织文化、人才标准、课程设计、教学模式等方面深度融合，全面提高农村职业教育学生的实践能力，实现人才供需的“无缝对接”和“零距离”就业。

参考文献：

中文部分

陈至立．全面落实科学发展观，努力开创职业教育工作新局面［J］．中国职业技术教育，2005（34）：8－13.

刘海，于志晶，陈衍．回眸——中国职业教育历史报告［M］．长春：东北师范大学出版社，2007：62.

陆学艺．“三农论”——当代中国农业、农村、农民研究［M］．北京：社会科学文献出版社，2002：95.

群言．我国职业教育的现状调查［N］．中国青年报，2002－11－04（4）.

孙立平．资源重新积聚背景下底层社会的形成［J］．战略与管理，2005（5）：50－53.

苏扬．当前中国职业教育发展若干敏感问题刍议［J］．中国发展观察，2006（8）：004－008.

温家宝．在全国职业教育工作会议上的讲话[EB/OL].(2005－11－13)[2008－1－10]http://www.gov.cn/ldhd/2005－11/13/content_96814.htm.

王晓辉．变革中的法国职业教育［J］．外国教育研究，2000（1）：57－64.

夏金星、屈正良、彭干梓．农村职业高中毕业生就业情况的调查与思考［J］．湖南农业大学学报（社科版），2001（1）：48－50.

徐长发．新乡村职业教育发展预期［M］．北京：教育科学出版社，2006：11，17.

中国社会科学院国情调研课题组．中国职业教育：发展与挑战［J］．职业技术教育，2007（21）：18－49.

转型期中国重大教育政策案例研究课题组．缩小差距——中国教育政策的重大命题［M］．北京：人民教育出版社，2005：17.

外文部分

COLEMAN J. 1964. Foundation of Social Theory [M]. Cambridge: Belknap Press of Harvard University Press, 36.

中国农村职业教育的战略转型：新概念与新思维*

Strategic Transitions of Rural Vocational Education in China: New Concepts and New Ideas

邬志辉（Wu Zhihui）
东北师范大学农村教育研究所
Institute of Rural Education, Northeast Normal University

进入21世纪以来，党和政府在职业教育发展的政策定位上经历了从党的十六大“加强职业教育和培训”到党的十七大“大力发展职业教育”的重大转变。然而，与党和政府高度重视职业教育形成鲜明对照的是，“我国农村职业教育正遭受着办学方向之惑、办学层次之限、专业设置之钝、培养质量之弊、信息获取之隔、分割管理之锢”[①] 的时代困境。如何提升农村职业教育吸引力，发挥职业教育在推进国家工业化、城镇化和现代化建设，促进社会就业和解决“三农”问题过程中的作用，是迫切需要理论回答和实践解决的难题。当前，中国社会正在经历着从传统社会向现代社会、从农业社会向工业社会、从城乡分割社会到城乡一体社会的现代性转型。在社会转型的大背景下，中国农村职业教育也要发生相应的战略转向。

* 本文系2009年度教育部“新世纪优秀人才支持计划”《城乡教育一体化的政策设计研究》（项目编号：NCET－09－0283）阶段成果。

① 见本书张力跃文。

一、我国农村职业教育发展面临的时代挑战

在进入新世纪之前，我国农村职业教育的基本定位是为农村经济社会发展培养实用的技术型人才。然而，进入新世纪之后，中国社会进入到了一个新的发展阶段，对传统的农村职业教育提出了新的挑战。

（一）城镇化快速发展对农村职业教育的挑战

根据美国城市地理学家雷·M. 纳瑟姆（Ray M. Northam）提出的“纳瑟姆曲线”，发达国家的城市化发展大体上经历了类似扁平“S”形的曲线上升过程。也就是说，当一个国家的城市化水平低于30%时，则经济发展较为缓慢，国家处于农业社会；当城市化水平超过30%时，就会出现第一个拐点，经济开始高速发展，国家开始进入工业社会；当城市化水平提高到超过70%之后，出现第二个拐点，经济发展再次趋于平缓，国家基本实现现代化，进入后工业社会。在1999年之前，我国在工业化高速发展的情况下，城镇化并没有像世界上其他国家那样获得同步高速发展，只是到了1999年之后，城镇化才以每年一个百分点的速度递增，进入快速发展时期。城镇化水平每提高一个百分点，意味着要向城镇转移约1 500万的农村剩余劳动力。由于进城农民工职业培训水平低，缺乏在城市就业的竞争能力，因此农民工进城后多在城市的低端行业就业，工资待遇低，晋升机会

少，难以实现由农民向市民的身份转换，导致我国的虚假城镇化率[①]（the rate of pseudo-urbanization）约12个百分点（叶兴庆，2010）。影响农民工实现身份转换的原因固然有城乡二元体制方面的，但农村职业教育本身之疾亦应负有一定的责任。对于每年约1 500万的农村劳动力转移人口来说，农村职业教育如何担当人口城镇化发展之重任，是一个极大的挑战。

首先，城镇化要求农村职业教育进行专业结构改革。城镇化的首要任务是分流农村富余劳动力，促进他们向城镇的第二、第三产业转移。我国数以亿计的农村富余劳动力要离开农业和农村到城市去就业，需要同城市新增劳动力和下岗职工展开就业竞争。但是，我国农村的职业教育体系基本上是改革开放初期适应农业体制改革和中等教育结构调整需要建立发展起来的，传统的农、林、牧专业力量比较强，而适应城镇化发展，能促进农村富余劳动力分流的第二、第三产业专业力量还比较弱，布局也不尽合理。因此，不尽快改革农村职业教育专业结构就不能真正满足农村劳动力离农谋业的需要，城镇化的质量和速度就会大打折扣。

其次，城镇化要求农村职业教育进行培养目标调整。从农村城镇化、工业化的发展趋势分析，要求农村职业教育根据新的形势和任务，合理调整原有的培养目标，从原来的主要以培养在当地从事农业生产和家庭经营的“新型农民”转换到兼顾培养脱离农村进城务工经商的“创业者”和在农村从事农业生产经营的“职业农民”上来。

① 统计学上的城镇人口还不是真正意义上的城镇人口，因为按现行统计口径，在城镇居住半年以上的人口都被统计为城镇人口，这包括户籍在农村的农民工及其随迁子女。虚假城镇化率可以按户籍统计的农业人口与按常住地统计的乡村人口之差来计算。以2006年的统计为例，国家按户籍统计的农业人口为89 162万人，按常住地统计的乡村人口为73 742万人，两者相差15 420万人，即“虚增的”城镇人口。经计算，2006年的城镇化率“虚高”11.7个百分点。见叶兴庆．农民进城：城市之门如何打开与农村之根如何割舍［M］//迟福林，殷仲义．城市化时代的转型与改革：城市化与城乡一体化的新趋势、新挑战、新问题．北京：华文出版社，2010：186.

这种转变既应有比例的变化，也应有内涵的变化，关键是教学内容的改革。要在“按职业群设置专业”的基础上，强化大类专业的通用性技术课程，适当增加金融、保险、税务、营销、管理、公关、礼仪、法律等方面的社会人文课程，努力使受教育者成为有宽泛知识和综合能力的“复合型”劳动者和创业者。

再次，城镇化要求农村职业教育进行办学模式创新。近年来，受“就业难”影响和“普高热”挤压，农村职业教育在招生、就业等方面遇到了许多困难，有些职业学校甚至走上了高考应试、对口升学的老路，偏离了职业教育的本质诉求。农村职业教育应积极创新办学模式，促进学历教育与短期培训、学分制和弹性学制的融合，满足农村劳动力多样化学习意愿，实现“农民”由身份向“职业”的战略转移，引导农村富余劳动力向非农产业和城镇转移就业，推进工业化和城镇化进程。

（二）新农村稳步建设对农村职业教育的挑战

新农村建设的核心是富裕农民、稳定农业、发展农村。我国农民在总体上还不富裕。由于从事农业生产的回报率相对较低，导致许多有本领的农民开始离开土地，走向城市或转做他业，这是农业不稳定的重大隐患。农业不稳，新农村建设就失去了前提性基础。要想富裕农民，首先必须让从事农业生产有利可图，增加农业的吸引力。而使农业生产有利可图的前提则是提高农业生产的科技含量，实行规模化经营，走专业分工和市场化的发展道路。说到底，这是一个农民职业化的问题。传统的农民是一种身份，而不是职业。作为身份，受传统户籍制度的约束，农民只能终生限制在土地上从事农业生产，无论他们是否具备从事农业生产的兴趣、志向和本领，都必须从事农业生产，身份具有先定性。而且子代除非能通过升大学、参军等方式跳出农门，否则也要像父辈一样当农民，具有代际传递性。作为职业，从事农业生产是一种选择。这意味着不仅传统意义上的农民可以选择农

业生产，就是城市人也可以参与农业生产竞争，从而实现真正热爱农业、有发展农业能力的人从事农业生产。

首先，土地流转制度为改变农村职业教育对象提供了契机。传统农民的命根子是土地。剥夺农民的土地就等于剥夺了农民的生存权。但从现代的视角看，并不是所有的传统农民都愿意当农民，也不是所有的传统农民都是合格的农民、都能促进农业的发展。这是一个悖论，也是一个难题。农民是土地承包的主体，对土地拥有长期承包权。实行土地流转制度后，传统农民如果不喜欢从事农业生产，则可以外包土地并获得从事非农产业的启动资本，而真正愿意从事农业生产的农村人或城市人可以从具有承包权的农民手中二次承包大量土地，进行规模化经营，从而实现农业生产的有利可图，提升农业的内在吸引力。从这个意义上说，新农村建设的主体不只是农村人，也包括城市人。这就要求农村职业教育对象的大转变，要打破“城市人只能当工人、农村人只能做农民”的传统身份定位，向真正有农业科技、农业生产和农产品市场经营知识需求的人敞开职业教育的大门，提升农村职业教育的内在动力。

其次，现代农业体系建设为转变农村职业教育发展模式提供了动力。在城乡一体化建设过程中，农村可以借助自身的区域产业整体优势，加快整体规划布局，促进要素资源的自由流动与合理分布。现代农业体系是以现代生态农业、高科技农业和地区特色农业为主体所形成的农业生产和服务体系。通过区域性规划布局，一方面可以形成规模化、体系化的生产格局，譬如可建立粮食、蔬菜、水果、禽畜、蛋奶、水产、山货等示范园区，另一方面可以加强农产品深加工、优势原材料深加工、金融服务、市场营销等上游与下游二三产业的一体化建设。所有这一切都需要专业设置全面、培训研发一体、科技服务到位的现代职业教育体系与之相适应。因此，传统的“供给型”农村职业教育发展模式要向“需求型”转变，传统的以“个体”为服务对象的农村职业教育发展模式要向“整体”（如某一县、某一地区）转变。从美国19世纪中后期发展农村职业教育的经验看，都是把现代

农业发展与农村职业教育放在一起，整体规划、统筹安排的，特别是通过加强以“赠地学院”为典型的高等职业教育体系配套建设，促进了现代农业人才、技术、市场等方面的全面协调发展。

（三）技术型人才匮乏对农村职业教育的挑战

从世界经济大国崛起的经验看，无不重视“科技立国”。但是，无论是科学人才还是技术人才的培养均离不开教育。然而，受传统文化、城乡二元体制等多种因素的影响，我国在总体教育体制上重“科学教育”而轻“技术教育”。在城市，人们不会优先选择做技术工人，而在农村，即使有人想做技术工人，往往由于农村职业教育的专业设置、师资水平、实训基地等跟不上，城市企业用人制度的限制等，又无法实现自己的梦想。目前，我国已经是世界制造业大国。根据联合国工业发展组织资料，按照2000年不变价格计算，我国制造业增加值占世界的份额由1995年的5.1%上升到2007年的11.4%。在国际标准工业分类的22个大类中，我国制造业占世界比重在7个大类中名列第一，有15个大类名列前三；除了机动车、拖车、半拖车一个大类外，其他21个大类所占份额均名列世界前六位（中华人民共和国政府网，2005）。但是，我国“还不是制造业强国，我国的制造业生产技术和管理水平与发达国家还有不小的差距。主要问题是产业结构不合理，技术创新能力不强，产品以低端为主、附加值低，资源消耗大，而且安全生产事故也多，这些都与从业人员技术素质偏低、高技能人才匮乏有很大关系”（温家宝，2005）。

首先，技术型工人短缺向农村职业教育提出了战略需求。虽然中国劳动力资源极为丰富，但高素质、高技能工人，尤其是技术型工人极为匮乏。从中国人力资源市场信息监测中心公布的《2010年第二季度部分城市公共就业服务机构市场供求状况分析》报告显示，在各个行业中，劳动力需求排在第一位的是制造业，占各行业用人总需求量的32.4%。而且各技术等级的岗位空缺与求职人数的比率均大

于1，劳动力需求大于供给。其中高级技师、技师和高级工程师的岗位空缺与求职人数的比率较大，分别为1.83、1.88、1.81（中国人力资源市场信息监测中心，2010）。农村职业教育要实现向培养高级专门技术型人才目标的转变，不只是要改革专业设置，更重要的应该对整个城乡职业教育资源进行战略重组与规划布局。因此，必须突破仅仅在县域范围内思考农村职业教育改革与发展的思路，确立城乡一体化发展的新思维。

其次，技术型工人总体素质低下向农村职业教育模式改革提出了挑战。中国目前已经是世界的“制造工厂”，但是我国企业产品平均合格率只有70%，每年由此造成的损失近2 000亿元。而且，在我国约7 000多万的技术工人中，初级工占60%，中级工占35%，而高级工仅为5%，这与发达国家高级工占近40%的水平相差甚远。（柯教平，2009）然而，一名优秀的高级技工的成长道路是漫长的，需要较长时间的技术实训，需要丰富的实践经验。因此，要提高技术工人的技能和素质，就必须加强职业学校的实践基地建设，要与企业联合办学。由于农村制造型企业较少，因此难以独立完成技术型人才培养的任务，迫切需要进行城乡教育资源统筹。

二、农村职业教育发展需要战略转型

当前农村职业教育存在诸多问题，但从大的战略格局上看，主要还是城乡分割问题。城乡职业教育基本上是双轨并行的。农村职业教育以农村人口为教育对象、以县级政府为办学主体、以服务农村经济社会发展为基本目的，基本定位在“农民、农村、农业”上。《中华人民共和国职业教育法》明确规定：“县级人民政府应当适应农村经济、科学技术、教育统筹发展的需要，举办多种形式的职业教育，开展实用技术的培训，促进农村职业教育的发展。”由于我国县际经济发展十分不平衡，而职业教育所需的资金投入又相当巨大，因此按县域布局的农村职业教育发展格局已经严重制约了我国职业教育的整体

发展，迫切需要战略转型。

（一）要确立“面向农村”的职业教育新概念

在传统的观念里，农村职业教育是一个区位概念，是一个发生在农村、面向农民、服务于农业的职业教育。很显然，这是在城乡二元体制下形成的概念认识。但是，随着我国城镇化进程的快速推进和国家“形成城乡经济社会发展一体化新格局”战略目标的提出，构建城乡统一的劳动力教育和培训体系，建立城乡一体化的劳动力就业市场就成为农村职业教育转型的战略要求。在新的时代背景下，农村职业教育的概念正在发生转变，即由过去的“农村”职业教育转到现在的“面向农村”的职业教育。在 2005 年 11 月温家宝总理在全国职业教育工作会议上的讲话中就使用了“面向农村的职业教育”概念，2010 年 7 月 29 日公布的《国家中长期教育改革和发展规划纲要（2010—2020 年）》中也提出要“加快发展面向农村的职业教育”。我认为，“面向农村的职业教育”是一个功能概念，它强调的是为“三农”服务的职业教育，与“农村职业教育”仅仅发生在农村不同，它既可以发生在农村，也可以发生在城市；既可以以农民为对象，也可以以农村富余劳动力为对象，还可以以城市人（愿意到农村去种菜、养猪等从事第一产业工作的人）为对象；既可以以技术工人为目标，还可以以新型农民为目标，更可以以城乡二三产业各类人才为目标，它应该是服务于农业、工业和服务业的城乡一体化的职业教育。从这个意义上说，面向农村的职业教育并不仅仅是为“农村”的，也是为“城市”的，它是着眼于城镇化发展、新农村建设和城乡一体化格局建构的。

首先，面向农村的职业教育要面向各地现代特色生态农业体系建设和新农村建设。中国地域广大，特产丰富，不同地区之间的农业比较优势差别很大。为了改变传统的自给自足、小规模散漫化的农业生产方式，促进农产品的市场化、规模化、科技化、生态化、特色化经

营，就必须以区域为单位进行统筹规划、科学设计，这就需要有与地区产业特点相适应的职业教育体系为其提供人才和智力支持。城市里的高职院校和大专院校的涉农专业应在纵向上与面向农村的职业教育相联合，在横向上与地区或县级农业主管部门多合作，以“农民”①需求为主体，以项目体制为纽带，以服务“三农”为目的，促进有中国特色的面向农村的职业教育体系建设。同时，随着农村“合村并居”② 改革的逐步深化，农村社区的服务业也会越来越发达，这为实施真正意义上的“三教统筹”提供了现实可能性。因此，在职业教育的空间布局、专业设置、资源配置与服务定向上要加强城乡统筹。

其次，面向农村的职业教育要面向农村富余劳动力的转移及国家急缺的技术型人才。中国的城乡一体化建设不可能在大量农村人口存在的基础上建立起来，推进城镇化建设是未来中国的基本发展方向。美国经济学家米凯·吉瑟（Micha Gisser）的研究证明，在农村地区，教育水平每提高10%，将多诱导6%—7%的农民迁出农业，按照净效应它将把农业工资提高5%（Micha Gisser，1965，582－592）。因此，在城镇化推进过程中，促进农村富余劳动力的有序转移和提高农业的净收益是一而二、二而一的问题。据中国劳动力市场网发布的信息，2009年城市劳动力市场对高中及以上文化程度的劳动力需求占总需求的60.2%，对初中及以下文化程度的劳动力的需求仅占

① 此处的农民是职业农民，而不是传统的身份农民。

② 长期以来，农村散乱落后的小村庄格局，导致村级组织运转成本高、基层负担重，乡村空心化、土地无法集中经营，基础设施建设成本高、公共服务水平低，农村财政投入分散、难以办成大事等诸多弊端，阻碍了大农业的发展。针对这一状况，国内一些地区开展了“合并村庄、建立农村社区”的改革，不仅改变了农村的居住条件、基础设施，而且腾出更多的土地复耕，转移更多的传统农民发展社区二三产业。

39.8%。然而，当前在“新生代农民工”[①] 中，具有高中及以上文化程度的只有三成左右。同时，城市劳动力市场中对受过专门职业教育，具有一定专业技能的中专、职高和技校水平的劳动力需求量达56.6%，而在新生代农民工中这部分人只有二成左右。在知识和技能逐渐代替简单体力劳动作为劳动力市场选择标准的背景下，如果新生代农民工的教育和技能水平不能获得比劳动力市场需求更快的发展，那么将只能有大约三成的人能够在城市长期稳定就业。而且从趋势上看，农民工从事制造业、服务业的比例在上升，从事建筑业的比例在下降，即从 2004 年的 33.3%、21.7% 和 22.9% 转变到 2009 年的 39.1%、25.5% 和 17.3%（全国总工会新生代农民工问题课题组，2010）。因此，农村职业教育的战略转型已迫在眉睫。

（二）要确立“城乡统筹”的职业教育新思维

长期以来，城乡职业教育一直呈二元结构特征，这既表现为教育系统内部职业教育管理体制、投入体制、规划设计、资源配置、人事管理上的城乡分治，还表现为教育系统外部的户籍管理制度、劳动就业制度、粮油供应制度、住房分配制度等的城乡二元分割。城乡职业教育二元制度背后的思想渊源与价值基础是重城轻乡、重工轻农的城市中心和工业中心发展观，进而导致对城乡职业教育在整个教育体系中的作用、地位及发展道路上的认识存在偏差。2003 年党的十六届三中全会提出了“科学发展观”和“统筹城乡发展”的新思维，2009 年 1 月温家宝总理在国家科技教育领导小组会议上的“百年大计　教育为本”讲话中明确提出“实行城乡统筹，把农村教育放在

① 所谓“新生代农民工”一般系指出生于 20 世纪 80 年代以后，年龄在 16 岁以上，在异地以非农就业为主的农业户籍人口。据国家统计局公布的数据：2009 年，全国农民工总量为 2.3 亿人，外出农民工数量为 1.5 亿人，其中，16—30 岁的占 61.6%，约8 900 万人。

重要地位”，解决目前农村教育问题，“关键是要缩小城乡差距，推进城乡统筹”的主张。我认为，城乡职业教育统筹是职业教育发展的新思维，它着重于打破城乡二元分割分治的管理体制，把城市和农村的职业教育放在一个统一的大系统中，统筹规划、合理布局，建立城乡统一的职业教育与培训体系、劳动用工和就业管理制度，促进城乡劳动力的公平竞争、平等就业，推动农业、工业和服务业劳动力的平衡协调发展。

首先，要建立城乡统一的劳动力就业培训体系。传统的劳动力就业市场按户籍关系分割为以城市户口为主要招收对象的主要与正规劳动力市场和以农民工为主要招收对象的次要与非正规的劳动力市场，农民工劳动力廉价，且城市只要他们的劳动而不要他们的人，难以成为城市的正式市民。导致这种状况的原因，一方面是体制性的，另一方面则是教育性的。进城农民工缺乏职业化的劳动技能，由农村组织的农村剩余劳动力转移培训水平较低，难以满足城市需要，缺乏就业竞争力。为此，要建立城乡统一的劳动力就业培训体系，一要统筹规划布局城乡劳动力培训资源，通过合并重组、强化各培训基地的专业化建设，提高农村劳动力培训质量；二要完善国家就业准入制度和职业资格证书制度；三要推进招生制度改革，打破涉农职业仅仅招收农村生源、涉工职业仅仅招收城市生源的二元分割现象，建立公平竞争考试、跨地域招生、择优培养的招生制度。

其次，要建立城乡一体化的职业教育管理体制。目前，教育部门和劳动部门同时管理职业教育，宏观管理体制混乱、政出多门、职责交叉；农村职业教育缺乏行业参与机制，农村职业学校办学重心过低，校企合作困难，缺乏城乡联动、合作培养的机制。因此，必须突破“以县为主”统筹农村职业教育发展、县县办职业高中的传统体制禁锢，建立在国务院领导下各级政府分级管理、地方为主、省级统筹、社会参与的职业教育管理新体制，促进职业教育资源在区域间的整合，在省域范围内建立分别以服务农业、工业和服务业为重点的主体功能性职业教育区域布局，切实做到职业教育发展战略和城乡统筹

发展战略同步推进、统一安排，努力推动职业教育改革创新，为城乡统筹发展培养大批技能型人才。要切实促进职业院校与服务对象的合作、与高职院校和大专院校涉农专业的联系，建立城市高职院校与农村职业学校联合办学、集团化办学、城校互动，以及行业、企业与学校共同参与的办学机制，建立开放式、资源共享的职业教育实训新机制。

再次，要建立城乡一体化的劳动力就业制度。我国正处在“数量型”人口红利向“质量型”人口红利转型时期，迫切需要全面提高新增劳动力的素质，加快实现由人力资源大国向人力资源强国的战略转变。建立城乡统一的劳动力就业市场，有助于拉动国民素质的快速提升，促进农村劳动力向城镇二三产业的转移。为此，必须建立城乡统一的劳动力就业市场，努力增强城市的辐射带动作用，有计划、有步骤地推动农村劳动力的转移；必须打破城乡劳动力市场二元分割的格局，健全城乡一体的就业管理制度和劳动用工管理制度，形成保障城乡劳动者公平竞争、平等就业的制度环境；必须解决“新生代农民工”在城市永久就业问题。新生代农民工与第一代农民工比，受教育程度高，就业期望值高，对个人发展追求也高，他们已经初步具备全面融入城市生活的条件。因此，应该加快劳动力就业制度改革，创造条件促进由农民工向城市市民的身份转换，向非农产业的行业转换和向城镇的空间转移。

参考文献：

中文部分

柯教平. 2009. 呼唤技术工人［N］. 人民日报，2009-04-16（13）.

全国总工会新生代农民工问题课题组. 2010. 关于新生代农民工问题的研究报告［N］. 工人日报，2010-06-21（1）.

温家宝. 2005. 大力发展中国特色的职业教育——在全国职业教育工作会议上

的讲话 [N]. 人民日报，2005－11－14（1）.
叶兴庆. 2010. 农民进城：城市之门如何打开与农村之根如何割舍 [M] //迟福林、殷仲义，主编. 城市化时代的转型与改革：城市化与城乡一体化的新趋势、新挑战、新问题. 北京：华文出版社，2010.
中国人力资源市场信息监测中心. 2010. 2010年第二季度部分城市公共就业服务机构市场供求状况分析 [EB/OL]. [2010－11－20]
http://www.molss.gov.cn/gb/zwxx/2010－07/22/content_391010.htm.
中华人民共和国政府网站. 2005. 工业[EB/OL].[2010－11－20]http://www.gov.cn/test/2005－06/06/content_4422.htm.

外文部分

GISSER M. 1965. Schooling and the farm problem [J]. Econometrica,33(3).

流浪儿童生活状况、心理与行为特征及教育对策研究

Research on Street Children's Living Condition, Psychological and Behavioral Characters, and Educational Strategies

崔丽娟（Cui Lijuan），王静洁（Wang Jingjie）
华东师范大学心理与认知科学学院
The School of Psychology and Cognitive Science, East China Normal University

俞彬彬（Yu Binbin）
中国共产主义青年团浙江省团校
Zhejiang Youth College

内容提要：流浪儿童现象由来已久，并且随着人数的日益增多成为了摆在世界各国面前的一道难题。虽然国内外关于流浪儿童的研究为数不少，但是过分关注于他们的外部表现和负面现象，缺少对流浪儿童内在心理机制的研究。本研究以北京、上海两地救助站的41名流浪儿童为被试，以问卷调查、半结构访谈、叙事研究以及实地观察等经典社会心理学调研方法为资料信息收集手段，通过质性分析和量化分析的方法，来对中国当前的流浪儿童问题进行深入的调查研究和探讨。研究主要关注流浪儿童的内在心理机制——心理弹性、防御机制、行为方式等及其影响因素。在了解流浪儿童的现状、解读流浪亚文化的基础上，综合考虑社会支持、流浪时间、积极心理品质、依恋类型等因素，研究的最终目的是为流浪儿童的心理和行为矫正提供实

证依据，从而帮助他们顺利地回归家庭和社会，减少这一问题给社会造成的潜在危害。

Abstract: With the increasing. number of the street children, the phenomenon of street children has become a worldwide problem. Although there are numerous researches about street children, most of them focus on negative aspects rather than their inner psychological mechanism. In this research, using the classic social psychology research methods such as questionnaire, semi – structured interview survey and narrative inquiry, we have studied on 41 street children from rescue station in Beijing and Shanghai the attention is focused on street children's psychological mechanism, resilience, defense mechanism, behavior pattern and their influence factors. In consideration with the social support, time of vagabondage, positive psychological quality, and attachment type, this research finds out some empirical basis to help street children successfully return to family and society, so as to reduce the potential risk.

研究背景

流浪儿童在有些国家又被称为“街童”，是古往今来一直困扰着世界各国的一个长期而广泛的社会问题。处于经济和社会转型中的国家，特别是中欧、东欧和中亚，无家可归人口达到前所未有的数目。例如，在罗马尼亚，流浪孩子以首都的下水道为家；在蒙古，无家可归的孩子和与家庭分离的孩子靠地下暖气道躲过冬天的严寒。在非洲和南美贫穷的发展中国家，流浪儿童已经成为人们现实生活中无可避免的一部分，他们甚至建立了自己的组织。其他国家，如印度也有强大的流浪儿童群体之间的网络。在西方发达国家，由于慈善机构和政府、非政府等组织的长期努力，虽然流浪儿童得到了相对较好的安置，但是问题仍然没有达到已经解决的地步。在长期的思考和实践过

程中，世界各国的学者，包括各类国际组织都对流浪儿童的问题进行了深入的探讨，主要包括流浪儿童形成的原因；从社会、生理和心理三个角度阐述流浪儿童所面临的问题；流浪儿童所拥有的心理弹性和心理资源以及流浪儿童问题的解决途径，等等。可以说，丰富的理论和实践成果为我国流浪儿童问题的解决提供了非常有价值的参考经验。

但是我国流浪儿童的问题又有其特殊性，相对于其他国家流浪儿童主要是因为贫困而产生，我国流浪儿童产生的背景要更为复杂。自我国进入社会转型期以来，家庭、教育、社会等各方面的原因使得流浪儿童的问题显得日益突出，然而由于流浪儿童的研究在我国开展较晚，所以不论在宏观研究还是微观研究上，也不论是在教育学、心理学还是社会学研究上，都尚处于初始阶段，缺乏系统而深入的研究。有些地方政府以及学者，做了一些有关流浪儿童的初期调查工作，比如，陈涛（2006）“流浪儿童救助管理制度研究”；刘娟（2005）“流浪儿童的监护和社会保障制度研究”；刘继同（2002）“中国城市流浪儿童生活状况基线调查”，等等。这些调查工作主要是集中在从教育学、社会学及人口统计学的视角对流浪儿童的生活现状作一个宏观上的概括，研究手段主要集中在文献分析和质性访谈两种。

综观以往的研究，我们可以发现，虽然有关流浪儿童的研究取得了一些成果，引起了社会的广泛关注，在研究领域中实现了从“社会控制”向“儿童优先”取向的转变，但是目前的研究中还是存在着诸多缺陷和偏向的。首先是流浪儿童研究的力量较为薄弱和分散，有关流浪儿童的总体状况和特征尚不清晰。其次是现有的研究过分关注流浪儿童的外部表现和负面现象，缺少对流浪儿童内在心理机制的研究。从目前的研究看，流浪儿童内在心理品质逐渐受到人们的关注，比如流浪儿童群体中存在的“欺骗”、“说谎”现象引起了学者们的广泛关注，但是对于流浪儿童行为背后的心理机制的探讨仍然十分匮乏，这往往也使得社会上的人们无法理解流浪儿童，对他们持有很深的负面印象。再次是有关流浪儿童实证研究的缺乏。目前关于流

浪儿童的研究多处于理论调查、揭示问题的阶段，多数学者由于流浪儿童的流动性以及强烈的心理防御，很难开展实证研究。所以这也导致了目前对流浪儿童的研究更多的是采用文献分析和质性访谈的方法，缺乏对流浪儿童群体客观的、科学的、整体的认识。

研究设计

一、文献综述

1. 流浪儿童背景概述

究竟何谓流浪儿童，联合国《儿童权利公约》指出：流浪儿童是指18周岁以下离开家人或监护人，在外游离超过24小时且无可靠生存保障并最终陷入困境的未成年人。

不同的国家对流浪儿童的定义不尽相同，在缅甸，流浪儿童包括那些无家可归，或者家庭联结极其脆弱，很少在家的孩子；在越南，那些生活在街上的孩子被称作“土孩”，可以归为三类：被遗弃的无家的孩子、有家可归的孩子、举家生存于街头的孩子；在柬埔寨，流浪儿童是指那些没有家庭支持而在街上乞讨或打工，或者家中没有养家的男子、缺少关注和照顾的儿童（Roux，1996）。安怀世将中国的流浪儿童归纳为四类，分别为与家人分离后独自生活的儿童、与家人分离后与群体生活的儿童（这两类可能受成人操纵和剥削，可能都在街头流浪）、与家人同住但在街头谋生、与家人同住但在街头游荡（这两类儿童可能都未上学）（安怀世，2002）。

虽然关于流浪儿童缺乏一个统一的定义，且对于这种现象不同的地区有不同的描述，但是他们具有以下的共同点：（1）这些儿童绝大多数时间在街上；（2）马路和街道是他们谋生的地点也是生活的源泉；（3）他们缺乏关爱、保护和来自成人的监护。

流浪儿童的人格特点

科伯恩（Cockburn）总结了一些文献中提到的流浪儿童特征：高冲动性、缺乏信任感、逃避问题、内控、低自尊、强调自由。在关于第一世界国家的流浪儿童的研究中，斯佩克（Speck）指出，总体来说，流浪儿童比平常人更具攻击性、自我（ego）的力量更弱，多次离家出走者的一般智力相对更低（Speck ，Ginther & Helton，1998）。

尽管在流浪儿童身上发现了低自尊、情感淡漠、宿命论等消极特征，但是有研究指出也有适应良好甚至表现得比一般人出色的流浪儿童。

斯沃特（Swart）指出，与人们的一般看法相反，流浪儿童并不必然是社会的弃儿，要看到他们身上有时候闪耀着非凡的韧性、对于人性敏锐的认知，因为只有具备这些他们才能立足街头（Swart，1988）。戈登（Gordon）认为，对于许多男孩子来说，从遭受身心虐待的环境中逃离出去也许是种积极的经历（Gordon，1979）。阿涅利（Agnelli）主张，寻求更大自主权的倾向也许是促使一些儿童离家出走的原因，她指出在流浪儿童身上并未有显著的精神病理学发现，反而他们常常表现出出色的应付策略。

中国流浪儿童研究现状

中国的流浪儿童研究大部分聚焦于流浪儿童的现状（赵维泰，2005；张美英，2003）、流浪原因、偏差行为、心理特点（曹朝阳，2007）。在中国，流浪儿童的出现主要源于社会变迁、经济困难、亲子关系、学校教育因素这四个主要原因（张美英，2003）。而家庭结构不完整、感情冷漠、抱有逆反心理、文化程度及社会认知能力低、具有不良品行、对社会有潜在危害性是多数流浪儿童所共有的特点（赵维泰，2005）。

最近两年有研究者开始从流浪儿童应对方式（付慧鹏等，2006）、信任感建立（陈莹等，2007）等更为微观的心理学角度进行研究，为流浪儿童心理健康干预提供了宝贵的建议（陈莹，陈露明，2007）。但是关于流浪儿童群体内部的个体适应差异以及与心理弹性相关的研究尚属空缺。

流浪儿童的偏差行为

流浪儿童由于其特殊的心理特征和生存环境，很多都染上了一些背离社会规范的不良行为。张美英的研究就向我们揭示了流浪儿童的生活全貌，恶劣的生存环境使他们失去了儿童应有的健康的身体和天生的活泼性。同时社会的复杂性又使他们的人身安全时刻受到各种各样的威胁，他们中的许多人不仅染上了各种恶习，而且还经常实施各种违法犯罪行为（张美英，2003）。

他们的这些违反或背离社会规范的行为都属于偏差行为的范畴。虽然人们关于偏差行为概念的界定不尽相同，但一般认为偏差行为是一个社会学的概念，是相对于符合社会规范的行为而言的（Frank，WilliamsⅢ，Marilyn，& Meshane，1993）。卡万（Cavan）和费迪南德格（Feridand）的研究认为，人们的行为是呈常态分布的，大部分人的行为属于正常，其次为轻微顺从、极端顺从或者轻微不顺从、极端不顺从，极少部分人的行为属于超文化圣贤行为或者反社会犯罪行为（Cavan & Feridand，1981）。而偏差行为就包括了轻微不顺从、极端不顺从以及反社会犯罪行为三者，这个研究帮助我们直观地认识了偏差行为。我国对于未成年人偏差行为的界定，依据行为的危害性，将之划分为三类。（1）犯罪行为：故意杀人、故意伤害致人重伤或者死亡、强奸、抢劫、贩卖毒品、放火、爆炸、投毒罪。（2）违法行为：纠集他人结伙滋事，扰乱治安；多次拦截殴打他人或者强行索要他人财物；传播淫秽的读物或者音像制品等；进行淫乱或者色情、卖淫活动；多次偷窃；参与赌博，屡教不改；吸食注射毒品；

其他严重危害社会的行为。（3）不良行为：旷课、夜不归宿；携带管制刀具；打架斗殴、辱骂他人；偷窃、故意毁坏财物以及其他严重违背社会公德的不良行为。就流浪儿童而言，他们的偏差行为多为分类中的第三种，即不良行为。流浪儿童属于未成年人，他们的这种偏差行为与成年人相比，具有突发性、模仿性、易变性和盲从性等特点（张喻，雷振辉，2000；康树华，2000；孙莹，2005；张潘仕，2003）。

2. 流浪儿童心理机制相关理论

心理弹性

现有的文献中，心理弹性具有多种定义，代表性的有三种：结果性定义、过程性定义、品质性定义。

结果性定义强调从发展结果上定义弹性。比如，拉特（Rutter）认为弹性是指那些来自高危背景的儿童，战胜了逆境，获得了良好的发展结果（Rutter，1985）。过程性定义将心理弹性看做是一种动态的发展的过程，如，卢瑟（Luther）认为，心理弹性是指一种动态的过程，它是个体对于重大生活逆境的积极适应。品质性定义将心理弹性看做是人的一种能力或品质，是个体所具有的特征（Luthar，Cicchetti，& Becker，2000）。如加门齐（Garmezy）将心理弹性定义为在面临压力事件时恢复和保持适应性行为的能力（Garmezy，1991）。

马斯滕（Masten）将弹性现象分为三种：（1）处于风险中的个体表现得比预期好，（2）在经历了压力事件以后仍能保持良好适应，（3）从灾难中顺利恢复。可见马斯滕更倾向于从结果上定义心理弹性，即，虽然身处逆境但个体得到了理想的发展结果（Masten，1994）。

心理弹性的保护性因素（protective factor）是指能够帮助人更好地应对逆境的积极因素，包括个体自身以及个体外部的因素。如果个

体能够发展较好的保护性因素，那么他就被认为是具有高心理弹性的，能够在困境中适应良好。个体因素是指个体内部有助于其克服逆境并能积极发展的特质性因素。玛丽（Marie）总结了文献中出现过的保护性因素，其中个体因素包括信仰、自我效能感、幽默感、问题解决能力、决策能力、相信他人、对未来充满希望、延迟满足、进取心、宽容心、自主、自控、主观幸福感、创造力、乐观、健康的需求和期望等（Marie，2007）。个体外部因素指个体可以从外部环境获取的、帮助其克服逆境的资源，主要来自于家庭和社会两方面。许多研究表明，热情及时的照料、精心的抚育和温暖支持的亲子关系对于儿童的心理弹性发展具有积极作用；家庭不和、养育不当和亲子关系不良可能会产生行为及心理危险。詹金斯（Jenkins）和史密斯（Smith）发现若与父母之一有良好关系，在总体而言气氛不和的家庭里，这种关系亦具有保护作用（Jenkins & Smith，1990）。还有研究指出教师的支持对儿童对抗逆境具有保护性作用（Hamre & Pianta，2001），群体认同、社会接受、同辈支持、稳定的人际关系也是来自环境的保护因素（Roux & Smith，1998）。

防御机制

防御机制是精神分析理论的基本概念之一，最早是由弗洛伊德在《防御性神经精神病》（1894）一书中提出的，亦称“防卫机制”。在弗洛伊德早期的观点中，压抑与防御机制是同义词，他认为压抑与焦虑有关，焦虑导致了对压抑的需要，防御机制通过阻止现实经验的回忆或重现从而阻止或延迟对痛苦情感的体验（路敦跃，张丽杰，1992）。防御机制层级研究的权威瓦利恩特（Vaillant）在30年长期跟踪研究30名男性的心理健康状况以后将防御分为四种连续的防御方式：自恋性防御，不成熟防御，神经症性防御和成熟防御（路敦跃，张丽杰，1992）。瓦利恩特在1986年又提出了三级分法：（1）成熟的防御机制，包括升华、压抑、幽默、期望和利他；（2）中间型或神

经症性防御机制，包括转移、潜抑、隔离、反作用结构；（3）不成熟防御机制，包括投射、分裂性幻想、被动攻击、潜意显现、疑病和分离。和以前的分级相比，取消了自恋性防御机制，两者差异不大。邦德（Bond）、皮里（Peery）、安德鲁（Andrew）也提出了大致相同的分级。防御机制的分级非常重要，因为它能从侧面反映一个人的成熟程度和病理心理过程，为诊断和治疗提供参考。

依恋类型

依恋（attachment），一般被定义为婴儿与其照看者（一般为母亲）之间存在的一种特殊的情感关系，产生于婴儿与照看者的相互作用过程中，是一种情感上的联结和纽带。依恋作为一种心理结构和过程，它被描述为儿童渴望和需要与某个体保持长期、持续的亲近，以获得安全和舒适的情感联结，它是儿童早期生活中的最重要的社会关系，是个体社会性发展的开端和人生经历中重要的组成部分。英国精神病学家鲍尔比（Bowlby）是最早提出"依恋"概念的学者，他整合精神分析理论、习性学、信息加工理论与控制论，创立了依恋理论，系统地论述了依恋产生的生物基础、依恋的阶段性发展及其内部机制，并对依恋的特征进行了剖析。根据鲍尔比的依恋理论，儿童时与依恋对象交往的经历使个体形成了有关自我与他人的"内部工作模型"（Internal Working Model，IWM），把早期的依恋经验带到以后的生活中去，或者说"内部心理表征"并整合到个性结构中去，成为个性结构的一个组成部分，这一工作模型会影响到其后为人父母时对孩子的行为。IWM 是儿童对自我、重要他人及自我与他人人际关系的稳定认知模式。儿童在该模型的指导下处理各种社会刺激，决定自身的反应方式，并以此来建构未来的人际关系。因此，这种模型在个体的发展过程中会继续发挥作用，并影响成人的各种社会功能。

积极心理学

积极心理学的兴起恰好为流浪儿童越轨行为问题的预防提供了理论基础。积极心理学是心理学界正在兴起的一个新的研究领域。是利用心理学目前已比较完善和有效的实验方法与测量手段，来研究人类的力量和美德等积极方面的一个心理学思潮（Sheldon & King，2001）。过去的心理学过分集中在个人生活的消极层面，心理学中关于消极心理研究的论文远远超过研究积极心理状态的论文。越来越多的心理学家认识到，心理学不仅应着眼于心理疾病的矫正，更应该研究与培养积极的品质，而且心理学研究发现：幸福、发展、快乐、满意是人类成就的主要动机，人类的积极品质是人类赖以发展的核心要素，心理学需要研究人的光明面，需要研究人的优点与价值，实际上，发展人性的优点比修复病症更有价值（苗元江等，2003）。

积极心理学的一个重要的观点就是“积极预防”的思想，它认为个人的某些心理品质和支持系统可使人们远离某些不良行为和心理疾病。同样道理，我们并不否认流浪儿童中很多是具有越轨行为的高危群体，但是我们也应该看到身处同样艰难处境，仍始终拒绝强行乞讨、拒绝盗窃、拒绝打架斗殴的自强不息的流浪儿童。他们在困境中不仅没有被击倒，走上违法犯罪的道路，反而表现了同龄儿童难能可贵的坚强、自尊。所以在面临流浪儿童的问题时，心理学研究者应该摆脱将流浪儿童视为“问题群体”的思路，工作的重点就是要找出流浪情境下那些拒绝社会越轨行为的流浪儿童们的行为方式、性格特点、关键性支持因素以及认知和情感的加工风格等。这样在心理学工作者的帮助下，流浪儿童教育就可以有针对性地对流浪儿童这些方面的能力进行培养，从而帮助他们顺利地度过人生的困境。

二、研究内容

流浪儿童的出现是一个复杂的社会问题，它是多种因素共同作用所形成的结果。可以说，流浪儿童在我国现在的发展水平和管理模式下将会是一个长期存在的社会现象，一味地将流浪儿童贴上负面的标签，就等于为我们未来的社会埋下一枚威力巨大的定时炸弹。所以，本着“儿童优先”的原则，我们应该以一种包容的态度去尽量了解流浪儿童的内心世界，理解他们在流浪生活中的一些行为表现。所以在此理论假设基础上，本课题的基本内容包括以下方面。

（1）调查流浪儿童的基本现状。主要涉及流浪儿童的日常生活状况，包括了饮食、衣着、挣钱方式、消费方式、健康、安全等方面，以及他们外出流浪的原因、家庭结构、家庭关系等方面的信息。

（2）解读“流浪亚文化”。流浪亚文化是指与流浪生活相符合的生活方式和行为方式，以及在这些方式中所产生的生活信条、思维方式和价值态度等。从某种意义上说流浪亚文化是处在流浪生活中的儿童自然而然接受的一种非社会性甚至反社会性的亚文化，它将儿童从主流的社会价值体系中剥离出去，异化出与以往完全不同的“自我”。所以深入解读流浪亚文化，可以使我们对流浪儿童的心理特征和行为表现有更加深刻的理解，也为流浪儿童的教育和回归指明方向。

（3）分析流浪儿童的心理特征和防御机制。以往流浪儿童的研究很少探讨流浪儿童的内在心理机制，所以这部分主要考察流浪儿童和非流浪儿童在心理特征和防御机制发展上的差别和具体特点。通过进行实证分析，期望达到对流浪儿童心理特征和心理防御机制的把握，即流浪生活对儿童的心理发展造成了什么样的影响，以及流浪儿童在长期的流浪生活中倾向于采用何种心理防御机制来适应自己所面临的困境。

（4）解析儿童适应流浪生活的过程。儿童适应流浪生活是需要

一段时间的，从最初的震颤、无所适从到后来的自由自在，不想回家。这一转换时期所发生的关键生活事件以及心理历程都是需要我们积极关注的。所以在这部分我们试图通过叙事研究在掌握某些典型个案的背景资料的基础之上，对他们最初适应流浪生活的过程进行细致的叙事研究，将这一时期所发生的关键生活事件以及心理历程通过鲜活的故事呈现在读者面前。

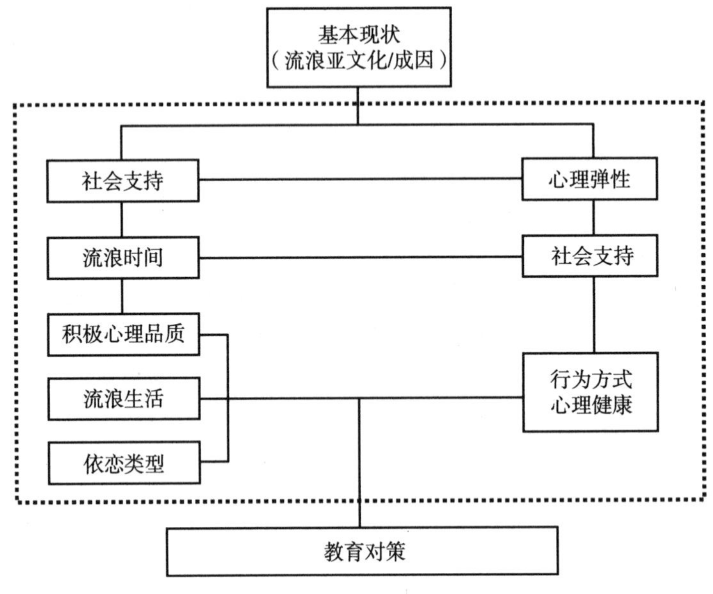

图1　研究内容框架图

三、研究的思路和方法

本研究从社会学、心理学和教育学的视角出发，以实证主义和人文主义相结合的方法论为指导，以调查研究和实地研究的有机结合为研究方式，以问卷调查、半结构访谈、叙事研究以及实地观察等经典社会心理学调研方法为资料信息收集手段，通过定性和定量分析方

法，来对中国当前的流浪儿童问题进行深入的调查研究和探讨。具体方法如下。

质性访谈

根据已有学者研究的结果，并结合实际经验制定半结构化访谈提纲，深入流浪儿童的生活环境，对他们流浪街头的原因、行为特征以及家庭关系等方面有更加感性、详尽的认识，着重探究流浪儿童群体的形成原因、流浪儿童亚文化的特征及其表现形式。

实地考察法

为了全面而深入地考察流浪儿童及其成长环境，研究不仅限于“少保中心”等机构内部，还外展到流浪儿童所生活的街头，收集有关流浪儿童的第一手资料。主要包括了流浪儿童的生存现状、行为表现、心理特征以及他们所易受到的侵害类型等相关信息。

量表法

运用质性研究所得到的一些结论和启示，结合量表对流浪儿童各方面现状进行调查。量表主要由两大部分组成：一部分是心理素质测评量表，考察流浪儿童和非流浪儿童在心理素质发展上的差别和具体特点，并对流浪儿童的人口统计学变量进行分析；另一部分是探讨流浪儿童心理特征、防御机制、行为方式的量表，在长期的流浪生活中，流浪儿童形成了一套独特的心理防御机制，并由此衍生出各种适合流浪生活的行为。所以深入探讨流浪儿童的心理防御机制的特点可以帮助各类机构的专业服务人员较好地和流浪儿童建立信任关系，为他们顺利地回归社会、回归家庭提供有价值、可借鉴、具有一定操作性的经验。

四、研究的重点、难点和创新之处

研究的重点、难点

（1）能否和流浪儿童建立良好的相互信任关系，是我们本次研究的关键所在。由于长期的流浪生活使得流浪儿童普遍具有极强的掩饰性和自我保护意识，和他们建立相互信任的关系将是一个十分困难而长期的过程。

（2）大规模的量表施测研究中，如何保证问卷的有效性和被试筛选的合理性，以及对数据的技术处理，也是本课题研究的难点所在。由于大部分的流浪儿童受教育程度较低，并且具有较强的自我掩饰倾向，所以问卷的选取和设计必须要考虑到流浪儿童的现实情况，既要适合流浪儿童的阅读和理解水平，又要设置测谎题以有效地判断问卷的真实可靠性。

研究的创新之处

（1）将流浪儿童的心理特征和心理防御方式引入到流浪儿童的研究中来，丰富了流浪儿童研究的内涵。目前有关流浪儿童的研究尚处于初步阶段，现有研究更多的将目光放在了流浪儿童的现状描述和揭示问题层面上，很少有学者对流浪儿童的内在心理特征作进一步详细的分析。本研究依托华东师范大学心理系专业的师资力量，试图对流浪儿童的心理特征及其心理防御方式作深入的分析，为流浪儿童的心理和行为矫正提供实证依据，从而帮助他们顺利地回归家庭和社会。

（2）加强了对流浪儿童的量化研究。已往研究较多的是采用质性研究和文献回顾的方法对流浪儿童进行研究，通过访谈的方式研究

这些流浪儿童的形成原因、群体特征和群体构成等，并试图找出其本质规律和发展趋势。本研究在质性研究方法的基础上又加入了量化研究，通过实证的分析方法加深我们对流浪儿童内在心理特征的认识，也弥补了流浪儿童中量化研究的不足这一缺陷。

（3）本研究还试图将叙事研究法引入到社会心理学的研究中，丰富了社会心理学的研究方法。

流浪儿童的现状

目前国内有关流浪儿童的研究尚处于起步阶段，现有研究大多将目光放在流浪儿童的现状描述、法律条文的完善以及救助保护工作的开展，而很少从流浪儿童的角度出发，对他们的内在心理特征作进一步详细的分析。因此，本部分的研究旨在从流浪儿童的心理特点出发，通过实证研究，把握引起流浪儿童流浪行为的社会、家庭和个体因素，以及这些流浪成因与流浪儿童心理适应和健康总体情况的相关性。在此基础上，可使救助活动的开展更有针对性，降低儿童外出流浪的可能性以及所造成的不良社会影响，保障儿童的健康成长。

在对流浪儿童的现状研究中，我们根据已有学者研究的结果并结合实际经验，编制半结构化访谈提纲，深入流浪儿童的生活环境，对流浪儿童的流浪原因、行为特征以及家庭关系等方面进行详尽细致的认识和了解，整理访谈内容，并在此基础上编制针对流浪儿童的人口统计学变量以及外流原因的问卷。同时，在原自测健康评定量表（SRHMS）的基础上（许军，李博，胡敏燕，李海燕，2002），结合访谈与实际需要，选取其中 27 题共 8 个维度，包括身体症状与器官功能、正向情绪、心理症状与负向情绪、认知功能、角色活动与社会适应、社会资源与社会接触、社会支持和健康总体自测等方面，形成修改版的自测健康评定量表（SRHMS）。

一、流浪儿童外流的原因

根据前期的质性访谈，我们在问卷中针对流浪原因一题给出10个选项可供被试选择，分别为：出来打工、好奇出来见见世面、走散、被遗弃、逃学、家庭暴力、与父母闹矛盾、失去亲人、被拐骗和其他。

研究样本的流浪原因描述统计见表1。

表1 研究样本的流浪原因描述统计（n=41）

流浪原因	人数	%
出来打工	11	26.830
好奇出来见见世面	9	21.951
走散	3	7.317
被遗弃	2	4.878
逃学	3	7.317
家庭暴力	2	4.878
与父母闹矛盾	4	9.756
失去亲人	1	2.439
被拐骗	5	12.195
其他	1（钱财丢失）	2.439
合计	41	100

对于原因为“逃学”的追加问题“为什么不继续读书”的回答，在流浪原因选择“逃学”的3名被试中，回答“不喜欢”、“成绩不好”和“别人也不读了”各有1人。

根据上述统计结果，并结合前期访谈以及前人的研究，我们将以上这些具体的流浪原因进行归纳，大致可分为三类：社会、家庭和自

身原因。对于“逃学”原因我们可通过追加问题将其分为社会原因（别人也不读了，占 2.439%），以及自身原因（不喜欢和成绩不好，占 4.878%）。因此，根据以上数据，引起儿童外出流浪行为的社会方面原因（被拐骗、走散、钱财丢失和逃学等社会原因）占 24.390%，家庭因素（被遗弃、家庭暴力、与父母闹矛盾和失去亲人）占 21.951%，而自身因素（出来打工、好奇见世面和逃学自身原因）占 53.659%，成为儿童外出流浪的主要原因。

流浪儿童外出流浪行为产生的原因错综复杂，目前这方面的研究，主要将外流原因分为三大类，即社会原因、家庭原因和个体原因。根据本研究得出的数据，流浪儿童主要由于个体原因外出流浪，比例达到 53.659% 之高，远远超过家庭原因和社会原因所占比例。

童晓频等人（1993）对广州市的流浪儿童出走原因进行的调查，结果发现，儿童离家出走属于家庭方面原因（受父母虐待、家庭生活困难、与家人争吵）占了 57.7%；属于外界的诱惑（出来玩或找亲戚朋友）占 33.5%；属于学校方面（学习成绩差、与同学打架）的原因占 5.0%（童晓频，陈云嫦，肖广英，1994）。

由于此研究进行较早，其对于流浪原因的分类方法还未运用三分法，但仍可得知当时广州市流浪儿童外出流浪大多是由于家庭原因。

在社会排斥理论中的家庭排斥方面，安怀世（2002）认为，儿童与家人分离的原因包括：贫困、家庭问题、虐待、失散、拐骗、家庭的压力、与家人和学校的恶劣关系等。薛在兴（2005）提出家庭排斥可分为“推力”和“拉力”两个方面，前者是家庭内部原因，后者则是社会外部原因。就“推力”而言，包括因家庭贫穷无力抚养孩子，并希望孩子早日为家里赚钱；父母离异而双方都不肯抚养子女；父母一方（或双方）死亡或因犯罪被判刑，导致子女无人抚养；不能忍受父母（或继父母）的虐待或不和谐的家庭环境；由于残疾或经常给家里惹麻烦而被遗弃。就“拉力”而言，包括因地区或城乡生活水平差异所产生的吸引力；儿童对外部世界的好奇和对父母照料的逆反心理；拐卖等（薛在兴，2005）。将这种

家庭排斥的分类法和本研究分类法对比即可发现，“拉力”包括了社会因素和个体因素。

在严海波等人（2005）对徐州市流浪儿童的调查中发现，有69名儿童是因为外出打工导致流浪的，占调查人数的51.9%（严海波，隋树霞，徐成，2005）。这个调查结果与本次研究结果相类似，个体原因在儿童外出流浪的原因中占据主导地位。这种主导原因发生的转变可能是由于时代的变迁，儿童更可能出于自身原因而离开原有的家庭和社会生活环境，这种转变有可能与社会经济高速发展以及发展的地区不平衡性有较大关联。

二、流浪儿童外流原因与心理适应的相关分析

自测健康是个体对其健康状况的主观评价和期望，由于文化背景不同，社会结构和价值观念不同，人们对自测健康内涵的理解和界定便存在差异。许军等人基于1947年世界卫生组织（WHO）提出的健康定义，顺应生物医学模式向生理—心理—社会医学模式以及健康测量从一维到多维、群体到个体、负向到正向的转变，吸收人文科学的最新成果，从生理、心理和社会三个方面筛选自测健康评价指标，建立了适合于我国国情和文化背景下的自测健康评定量表测试版（SRHMS），并对该量表进行了测试和考评。研究表明SRHMS具有较好的信度和效度，是健康测量的一个有效工具（许军，李博，胡敏燕，李海燕，2002）。

在原自测健康评定量表的基础上，结合访谈与实际需要，选取其中27题共8个维度，包括身体症状与器官功能、正向情绪、心理症状与负向情绪、认知功能、角色活动与社会适应、社会资源与社会接触、社会支持和健康总体自测等方面，形成修改版的自测健康评定量表（SRHMS）。本研究采用该修改版量表，对流浪儿童和非流浪儿童进行比较研究，考察他们在心理素质发展上的差别和具体特点。

表 2　外流原因与健康总体情况的平均数多重比较检验

因变量	(I) 外流原因	(J) 外流原因	平均数差异	标准误差	显著性	95%置信区间 Lower Bound	Upper Bound
健康总体状况	个体原因	家庭原因	2.422*	0.901	0.037	0.119	4.725
		社会原因	1.422	0.901	0.300	-0.881	3.725
	家庭原因	个体原因	-2.422*	0.901	0.037	-4.725	-0.119
		社会原因	-1.000	1.058	0.643	-3.705	1.705
	社会原因	个体原因	-1.422	0.901	0.300	-3.725	0.881
		家庭原因	1.000	1.058	0.643	-1.705	3.705

* 代表显著性水平达到 $p<0.05$。

采用 Scheffe 法，结果得出个体原因和家庭原因之间存在显著性（$p<0.05$）。由表中数据可得，从个体原因与家庭原因的 95% 的置信区间在 0.119 和 4.725 之间，并未包括 0，且平均数差异达到了显著性水平（$p<0.05$），因此由于个体原因与家庭原因外流的流浪儿童在健康总体情况上具有显著差异，个体原因优于家庭原因，即由于个体原因而外出流浪的儿童的健康总体情况较好。

表 3　外流原因与正向情绪的平均数多重比较检验

因变量	(I) 外流原因	(J) 外流原因	平均数差异	标准误差	显著性	95%置信区间 Lower Bound	Upper Bound
正向情绪	个体原因	家庭原因	2.144	1.515	0.378	-1.738	6.027
		社会原因	4.414*	1.657	0.040	0.167	8.662
	家庭原因	个体原因	-2.144	1.515	0.378	-6.027	1.738
		社会原因	2.270	1.902	0.498	-2.604	7.144
	社会原因	个体原因	-4.414*	1.657	0.040	-8.662	-0.167
		家庭原因	-2.270	1.902	0.498	-7.144	2.604

* 代表显著性水平达到 $p<0.05$。

采用 Scheffe 法，结果得出个体原因和社会原因之间存在显著性（$p<0.05$）。由表中数据可得，从个体原因与社会原因的 95% 的置信区间在 0.167 和 8.662 之间，并未包括 0，且平均数差异达到了显著性水平（$p<0.05$），因此由于个体原因与社会原因外流的流浪儿童在正向情绪上具有显著差异，个体原因优于社会原因，即由于个体原因而外出流浪的儿童的正向情绪较高。

表 4　外流原因和负向情绪的方差分析

负向情绪

	平方和	自由度（df）	均方（MS）	F	显著性 Sig.
组间差异	76.746	2	38.373	3.396*	0.049
组内差异	293.806	26	11.300		
总差异	370.552	28			

*代表显著性水平达到 $p<0.05$。

外流原因与负向情绪的组间差异具有显著性（$p<0.05$）。

表 5　外流原因和社会适应的方差分析

社会适应

	平方和	自由度（df）	均方（MS）	F	显著性 Sig.
组间差异	41.813	2	20.906	3.941*	0.030
组内差异	159.157	30	5.305		
总差异	200.970	32			

*代表显著性水平达到 $p<0.05$。

外流原因与社会适应的组间差异具有显著性（$p<0.05$）。

表 6　外流原因和社会支持的方差分析

社会支持

	平方和	自由度（df）	均方（MS）	F	显著性 Sig.
组间差异	46.607	2	23.303	3.459*	0.044
组内差异	215.565	32	6.736		
总差异	262.171	34			

* 代表显著性水平达到 $p < 0.05$。

外流原因与社会支持的组间差异具有显著性（$p < 0.05$）。

修改版的自测健康评定量表（SRHMS）包括 8 个维度，涉及生理、心理和社会等方面，信度和结构效度都较好。根据本研究的数据结果，外流原因主要与 SRHMS 8 个维度中的正向情绪、心理症状与负向情绪、社会适应、社会支持以及健康总体自评这 5 个维度有显著相关。

根据曹朝阳等人的研究，流浪原因在焦虑、身体症状、心理健康上都存在显著差异，由于内在原因而流浪的优于外在原因。被迫流浪的儿童在步入社会之前就已经形成了一种反社会人格，对生活缺少希望，内心多少有一些报复社会的想法。而自愿流浪的儿童出于对社会的好奇和对外界自由自在的生活的向往，抵制不住街头的诱惑，加之少年的好冲动而走上街头成为流浪儿童的一员。他们的内心相对要平和一些，所以心理健康程度要高一些（曹朝阳，张双全，何俊华，陈新景，2007）。

本研究运用平均数多重比较检验发现，因个体原因与因家庭原因外流的流浪儿童在健康总体情况上具有显著差异，个体原因优于家庭原因，即由于个体原因而外出流浪的儿童的健康总体情况较好。另一方面，因个体原因与因社会原因外流的流浪儿童在正向情绪上具有显著差异，个体原因优于社会原因，即由于个体原因而外出流浪的儿童

的正向情绪较高。由于家庭原因和社会原因又可归类为外部原因，个体原因为内部原因，因此本研究与上述研究得出一致结论，即自愿流浪的儿童在健康总体情况上要好于被迫流浪的儿童。

流浪儿童的心理弹性

流浪儿童是游离于主流群体之外的一个存在，人们往往将之与一些负面的特征联系在一起，比如自闭自卑、放荡不羁、以强凌弱、偷摸撒谎、伪装乖巧等。这些问题的出现源于很多处于流浪状态下的孩子缺少应对这一困境的积极的个体特征以及外部资源。但是同等生活状态下，一些流浪儿童却发展良好。因此研究引入心理弹性这一概念，以此探讨个体面临困境时的适应差异及造成这种差异的因素。

国外对于心理弹性的研究表明，心理弹性是每个人都具有的一种潜能。而提高心理弹性的关键在于个体内部以及个体外部的保护性因素的提高。社会支持是心理弹性非常重要的外部保护性因素，另外在流浪儿童的流浪生活中可能还存在着其他一些起到保护作用的因素。本研究的目的在于：寻找社会支持对于流浪儿童心理弹性的影响，并且从流浪生活中寻找促进流浪儿童心理弹性的因素，为流浪儿童的心理健康干预提供有用信息，减少流浪儿童问题行为的发生，从而缓解这一现象对社会造成的潜在危害。

本研究的被试包括两部分。第一部分是质性访谈的被试，样本取自上海市普陀区救助站的流浪儿童，总共 20 名，年龄分布在 13 岁到 18 岁，其中男性 15 名，女性 5 名。第二部分是问卷调查的被试，样本取自上海市和北京市救助站的流浪儿童，发放问卷 55 份，收回有效问卷 41 份。年龄分布在 10 岁到 18 岁，其中男性 35 名，女性 6 名。心理弹性量表使用的是由布洛克（Block）和克雷曼（Kreman）编制的自我心理弹性量表（ER89），由于该量表权威性较高，同时又因为题量少（14 个题目）可与其他人格量表一起使用而受到欢迎。该量表翻译自国外，骆鹏程曾验证其对于中国被试的适用情况，证明

在中国自我心理弹性量表的单因素模型是可以接受的。在本研究中，该量表的信度是0.621（骆鹏程，2007）。

社会支持量表采用的是肖水源于1986—1993年设计的社会支持评定量表（SSRS）。该量表有10个条目，包括客观支持（3条）、主观支持（4条）和对社会支持的利用度（3条）三个维度。量表设计合理，具有良好的信度和效度，能较好地反映个体的社会支持水平。在本研究中社会支持评定量表的结构效度是0.673，信度是0.652。

一、社会支持与心理弹性的相关分析

采用Pearson积差相关分析的统计方法，对心理弹性与社会支持及其各维度的相关关系进行分析。结果如表7所示。

表7　社会支持与心理弹性之间的相关（N=41）

	弹　性	社会支持	主观支持	客观支持	支持利用度
弹性	1	0.410**	0.355*	0.312*	0.241
社会支持		1	0.942**	0.606**	0.481**
主观支持			1	0.370*	0.267
客观支持				1	0.272
支持利用度					1

*代表显著性水平达到$p<0.05$；**代表显著性水平达到$p<0.01$。

结果表明，流浪儿童的社会支持及主观社会支持与心理弹性存在极其显著相关，而客观社会支持与心理弹性呈显著相关。这说明，流浪儿童获得的社会支持越多，其心理弹性水平越高，认知到的来自情感方面的社会支持，即主观社会支持越多，心理弹性越高。

本研究表明流浪儿童心理弹性和社会支持之间存在着极其显著的正相关。

以往大量研究表明社会支持和心理弹性有显著的相关。如，亲密的家庭关系长久以来都被看成是儿童面临困境的时候有良好适应的关键因素（Luthar，2006），邻居的支持也能促进儿童的良好适应（Sampson，1997）。许多研究表明教师的支持对儿童对抗逆境具有保护性作用（如，Hamre & Pianta，2001），与同伴建立积极的关系（Jackson & Warren，2000）也是一项重要的保护因素。本研究得出的结论与已有的研究一致。

前文得出的结论表明，同伴支持、与父母的接触交流时间以及亲子关系都与心理弹性显著相关。与同伴一起生活、与父母接触时间多、主观亲子关系好的流浪儿童在心理弹性上的得分要更高，这些结论从另一方面证明了社会支持与心理弹性之间的相关。

本研究还发现在社会支持的三个维度中，主观社会支持和客观社会支持与心理弹性都呈正相关，其中主观支持与心理弹性之间的相关性要比客观支持高。客观支持是可见的或实际的，包括物质上的直接援助、团体关系的存在和参与等，主观支持是个体体验到的或情感上感受到的支持，指的是个体在社会中受尊重、被支持与理解的情感体验和满意程度，与个体的主观感受密切相关。可见个体知觉到的情感支持比起他所获得的物质上的实际帮助与心理弹性的关系更大。

在质性访谈中我们发现，流浪儿童的生存资料来源于多方面，有乞讨、拾旧货、打工所得，有偷窃、行骗所得，也有儿童在流浪生活中暂时性的被收养。但是无论是以乞讨还是收养的方式从他人处获得的物质帮助，都无法消除流浪儿童一个普遍的想法，即“别人并不能真正地帮上我”，反而从一些流浪儿童的讲述中我们看到，来自陌生人的鼓励和情感支持可能会使他们的人生观产生很大变化，比如一个立志当老师的孩子其理想的根源就在于曾经有个职业为教师的陌生人与他促膝长谈了很久，改变了他的一些想法。

物质上的帮助可以解决流浪儿童的生存问题，但是这种带有“施舍”意味的帮助有时候会强化流浪儿童弱势群体的地位，并且物质帮助是暂时性的，只有情感上的支持和理解才可能有助于儿童的发

展，使他们从流浪这一高危情境中挣脱出来，引导他们以健康的方式成长。

二、人口统计学变量分析

1. 不同性别流浪儿童比较

采用独立样本 t 检验对不同性别的留守儿童在心理弹性、社会支持上的差异进行比较，结果见表 8。

表 8　心理弹性、社会支持的性别差异

	性　别	人　数	平均数	标准差	T 值	显著性
心理弹性	男	35	39.942	5.881	-1.867	0.069
	女	6	44.667	4.546		
社会支持	男	35	25.286	6.689	-1.708	0.095
	女	6	30.500	8.240		
主观支持	男	35	16.743	5.601	-.909	0.369
	女	6	19.000	5.762		
客观支持	男	35	4.800	1.511	-3.273	0.002
	女	6	7.167	2.317		
利用度	男	35	3.743	1.462	-0.945	0.351
	女	6	4.333	1.033		

独立样本 t 检验结果表明，虽然女性的弹性得分在平均分上高于男性，但是不够达到显著性水平，两者在社会支持、主观支持和支持利用度上不存在显著差异，但是在客观社会支持上具有极其显著的差异，即女性实际获得的物质和精神上的帮助要显著多于男性。

在性别差异上，研究所得的结果与假设并不一致，即男性和女性

在心理弹性上并无显著差异。

骆鹏程关于留守儿童的弹性研究发现，心理弹性存在显著的性别差异，而且女性比男性要高。本研究的数据显示，在心理弹性的平均得分上，女性的确要高出男性将近 5 分，没有出现显著差异的一个重要原因可能在于性别比例过于悬殊。流浪儿童是一个特殊群体，进行流浪儿童的研究无法像一般研究那样大规模随机取样。由于寻找真正处于流浪状态的儿童在操作性上具有极大的难度并且存在一定安全隐患，所以本研究的被试来自于上海和北京两地救助站，样本数量受到很大限制（骆鹏程，2007）。

女性被试人数偏少也反映了流浪儿童现状的两个方面。第一，就流浪儿童这一群体而言，女性都是占少数的。根据民政部门统计，流浪儿童中，女性占 30%，男性占 70%。因为女性相较于男性来说是一个弱势群体，对于流浪这一风险性极大的行为需顾虑到的以及实际碰到的困难要比男性更多，因此，流浪的女童在人数上远远少于男童。第二，我们的调查问卷需要一定的受教育水平才能完成，在为数不多的流浪女童中，具有完成问卷所需的识字水平的比例要低于男性，有相当一部分流浪女童是文盲，这使得原本不平衡的性别比例愈加悬殊，令性别差异的数据分析准确性受到很大影响。

但是在社会支持中的客观社会支持这一维度，却显示出极其显著的性别差异，反映了不管流浪女童如何知觉她们受到的社会支持以及如何对外部资源加以利用，这个社会对流浪儿童的照顾具有性别偏向性。社会对女性所持有的弱小、无辜、无伤害性的刻板印象使得人们更愿意向女孩子伸出援助之手，这也解释了为什么有的研究者得到的结论是女性心理弹性要高于男性，其中社会支持的性别差异具有很强解释力。

2. 不同文化程度流浪儿童的心理弹性比较

流浪儿童的受教育水平大多集中在小学与初中未完成水平，因此将其划分为两组：小学及以下水平，初中及以上（即初中和高中，

有可能中途辍学）水平。

采用独立样本 t 检验对不同文化程度流浪儿童心理弹性的差异进行比较，结果见表 9。

表 9　不同文化程度流浪儿童心理弹性比较

	文化水平	人数	平均数	标准差	T 值	显著水平
心理弹性	小学及以下	22	40.909	6.354	0.317	0.753
	初中及以上	19	40.316	5.488		

数据显示，两组流浪儿童的心理弹性水平非常接近，不存在显著差异。

唐纳德（Donald）曾将认知发展作为鉴别弹性儿童的一项指标，包括问题解决能力、独创性等（Donald & Swart-Kruger，1994）。认知水平与受教育水平有一定的关系，但是本研究中，小学及以下水平、初中及以上水平两组流浪儿童的心理弹性水平非常接近，并无显著差异。一方面，大部分流浪儿童并未完成学业，或因为外部原因如走散、被拐卖，或因为一些内部原因离家出走而中断学习，所以所谓初中水平可能只是读到初一初二，与小学水平并无显著分化。另一方面，根据质性访谈的结果，厌学、成绩不佳是大多数流浪儿童的一个特征，也是常见的流浪原因，因此对于此整体学业不佳的群体，认知水平可能与受教育水平关系薄弱。

3. 不同生活状态的流浪儿童心理弹性比较

根据质性访谈得到的信息，我们发现有的流浪儿童始终单独行动，有的与同伴一起离家出走或者半路结交朋友一起生活，还有的跟随团伙，从属于一定的组织。因此将流浪儿童划分为两种，独自一人以及有伙伴或者跟随组织，后者一般来说会获得更多同伴支持。

采用独立样本 t 检验对不同生活状态流浪儿童的心理弹性的差异进行比较，结果见表 10。

表 10　不同生活状态流浪儿童心理弹性比较

	生活状态	人数	平均数	标准差	T 值	显著水平
心理弹性	独自一人	19	38.684	5.218	-2.042*	0.048
	有同伴或者组织	22	42.318	6.050		

*代表显著性水平达到 $p<0.05$。

数据表明，群体生活，即有同伴或者有组织的流浪儿童心理弹性水平显著高于独自生活的流浪儿童。

研究结果表明，流浪生活状态下，有同伴或者有组织的儿童心理弹性水平要高于独自一人生活的儿童。

普林格尔（Pringle）将儿童的心理需要分为四种：爱与安全的需要、寻求新体验的需要、表扬与认可的需要、责任感的需要，如果这些需要得不到满足，那么儿童就有可能发展出情绪和行为问题，如果这些需要没有办法在家庭得到满足，儿童可能会转向其他地方寻求满足（Roux，1998）。

对于离开家，特别是与亲人失去联系的流浪儿童而言，同伴支持是其获得这些满足的主要来源。在与自己具有相似经历的其他流浪儿童身上，他们可以找到共鸣和认同，在居无定所或者没有可靠经济来源的情况下，来自群体的保护可以满足人的安全需要。

唐纳德根据对于南非流浪儿童的研究，指出流浪生活在消极与积极两方面作用于儿童的身体、情绪、社会、认知/教育等方面，将同辈联系（Peer bonding）、同辈支持、群体认同、群体保护、共享资源作为可以促进流浪儿童积极适应的有利因素。可见流浪生活中来自同伴或所属群体的支持可以帮助儿童在高危情境中更好地适应（Donald & Swart-Kruger，1994）。

但是从与流浪儿童访谈中所得知的实际情况却也让我们心存疑虑。部分儿童虽然有同伴，而且得到来自同伴的经济救济与帮助，但是另一方面受到来自这些同伴的负面影响，例如被教唆偷窃、行骗，等等。一些形成组织的流浪儿童群体甚至进行集团犯罪，人数上的优

势一方面提供给儿童安全感，另一方面责任分散可能使流浪儿童放松对于自己行为的约束。

因此，虽然数据显示有同伴或组织的流浪儿童心理弹性水平更高，但是这种流浪生活状态下的同伴支持并不是社会支持的一种理想来源，对流浪儿童的长期发展以及对整个社会而言，它具有一定的负面作用。

4. 与父母或监护人的关系、接触时间的差异比较

将流浪之前与父母或监护人的接触时间以及关系作为评价家庭支持系统的一项指标，考察不同接触时间以及亲子关系对心理弹性的影响。考虑到长期的流浪生活会淡化记忆，流浪儿童可能无法量化时间这一变量，因此直接用一个二分变量作为自变量，将从小被遗弃或者没有监护人的儿童列为接触时间少、亲子关系差来考虑。

亲子关系以流浪儿童的主观认知为参考对象。

表 11　与父母或监护人接触时间的差异比较

	接触时间与关系	人　数	平均数	标准差	T 值	显著水平
心理弹性	接触时间较少	19	37.895	5.394	−3.031**	0.004
	接触时间较多	22	43.000	5.363		
	关系较差	16	38.188	6.358	−2.226*	0.032
	关系较好	25	42.200	5.123		

*代表显著性水平达到 $p<0.05$；**代表显著性水平达到 $p<0.01$。

由独立样本的 T 检验得出，与父母或监护人接触交流时间较多的儿童心理弹性较高，且呈极其显著水平，另外，亲子关系较好的儿童心理弹性显著偏高。

本研究将与父母的接触时间和亲子关系作为评价家庭支持系统的参考，测量具有极大的主观性，代表了流浪儿童主观认知到的来自家

庭方面的支持。数据显示，心理弹性在这两个变量上具有显著的差异，说明来自家庭的支持对于流浪儿童心理弹性水平有显著影响。

沃纳（Werner）指出，即使是处于贫穷、父母离异、父母精神疾患等高危情境中，如果儿童能够与至少一位有胜任能力、情感稳定、能够满足孩子需求的家长建立紧密联系，那么发展出较高弹性的可能性就更大（Emmy，1995）。无论是在沃纳的夏威夷研究中，还是安东尼（Anthony）在圣路易斯关于精神病患者的弹性子女研究中，被贴上“弹性”标签的孩子都获得了良好的养育并且建立了基本的信任感。

可见亲子关系对于儿童心理弹性的建立，乃至心理健康水平都是至关重要的。从访谈中我们得知，很多流浪儿童之所以离家出走就是因为缺少父母关怀，或者父母养育方式不当，用暴力或漠视对待儿童所犯的错误。在家庭中无法满足爱与安全感的需要、早期发展中对父母的信任感无法建立都会使儿童处于危机状态，并且在儿童阶段，自我概念尚未成熟建立，又没有父母的引导和良好的社会参照，就容易造成儿童行为与情绪上的问题，一些出于内部原因的流浪便是问题的直接表现。

流浪儿童的心理防御机制

流浪儿童的心理防御机制部分的研究，是根据已有学者研究的结果，并结合实际经验，编制半结构化访谈提纲，对流浪儿童的流浪原因、行为特征等方面进行详尽深入的了解，整理访谈内容，并编制流浪原因和成因问卷，及对心理防御机制量表（DSQ 问卷）进行修改。流浪原因和成因问卷主要内容包括流浪儿童及其家庭的基本信息，以及流浪原因、流浪时间、对救助机构和流浪生活的看法等。另外一部分，考虑到被试的年龄、文化特征和先前访谈中所表现出的行为和心理特征，研究所使用的测量防御机制的问卷从原 DSQ 问卷中删除 58 个项目，9 个维度，从九级评定减少为五级评定。

一、不同流浪时间的流浪儿童防御机制的差异性检验

对按流浪时间划分的短期（6个月以下）、中期（6个月到两年）、长期（两年以上），采用One-way ANOVA方法进行差异性检验，检验结果如表12所示。

表12　不同流浪时间流浪儿童心理防御机制的方差分析

检验变量	流浪时间	N	平均数	标准差	F	Sig.
成熟防御机制	短期	26	2.943	0.734	0.742	0.484
	中期	5	3.378	0.792		
	长期	7	3.125	0.850		
不成熟防御机制	短期	26	3.067	0.789	0.827	0.446
	中期	5	3.450	0.371		
	长期	7	2.893	0.776		
中间型防御机制	短期	26	2.714	0.456	3.385*	0.045
	中期	5	3.325	0.756		
	长期	7	2.813	0.319		
掩饰因子	短期	26	2.635	0.923	1.827	0.176
	中期	5	3.450	0.942		
	长期	7	2.861	0.810		

*代表显著性水平达到 $p<0.05$。

由表12可知，在对流浪时间不同的流浪儿童防御机制进行方差分析后发现，流浪时间为中期的流浪儿童普遍使用更多的各类防御机制；不同流浪时间的流浪儿童在中间型防御机制的总分上存在显著性差异，在成熟防御机制、不成熟防御机制以及掩饰因子的总分上都不

存在显著性差异。

对于不同流浪时间的流浪儿童在中间型防御机制的总分上存在显著差异，进行事后检验，以探究短期、中期、长期流浪时间所存在的显著性差异，检验结果如表 13 所示。

表 13　不同流浪时间流浪儿童心理防御机制事后检验的结果

检验变量	（I）流浪时间	（J）流浪时间	平均数差异（I－J）	Sig.
中间型防御机制	短期	中期	－0.611*	0.013
		长期	－0.989	0.632
	中期	短期	0.611*	0.013
		长期	0.512	0.078
	长期	短期	0.989	0.632
		中期	－0.512	0.078

* 代表显著性水平达到 $p<0.05$。

由表 13 可见，在中间型防御机制的得分上，流浪时间较短的儿童得分低于长期流浪的儿童，更明显地低于流浪时间中等的儿童。

表 14　不同流浪时间流浪儿童具体防御方式事后检验的结果

检验变量	（I）流浪时间	（J）流浪时间	平均数差异（I－J）	Sig.
压抑	中期	长期	1.314*	0.033
制止	中期	长期	1.293*	0.036
假性利他	中期	短期	1.385*	0.018
		长期	1.429*	0.040

* 代表显著性水平达到 $p<0.05$。

由表 14 可见，在压抑、制止和假性利他防御方式的得分上，流浪时间中等的儿童的分数明显高于长期流浪的儿童，在假性利他防御方式的得分上，流浪时间中等的儿童的分数也明显高于短期流浪的儿童。

流浪时间在半年到两年之间的儿童明显采用更多的中间型防御机制；比长期流浪的儿童更多采用压抑、制止的防御方式。反映出在外流浪一定时间以后，儿童对人生采取一种消极的自我态度，躲避现实、缺乏进取心，既不像初次离家的儿童那样对流浪生活充满向往或对社会持否定态度，也不像长期离家的儿童那样已经形成一套适应生存的行为方式。

这与以往对流浪者的研究结果较为一致，流浪者有较低的自我意象，自卑、有冲动倾向、想要脱离人际关系（Mounier，2003）。从儿童初次离家，随着时间的推移和流浪经历的增加，到逐渐接触外界的同伴和事件，此时流浪儿童的心理防线相对较脆弱，对挫折的耐受力也较低，经过一系列的负性事件之后，会逐渐习惯采取消极的防御方式，而不是积极的改变和适应。

同短期流浪的儿童一样，中期流浪的儿童同样应受到足够的重视和保护，他们逐渐开始认同流浪生活，更容易被社会上的不良风气和犯罪分子影响和利用，此时社会应给予他们正确及时的疏导和救助，引导他们控制和调节焦虑和抑郁等不良情绪，加强自我认识，能够客观地认识自己，由自卑转变为自信，同时多给予他们赞美、肯定、接纳和激励，培养他们对挫折的承受能力，迅速地回归主流社会。

二、不同流浪原因的流浪儿童防御机制的差异性检验

造成儿童流浪的原因是多元的，在这里通过对流浪原因问卷的分析归类，把流浪原因概括为内部原因和外部原因两类。一类是由于儿童自身的性格特点、受到外界的诱惑、不愿意完成学业而自愿选择离家出走的，属于内部原因（自身因素）；另一类是由于遭亲人遗弃、

家庭暴力、贫困等不良家庭环境，以及拐骗、偷窃等社会原因而被迫选择离家出走的，属于外部原因（家庭社会因素）。

对按流浪原因划分的内部和外部原因，采用独立样本 t 检验的方法进行差异性检验，检验结果如表 15 所示。

表 15　不同流浪原因流浪儿童心理防御机制的独立样本 t 检验

	性　别	N	平均数	标准差	t 值	Sig.
不成熟防御机制	内部原因	20	3.173	0.908	1.358	0.184
	外部原因	20	2.854	0.527		
成熟防御机制	内部原因	20	3.250	0.761	1.514	0.138
	外部原因	20	2.900	0.700		
中间型防御机制	内部原因	20	2.806	0.635	0.038	0.970
	外部原因	20	2.800	0.359		
掩饰因子	内部原因	20	2.963	0.998	1.247	0.220
	外部原因	20	2.599	0.840		

由表 15 可见，由于内部原因流浪的儿童比由于外部原因流浪的儿童更多使用各类心理防御机制，但差异都没有达到显著性水平。

具体到某种类型的防御方式，同样采用独立样本 t 检验的方法进行差异性检验，检验结果如表 16 所示，由于变量较多，所以下面只将具有显著性结果或接近显著性水平的数据列举出来。

表 16　不同流浪原因流浪儿童具体防御方式的独立样本 t 检验

	原　因	N	平均数	标准差	t 值	Sig.
抱怨	内部原因	20	3.526	1.322	2.689*	0.011
	外部原因	20	2.526	1.007		
压抑	内部原因	20	3.200	1.105	2.165*	0.037
	外部原因	20	2.525	0.850		

续表

	原　因	N	平均数	标准差	t值	Sig.
幻想	内部原因	20	3.200	1.399	-0.123	0.903
	外部原因	20	3.250	1.164		
回避	内部原因	20	3.350	1.496	-0.119	0.906
	外部原因	20	3.400	1.142		
理想化	内部原因	20	2.220	1.056	-0.691	0.494
	外部原因	20	2.450	1.050		

* 代表显著性水平达到 $p<0.05$。

由表16可知，由于内部原因流浪的儿童比由于外部原因流浪的儿童更多地采用抱怨和压抑的防御方式，分数的差异达到了显著性水平；同时，由于内因流浪的儿童比由于外因流浪的儿童更少地采用幻想、回避和理想化的防御方式，分数差异没有达到显著性水平。

研究中由于不同流浪原因而外流的儿童在各防御机制和方式的采用上没有存在很大的差异，只有由于内部原因而离家出走的儿童在抱怨、压抑两种具体防御方式的使用上更占据多数。随着儿童在流浪生活中经历的伤害性或负性事件的增多，每一类的防御机制的使用都在普遍增多，其中也包括不成熟的防御机制。

一方面，本身自愿离家的儿童心理素质就比较脆弱，好奇心强，逆反心理强，主观上要求家长和社会尊重他们的个性和独立意识，但是实际上不具备分辨是非和解决生活中复杂问题的能力，同时心理承受能力较弱，一旦家长或老师的教养方式失当，就会导致这些性格偏激的儿童负气离家。另一方面，由于内部原因流浪的儿童起初离家的时候，对自由自在的流浪生活充满向往，当实际生活温饱没有着落，没有安全的保障，自身能力又不足以解决这些问题，这样的心理落差在由于外因流浪的儿童身上是没有的，因此由于内因流浪的儿童会经历更多事先没有预料到的伤害性事件，同时接触的现实也迫使他们更快的实现社会化，行为也会更快地偏离社会所公认的规范。

本研究结果与以往认为自愿流浪的儿童心理健康程度要高一些的结论有些矛盾（曹朝阳，2007），但是一方面考虑到整个群体的掩饰度都不低，另一方面两个类别的被试差异并不是很明显，因此除了那些受家庭、社会因素驱使而被迫流浪的儿童需要给予关心和理解之外，对于自愿流浪的儿童更应对其进行心灵的感化，让他们感受到自身对家庭存在的眷恋，以及家庭、社会的温暖。

三、不同性别流浪儿童防御机制的差异性检验

对按性别划分的男性、女性，采用独立样本 t 检验的方法进行差异性检验，检验结果如表 17 所示。

表 17　不同性别流浪儿童心理防御机制的独立样本 t 检验

	性　别	N	平均数	标准差	t 值	Sig.
不成熟防御机制	男性	35	3.111	0.741	2.712*	0.010
	女性	6	2.267	0.371		
成熟防御机制	男性	35	3.121	0.773	0.489	0.628
	女性	6	2.958	0.621		
中间型防御机制	男性	35	2.836	0.526	0.609	0.546
	女性	6	2.688	0.415		
掩饰因子	男性	35	2.878	0.940	2.401*	0.021
	女性	6	1.912	0.626		

* 代表显著性水平达到 $p < 0.05$。

从表 17 可知，男性流浪儿童比女性流浪儿童普遍更多使用各类防御机制，男性的分数比女性的分数都要高，其中在不成熟防御机制和掩饰因子的得分差异上达到了显著性水平。

具体到某种类型的防御方式，同样采用独立样本 t 检验的方法进行差异性检验，检验结果如表 18 所示。

表 18　不同性别流浪儿童具体防御方式的独立样本 t 检验

	性　别	N	平均数	标准差	t 值	Sig.
投射	男性	35	2.978	0.800	1.885	0.067
	女性	6	2.333	0.558		
被动攻击	男性	35	2.743	1.107	2.460*	0.018
	女性	6	1.583	0.736		
抱怨	男性	35	3.101	1.316	1.089	0.283
	女性	6	2.500	0.632		
幻想	男性	35	3.371	1.262	2.541*	0.015
	女性	6	2.001	0.894		
分裂	男性	35	3.414	0.981	1.207	0.235
	女性	6	2.917	0.492		
压抑	男性	35	2.929	1.065	0.951	0.347
	女性	6	2.500	0.632		
幽默	男性	35	3.314	0.971	-0.244	0.809
	女性	6	3.417	0.801		
反作用形成	男性	35	3.157	1.020	1.152	0.256
	女性	6	2.667	0.408		
制止	男性	35	2.793	1.072	0.646	0.522
	女性	6	2.500	0.632		
回避	男性	35	3.429	1.312	0.161	0.873
	女性	6	3.333	1.506		
理想化	男性	35	2.383	1.058	-0.235	0.815
	女性	6	2.500	1.517		
假性利他	男性	35	2.800	1.256	0.561	0.578
	女性	6	2.500	0.837		
隔离	男性	35	2.571	0.964	1.384	0.174
	女性	6	2.000	0.707		
否认	男性	35	3.114	1.323	0.762	0.450
	女性	6	2.667	1.366		
交往倾向	男性	35	2.914	1.173	-1.015	0.316
	女性	6	3.417	0.665		

* 代表显著性水平达到 $p<0.05$。

从表18可知，男性流浪儿童比女性流浪儿童更多使用各类防御方式，其中被动攻击和幻想上的分数差异达到了显著性水平；同时，女性比男性更多使用理想化、幽默和更高的交往倾向，但没有达到显著性水平。

在我们调查的流浪儿童中，男性比女性明显更多使用不成熟防御机制类型，男性的掩饰度也更高。研究结果没有证实男女之间外部投射与内部投射之间具有差异，一部分原因在于被试是未成年人，儿童在此方面受到的社会刻板印象的影响不大，另一部分原因与流浪原因有关，女性被试中66.7%是由于外部原因而离家的，并且时间都很短，因此对流浪生活并不持认同态度；女性表现得更为乐观，更多使用理想化、幽默和交往倾向，说明本身并不存在人格上的缺陷。

男性流浪儿童本身在流浪儿童群体中就占多数，是值得高度重视的群体，差异达到显著性水平的防御方式有被动攻击和幻想。无论是从获得的能力还是心智发展成熟的水平来看都不高，没有独立性的意识，通常这一年龄段的儿童的价值观或对事物的看法实际上反映了教育者及社会的要求，但是流浪儿童缺乏有足够能力的教育者和保护者，无法避免社会不接受、可能引起不安的反应方式，例如被动攻击，具体的表现为经由想象的成就来弥补挫败的愿望，也形成了流浪生活中用暴力解决问题的规则；在访谈的过程中他们也多谈及在流浪经历中打架斗殴而获得金钱和荣誉等事件，表现出对胜利的自豪骄傲，对执法部门、执法人员以及在暴力事件中受伤者的不屑一顾。一方面，自卑、消极、受到歧视排挤是他们身上的共性（Peres & Rodrigo，2005），应该着力提高他们的人际交往能力，使他们善于用正确、积极的方式与人交往；另一方面，这一部分群体在收容和回归的救助工作中，更应进行思想上的疏导、行为方式上的矫治，才能避免这些儿童再次流入社会，成为违法犯罪分子的潜在危险。

崔丽娟　王静洁　俞彬彬

积极心理品质、流浪生活和依恋类型对流浪儿童行为方式和心理健康的影响

一、积极心理品质对流浪儿童心理健康水平的影响

基于目前社会上普遍的给流浪儿童贴上负面的标签，将其视为“问题群体”或者“弱势群体”的现状，本研究试图利用积极心理学的理论假设，以一种全新的视角来看待流浪儿童的问题。积极心理学认为个人的某些心理品质和支持系统可使人们远离某些不良行为，并且提倡事前防御胜于事后治疗的观念。所以积极心理学的介入可以一改社会上对流浪儿童的刻板印象，转而将流浪儿童看做一个拥有自我成长能力的群体，通过对他们自身的某些积极心理品质的培养，可以使他们即使身处流浪情境也能自强不息、健康成长。这样，积极心理学的介入便为流浪儿童的健康社会化发展过程提供了有价值、可借鉴，且具有一定操作性的理论依据和对策。

自尊是由自我所派生出来的，它是积极心理学中一个十分重要的概念，具有高自尊的人可以自我管理、自我约束，即使在困境中也能努力实现自己的人生理想和价值。而低自尊的人则恰好相反，容易自暴自弃，长期处于一种烦恼和抑郁的状态，从而不利于人的身心健康。

本研究的被试主要包括两个部分。一部分是用于质性研究的被试，另一个部分是问卷调查的被试。质的研究被试选自上海市救助管理中心的20名流浪儿童，其中男性15名，女性5名。问卷调查分为两阶段，预研究和正式施测。研究对象为上海市救助管理中心和北京市救助管理中心的流浪儿童。

其中，自尊量表选自《心理卫生评定量表》中1965年版的罗森堡（Rosenberg）自尊量表（SES）：量表共10个项目，分四级评分，10个项目得分相加，所得总分越高，说明自尊程度就越高。该量表

在国内运用较广，具有很好的信度和效度。

心理素质测评量表改编自朱军等研究人员基于世界卫生组织（WHO）的健康定义建立的适合于我国文化背景的健康自测评定量表（STHMS）。心理素质测评量表共27个自评条目，两个分量表为心理健康和社会健康，分五级评分。所得的总分便是儿童心理素质水平。得分越高，心理素质就越好。

防御方式问卷（成熟防御机制中的乐观成分）改编自邦德于1983年编制，1989年最后一次修订的防御方式问卷（DSQ）。本研究主要采用了成熟防御机制中乐观的成分，来考察儿童面对外来刺激时，使用乐观的心理应对方式的程度。分五级评分，所得的总分便是儿童乐观防御方式的水平。得分越高，面对外来刺激时，越乐观。

流浪生活及成因调查问卷是根据访谈结果自编的问卷。本研究主要涉及流浪原因、谋生手段、生活状态三个方面，来共同确定流浪儿童的生活方式（打工、拾旧货等/偷窃、强行乞讨等）。

1. 不同生活行为方式的流浪儿童的积极心理品质的差异研究

同处于流浪情境，一些流浪儿童做出了种种社会越轨行为，包括强行乞讨、打架斗殴、小偷小摸、结伙犯罪、强行索要他人财物等。然而，还有一些流浪儿童，面对艰难的生活和恶劣的生存条件始终拒绝社会越轨行为，靠自己打工、卖废品维持生计，采取积极的谋生方式。为此我们对同样被定义为流浪儿童的这两种儿童的积极心理品质——自尊，进行了差异性检验，结果如表19所示。

表19　不同生活行为方式自尊的独立样本t检验

	生活行为方式	N	平均数	标准差	T值	显著性
自尊分数	1	28	23.679	4.269	2.156*	0.037
	2	13	20.615	4.154		

*代表显著性水平达到 $p<0.05$。

（注：1——打工、拾旧货等生活行为方式；2——偷窃、强行乞讨等生活行为方式。）

从表 19 可以看出，同样被定义为流浪儿童的这两种儿童的积极心理品质——自尊存在显著性差异。

流浪儿童是少年儿童中的特殊的群体，与一般儿童的生活有着天壤之别。流浪生活容易使这一个特殊的群体形成特有的生活方式和行为方式，甚至在这些方式中产生的生活信条、信念特性和价值态度也是特有的。赵维泰曾指出流浪亚文化是一种具有非社会性和反社会性性质与性能的亚文化。因此流浪儿童更容易形成种种社会越轨行为，甚至走上违法犯罪的不归路（赵维泰，2005）。

然而，我们在访谈过程中发现并非所有的流浪儿童都有强行乞讨、打架斗殴、小偷小摸、结伙犯罪、强行索要他人财物等社会越轨行为。还有一部分流浪儿童自强不息，意志坚决地选择了打工、卖废品等手段来养活自己，维持生存。在访谈过程中，有部分流浪儿童表明，即使挨饿受冻也不会采取偷盗、强行乞讨、结伙犯罪等行为谋生。可以看出，这两类儿童虽然都被定义为流浪儿童，但却有着本质的差别，对社会也有着不同程度的影响，因此对他们所采取的教育和培养方式也应该有所不同。结果部分（表 19）表明，不同生活行为方式的儿童，虽然同样被定义为流浪儿童，他们的积极心理品质水平是不同的，也就是说，他们在心理品质方面存在差异。

因此，我们更应该重新定位流浪亚文化，因为将流浪儿童特殊化，就等同于给他们贴上了负面的标签，使我们总是陷于无奈惋惜的困境。积极心理学的介入可以一改社会上对流浪儿童的刻板印象，转而将流浪儿童看做一个拥有自我成长能力的群体，通过对他们自身的某些积极心理品质的培养，可以使他们即使身处流浪情境也能自强不息、健康成长。

2. 积极心理品质和乐观的防御方式的关系研究

一些流浪儿童，面对艰难的生活，始终对生活报以乐观的心态和积极的应对方式。为此我们进行了积极心理品质——自尊和乐观的防御方式之间的相关分析，问卷分析结果如表 20 所示。

表 20　自尊和乐观防御方式的相关分析

	自　尊	乐观防御方式
自尊	1	0.338*
乐观防御方式	0.338*	1

*代表显著性水平达到 $p<0.05$。

从表 20 可以看出，自尊和乐观防御方式呈显著相关，即高自尊的流浪儿童面对外来刺激时，更可能使用乐观的心理应对方式。

积极心理学的一个重要的观点就是“积极预防”的思想，它认为个人的某些心理品质和支持系统可使人们远离某些不良行为和心理疾病。因此，在访谈中我们所发现的一些流浪儿童表现出的正向的情绪，以及他们社会接触的广泛、社会支持的丰富程度都向我们透露出这些流浪儿童心理健康的程度。

从结果部分（表 20）可以看出，自尊和乐观防御方式呈显著相关，即高自尊的流浪儿童面对外来刺激时，更可能使用乐观的心理应对方式。这说明这些流浪儿童乐观的生活态度、积极的心理应对方式和流浪儿童的积极心理品质相关联。

因此，我们并不否认流浪儿童中的很多是具有越轨行为的高危群体，但是我们也应该看到身处同样艰难处境，仍始终拒绝强行乞讨、拒绝盗窃、拒绝打架斗殴的自强不息的流浪儿童。他们在困境中不仅没有被击倒，走上违法犯罪的道路，反而表现了同龄儿童难能可贵的坚强，自尊，乐观。所以在面临流浪儿童的问题时，心理学研究者应该摆脱将流浪儿童视为“问题群体”的思路，找出和健康的心理和高社会适应水平相关的积极心理品质。这样在心理学工作者的帮助下，流浪儿童教育就可以有针对性地对流浪儿童这些方面的能力进行培养，从而帮助他们顺利地度过人生的困境。

二、流浪生活对流浪儿童形成偏差行为的影响

提到流浪儿童，很多人可能都会想到一些不好的行为。的确如此，流浪儿童由于其特殊的心理特征和生存环境，很多都染上了一些背离社会规范的不良行为。这些在很多研究中都有提及。恶劣的生存环境使他们失去了儿童应有的健康的身体和活泼的天性。同时社会的复杂性又使他们的人身安全时刻受到各种各样的威胁，有的经常遭到成年流浪者的打骂和欺负，有的在成年人的逼迫和教唆下实施盗窃、诈骗等各种犯罪行为，开始了犯罪生涯。流浪儿童享受不到人间真正的家庭温暖。在街头流浪生活中，他们中的许多人不仅染上了各种恶习，而且还经常实施各种违法犯罪行为（张美英，2003）。

关于流浪儿童的研究数量虽然不少，却多为调查报告或者综述类文章，且大多是对流浪儿童现状的描述以及对教育和救助方式的探索，基本上还处于描述性研究的水平。

本研究力图运用心理学的方法，通过访谈、问卷调查等去研究流浪生活中的一些因素对儿童形成偏差行为的影响。虽然以前也有研究流浪儿童这些不良行为的，但多为调查和简单的陈述，还不够深入。流浪儿童由于其特殊的生存环境和经历，加上他们处于未成年阶段，很容易形成偏差行为。因此研究这一问题不管是对完善偏差行为的理论，还是对更好的教育和救助流浪儿童，都具有一定的意义。

本研究采用量表测验对流浪儿童进行施测。量表主要分两大部分，第一部分是流浪儿童的基本情况，第二部分是关于偏差行为的量表。

参照毛燕静编制的《攻击性自评问卷》、《冲动性自评问卷》以及王其峰编制的《偏差行为自编问卷》，再结合访谈结果，编制符合流浪儿童的偏差行为量表，该量表包括两个分量表。第一个分量表为偏差倾向自评量表：量表共25个项目，分五级评分，25个项目得分

相加，所得分越高，说明偏差倾向越明显。第二个分量表是偏差行为自评量表：量表共 19 个项目，分六级评分（0 分 ~5 分），19 个项目得分相加，所得分越高，说明偏差行为发生的越多。

1. 不同原因流浪儿童偏差行为的差异检验

虽然流浪儿童流浪的原因有很多种，但大体可以分为两种，即内因和外因。考虑到流浪原因不同，可能会影响到流浪儿童形成偏差行为的不同，因此我们考察了因不同原因而流浪的儿童偏差行为的差异，结果如表 21 和表 22 所示。

表 21　不同原因流浪儿童偏差倾向的独立样本 t 检验

	流浪原因	N	平均数	标准差	t 值	显著性
偏差倾向	内因	23	52.609	14.647	2.599*	0.013
	外因	18	41.333	12.584		

* 代表显著性水平达到 $p<0.05$。

表 22　不同原因流浪儿童偏差行为的独立样本 t 检验

	流浪原因	N	平均数	标准差	t 值	显著性
偏差行为	内因	23	19.217	16.882	2.274*	0.029
	外因	18	9.889	8.943		

* 代表显著性水平达到 $p<0.05$。

由这两个表可以看出，因内因而流浪的儿童偏差倾向显著地高于因外因而流浪的儿童；因内因而流浪的儿童偏差行为出现的频率也显著地高于因外因而流浪的儿童。

2. 不同生活状态流浪儿童偏差行为的差异检验

虽然同为流浪儿童，但他们生活的状态却各不相同，有的独自一人生活，有的和伙伴一起生活，有的跟随教唆者生活，更有的加入了一些特殊的组织。而这种完全不同的生活状态很有可能影响他们的行

为，因此我们考察了不同的生活状态对流浪儿童形成偏差行为的影响，结果如表23和表24所示。

表23　不同生活状态流浪儿童偏差倾向的独立样本t检验

	生活状态	N	平均数	标准差	t值	显著性
偏差倾向	1	27	43.630	12.719	-3.285**	0.002
	2	14	57.143	12.025		

** 代表显著性水平达到 $p<0.01$。

（注：1——独自生活或者与朋友一起生活；2——跟随教唆者生活或者有组织。）

表24　不同生活状态流浪儿童偏差行为的独立样本t检验

	生活状态	N	平均数	标准差	t值	显著性
偏差行为	1	27	12.222	9.605	-2.338*	0.032
	2	14	24.071	17.652		

* 代表显著性水平达到 $p<0.05$。

（注：1——独自生活或者与朋友一起生活；2——跟随教唆者生活或者有组织。）

由这两个表可以看出，生活状态对流浪儿童形成偏差行为有显著的影响。跟随教唆者生活或者参与了一些组织的流浪儿童不管是偏差倾向还是偏差行为都显著地高于独自生活或者与朋友一起生活的流浪儿童。

从上述结果中可以看出，由于内因而流浪的儿童偏差倾向和偏差行为发生的频率都要显著地高于由于外因而流浪的儿童。这也说明了一点，流浪儿童个人的品质性格仍然是最关键的。他们的心理还不够成熟，对社会也不能有一个全面正确的看待，再加上他们逆反心理的出现和对外面世界的好奇，他们幼稚地选择了流入社会这条道路。这些因内因而流浪的儿童，往往更独立更冲动一些，因此他们更有可能出现偏差倾向和偏差行为。而因为外因流浪的儿童多为被逼无奈，他们性格中这种冲动性更弱一些，性格可能相对来说比较软弱一些，所以即使流入社会，也会尽可能地以正当的方式生存。因此，在救助流

浪儿童时还是要以改变他们自身为主，尤其是改变他们的认识。这样才能更好地防止他们形成偏差行为。

3. 不同流浪次数的流浪儿童偏差行为的差异检验

流浪儿童不一定是一直在外面，他们可能会在外面和家之间反反复复。在外面流浪一段时间，回家一段时间，然后又出去，又回去，等等。因此就存在一个可能性，他们的流浪次数对他们形成偏差行为造成一定的影响。对该问题的考察结果如表25和表26所示。

表25　不同流浪次数流浪儿童偏差倾向的独立样本t检验

	流浪次数	N	平均数	标准差	t值	显著性
偏差倾向	1	27	39.593	10.139	—	0.003
	2	14	51.786	13.807	3.222	

（注：1——流浪次数为两次及以下；2——流浪次数为三次及以上。）

表26　不同流浪次数流浪儿童偏差行为的独立样本t检验

	流浪次数	N	平均数	标准差	t值	显著性
偏差行为	1	27	13.148	12.387	—	0.007
	2	14	24.571	11.785	2.845	

（注：1——流浪次数为两次及以下；2——流浪次数为三次及以上。）

从表25可以看出，流浪次数越多，偏差倾向越明显。流浪两次及以下的流浪儿童和流浪三次及以上的流浪儿童偏差倾向具有极其显著的差异。从表25也可以看出，流浪三次及以上的流浪儿童偏差行为发生的频率极其显著地高于流浪两次及以下的流浪儿童。

本研究得到的结果证明流浪次数多的流浪儿童不管是偏差倾向还是偏差行为都极其显著地高于流浪次数少的流浪儿童。这也说明，由于出去流浪的次数多了，他们可能更适应或者说接受这种流浪亚文化了，也就产生了更高的偏差倾向和更高频率的偏差行为。

目前我国的救助基本上采取的是收容遣送的政策，收容站的教育也不够完善，这也助长了这种反反复复流浪的行为。因此，我们也应该提高收容站的工作人员的整体素质。既然收容了一次，就要给予他们应有的教育，使得我们的工作更有效果一些，而不是一个反反复复的过程。

三、依恋类型对流浪儿童身心发展的影响

在对依恋风格的研究和测量中，针对不同的对象，研究者采用不同的测评方法。对于儿童，研究者多采用观察的方法，而对于青少年和成人，主要采用访谈或者自陈问卷测量。

巴塞洛缪（Bartholomew）和霍洛威茨（Horowitz）提出了关系问卷（Relationship Questionnaire，RQ），并据此验证了依恋的“自我—他人”模型。关系问卷是一个能同时进行类型和维度测量的问卷，由 4 个短的段落组成的单项量表，每一段落描述了一种成人同伴关系的依恋原型。要求被试按照七个等级评定对每个原型的符合程度。评分提供了个体依恋感情和行为的一个剖面图，并计算自我模型和他人模型的分数。同时被试也被要求从四段描述中选出一种自认为最符合的依恋风格。

本研究的调查对象主要为上海市和北京市救助机构收留的流浪儿童，所有的调查对象都在一定程度上经历过在社会上的流浪生活。质性访谈阶段，课题组以上海市救助站儿保中心收治的流浪儿童为对象，对其进行深度访谈。量表施测阶段，对上海和北京救助机构中收留的 10 岁及以上识字儿童进行问卷测量，所有问卷都是当场匿名填写并在调查结束时由调查负责人员立即收回，以增加真实填写的可能性。本次调查一共发放问卷 55 份，回收问卷 46 份，回收率为 83.636%。其中有效问卷共 41 份，有效率为 78.846%。

1. 依恋类型与偏差行为、心理健康、自尊的关系

表 27 偏差行为、自尊与依恋类型方差分析

		平方和	df	MS	F	Sig.
偏差行为	组间差异	11 667.203	3	3 889.068	10.321 **	0.000
	组内差异	8 666.713	23	376.814		
	总差异	20 333.916	26			
自尊	组间差异	174.967	3	58.322	5.950 **	0.004
	组内差异	225.450	23	9.802		
	总差异	400.417	26			

** 代表显著性水平达到 $p<0.01$。

依恋类型与偏差行为的组间差异，F 值显著（F = 10.321**；$p<0.01$）；依恋类型与自尊水平的组间差异，F 值显著（F = 5.950**；$p<0.01$）。

表 28 偏差行为的平均数多重比较检验

因变量	(I) 依恋类型	(J) 依恋类型	Mean Difference (I-J) 平均数差异	Std. Error 标准误差	Sig. 显著性	95% 置信区间 Lower Bound	95% 置信区间 Upper Bound
偏差行为	安全型	忽视型	-47.088*	10.484	0.001	-76.099	-18.077
		专注型	-40.878*	10.047	0.002	-68.680	-13.076
		恐惧型	-48.121*	10.484	0.001	-77.132	-19.110
	忽视型	安全型	47.088*	10.484	0.001	18.077	76.099
		专注型	6.201	10.800	0.939	-23.677	36.095
		恐惧型	-1.033	11.207	1.000	-32.048	29.981
	专注型	安全型	40.878*	10.047	0.002	13.077	68.680
		忽视型	-6.210	10.800	0.939	-36.095	23.677

续表

因变量	(I) 依恋类型	(J) 依恋类型	Mean Difference (I-J) 平均数差异	Std. Error 标准误差	Sig. 显著性	95% 置信区间 Lower Bound	Upper Bound
		恐惧型	-7.243	10.800	0.907	-37.129	22.643
	恐惧型	安全型	48.121*	10.484	0.001	19.110	77.132
		忽视型	1.033	11.207	1.000	-29.981	32.048
		专注型	7.243	10.800	0.907	-22.643	37.129

*代表显著性水平达到 $p<0.05$。

采用Scheffe法，由表中数据可得，安全型与专注型、安全型与忽视型、安全型与恐惧型的95%的置信区间并未包括0，且平均数差异达到了显著性水平（$p<0.05$），因此安全型与其他依恋类型的流浪儿童在偏差行为有显著差异，其中安全型优于专注型、忽视型、恐惧型，即安全型依恋类型的流浪儿童偏差行为相对较少。

表29　心理健康的平均数多重比较检验

因变量	(I) 依恋类型	(J) 依恋类型	Mean Difference (I-J) 平均数差异	Std. Error 标准误差	Sig. 显著性	95% 置信区间 Lower Bound	Upper Bound
心理健康	安全型	忽视型	20.670*	7.414	0.048	0.154	41.186
		专注型	6.582	7.105	0.791	-13.079	26.243
		恐惧型	7.670	7.414	0.731	-12.846	28.186
	忽视型	安全型	-20.670*	7.414	0.048	-41.186	-0.154
		专注型	-14.088	7.637	0.279	-35.223	7.047
		恐惧型	-13.000	7.926	0.377	-34.933	8.933
	专注型	安全型	-6.582	7.105	0.791	-26.243	13.079

续表

因变量	(I) 依恋类型	(J) 依恋类型	Mean Difference (I-J) 平均数差异	Std. Error 标准误差	Sig. 显著性	95% 置信区间 Lower Bound	Upper Bound
		忽视型	14.088	7.637	0.279	-7.047	35.223
		恐惧型	1.088	7.637	0.999	-20.047	22.223
	恐惧型	安全型	-7.670	7.414	0.731	-28.186	12.846
		忽视型	13.000	7.926	0.377	-8.933	34.933
		专注型	-1.088	7.637	0.999	-22.223	20.047

*代表显著性水平达到 $p<0.05$。

由表 29 中数据可得，安全型与忽视型的 95% 的置信区间在 0.154 和 41.186 之间，并未包括 0，且平均数差异达到了显著性水平 ($p<0.05$)，因此安全型与忽视型依恋类型的流浪儿童在心理健康素质上有显著差异，安全型优于忽视型，即安全型依恋类型的流浪儿童总体心理健康水平较高。

表 30　自尊水平的平均数多重比较检验

因变量	(I) 依恋类型	(J) 依恋类型	Mean Difference (I-J) 平均数差异	Std. Error 标准误差	Sig. 显著性	95% 置信区间 Lower Bound	Upper Bound
自尊	安全型	忽视型	-4.448	1.691	0.066	-9.127	0.231
		专注型	-6.307*	1.620	0.004	-10.791	-1.823
		恐惧型	-1.478	1.691	0.818	-6.157	3.201
	忽视型	安全型	4.448	1.691	0.066	-0.231	9.127
		专注型	-1.859	1.742	0.712	-6.679	2.961
		恐惧型	2.970	1.808	0.375	-2.032	7.972

续表

因变量	(I) 依恋 类型	(J) 依恋 类型	Mean Difference (I-J) 平均数差异	Std. Error 标准误差	Sig. 显著性	95%置信区间 Lower Bound	Upper Bound
	专注型	安全型	6.307*	1.620	0.004	1.823	10.791
		忽视型	1.859	1.742	0.712	-2.961	6.679
		恐惧型	4.829*	1.742	0.049	0.009	9.649
	恐惧型	安全型	1.478	1.691	0.818	-3.201	6.157
		忽视型	-2.970	1.808	0.375	-7.972	2.032
		专注型	-4.829*	1.742	0.049	-9.649	-0.009

* 代表显著性水平达到 $p<0.05$。

由表30中数据可得，安全型与专注型的95%的置信区间在1.823到10.791之间，并未包括0，且平均数差异达到了显著性水平（$p<0.05$），因此安全型与专注型依恋类型的流浪儿童在自尊水平上有显著差异，安全型优于专注型，即安全型依恋类型的流浪儿童自尊水平较高。从专注型与恐惧型的95%的置信区间在1.823到10.791之间，并未包括0，且平均数差异达到了显著性水平（$p<0.05$），因此专注型与恐惧型依恋类型的流浪儿童在自尊水平上有显著差异，专注型自尊水平优于恐惧型。

目前，对青少年和成人的依恋研究，多采用4分类。①安全型（secure），在这类人看来，自我是积极的，他人也是积极的；他们能接纳自己，也能自在地与别人交往和亲近。②专注型（preoccupied），在他们眼里，自我是消极的，而他人是积极的；这类人担心别人不喜欢自己，很在乎别人的想法。③忽视型（dismissing），积极的自我，消极的他人；他们认为别人是不可信任的和拒绝自己的，避免与他人的亲近，目的是为了不让自己失望，力图保持一种独立自主又不受伤害的状况。④恐惧型（fearful），消极的自我，消极的他人；他们与

冷漠型的人一样会避免与别人的亲近，担心亲近会使别人伤害自己，以免除不自在的感觉。洛佩斯（Lopez）则把安全型风格划归基本依恋策略，后三类不安全型的风格归为次级依恋策略。此外，洛佩斯又把安全型和依附型归为多动策略（hyperactivating），拒绝型和惧怕型归为失活型（deactivating）（Lopez & Gover，1993）。

国外已有很多实证研究发现，具有不同依恋类型的个体在认知过程的自我和他人认知、信息加工过程、情绪自我调节等方面的人格特征上具有明显的差异。此外，相对于运用次级依恋的个体，安全型的个体更能够准确地评估他人的差异。拥有更加整合的自我结构，也就是拥有更全面的自我描述特征的内部组织系统（Mikulincer & Orbach，1995）。安全型的个体对同伴的行为作更加积极的归因以及对同伴的行为产生更加积极的期望，对同伴的行为作出更灵活和友善的解释（Pietromonaco & Carnelley，1994；Collins，1996；Feeney，1998）。而且安全型的人在维持自我价值时并不持有僵直的规定，他们不仅从自身内部，也从外部成就中获得平衡的自我意识。相反，忽视型的人仅仅从外部的成就获得自我意识。与忽视型的人相比，在遭遇压力时，安全型的人能对自己和他人进行更完整的评估。国内也有研究表明儿童与合作、友善、亲社会行为和同伴接受性呈正相关，而攻击与破坏行为则导致同伴拒绝。这与大多数研究得出的不安全依恋与攻击性相关的结论较为一致（李丹，2000；许兴建，2001）。而本研究的结果显示安全型依恋类型的流浪儿童与其他依恋类型的流浪儿童在偏差行为上有显著差异，其中安全型优于专注型、忽视型、恐惧型，其偏差行为相对较少。这一研究结果与上述实证研究的结论基本相符，安全型依恋类型的个体在对周围人和事物的认知、期望上更趋于积极。因此，在社会上流浪生活的过程中，安全型依恋的儿童能够及时调整自己对于困境或者不友善待遇的认知，朝着积极乐观的方面考虑问题，不容易产生不利于自身和他人健康与发展的偏差行为。

此外，安全型的人除了拥有更积极、更灵活的认知过程以外，在面对真实和潜在的困难环境时，安全型的人在具有更高的控制情绪唤

醒的能力的同时，也善于调节内部经验的自我结构。有一些研究者认为依恋理论的本质就是情绪调节理论（Kobak & Sceery，1988）。还有一些研究表明安全感能增强应对压力和消极情感的能力。在遇到压力时，安全型的人倾向于寻求社会支持，而不是选择像疏远他人或仅仅关注自己的消极情绪等不适应的方法（Cooper，Shaver，& Collins，1998）。国内外实证研究发现，不同的依恋类型能够预测学前和幼儿园儿童的自尊水平，其中安全型依恋的儿童表现出最高的自尊（Cassidy，Kirsch，Scolton，et al.，1996；王圣玉，2007）。

柯林斯（Collins）和里德（Read）也发现，安全依恋的个体比焦虑—矛盾型个体的自尊高（Collins & Read，1994）。本研究证实安全型与忽视型依恋类型的流浪儿童在心理健康素质上有显著差异，安全型依恋类型的流浪儿童总体心理健康水平较高；安全型与专注型依恋类型的流浪儿童在自尊水平上有显著差异，其自尊水平较高。上述结果与安全型依恋的情绪调节能力和社会支持倾向性密不可分，安全型的人具有高水平的亲密和享乐能力以及低水平的消极情感，并投入更多的努力去建立社会关系。基于这些基础的安全型依恋使得流浪儿童能够自主地调整自己的负向情绪，积极寻求社会支持，不排斥社会接触，并倾向于以正向情绪来适应社会生活，从而形成相对健康的心理素质以及较高的自尊水平。

近年来有关自尊、依恋与心理健康或适应之间关系的研究与日俱增，很多研究结果显示依恋对儿童自尊、社会心理健康发展、行为方式的重要预测作用。儿童早期安全依恋对儿童心理发展的重要影响包括以下方面。（1）影响儿童智力的发展。儿童早期是接受教育最快，可塑性最大，智力发展速度最快的时期。儿童智力的发展，在很大程度上取决于他在婴幼儿时期所受的熏陶和教育。在这一时期儿童能与父母建立安全依恋，对促进智力的发展至关重要。（2）影响儿童性格的发展。儿童早期形成的性格往往可能成为他一生性格的雏形。早期亲子之间的良好依恋关系的建立，使儿童在心理上产生安全感，从而形成对他人和周围世界的信任感，对儿童良好性格的形成具有奠基

作用，有利于培养儿童的独立自主性。（3）影响儿童情绪调节能力和人际关系的发展。早期建立起良好依恋关系的儿童，表现出更多稳定而快乐的积极情绪，也有利于儿童有效地进行情绪调节，与父母建立良好的情感互动关系。此外，安全依恋有利于儿童学习和掌握人际交往技能。（陈利鲜，2001）

早期依恋对儿童心理的影响是多方面的、深远的，它“建构了婴儿终生适应的特点”（胡平，孟昭兰，2000），为使婴儿终生向更好适应生存的方向发展，父母或养育者应关注婴儿安全依恋感的培养，给予婴儿积极的、无条件的、关注性的关怀，并在依恋形成阶段避免与婴儿长久的分离，以防止分离焦虑对儿童的个性产生持久性不良后果，使婴儿在“爱”的氛围中健康成长。

教育对策

一、贫困是根本原因

童晓频等人的调查指出，作为被试的流浪儿童中有71.5%来自农村（童晓频等，1994）。而2007年根据国家民政部门统计，流浪儿童有83%来自农村（曹朝阳等，2007）。流浪儿童绝大多数是从农村流入城市，从不发达地区流入发达地区。在本研究中我们也发现，流浪儿童中很大一部分人外出流浪是想打工，这说明他们原本家里的生活条件欠缺，并不能很好地满足他们的需求，而有些父母也由于家里经济状况而遗弃子女。即使是初次因家庭温暖缺失而离家出走流浪的儿童，也会再次因为家境不如流浪生活而离家出走。这说明在流浪生活中，儿童无论使用什么样的方式去获取金钱和物品，生活总是比家里好。要从根本上解决流浪儿童问题，还需要加快农村建设，帮助贫困地区的人们致富，争取过上小康生活。

二、帮助社会化

不论是由于何种原因外出流浪的儿童，其在流浪生活中完全脱离了社会化的机构和机制而陷入具有非社会性甚至反社会性环境中，接受了流浪亚文化中的行为、意识和价值观，而对社会主流文化具有排他性和隔断性，因此救助机构和组织需要用主导性的救助保护工作方式参与进去，让流浪儿童获得完全性的社会地位和角色，帮助儿童健全已丧失的社会化生活环境和机构，并补充儿童离家出走前初级社会化的缺憾和不足（赵维泰，2005）。

三、家庭支持系统

流浪儿童绝大多数是由于各种目的主动脱离家庭，漂泊于外并开始独立生活，基本无来自家庭的支持，因此谈家庭支持系统主要是在于流浪儿童问题的预防。

在文学作品中“流浪”一词总是带有些许浪漫的色彩，实际上流浪不过是在面对生活困境时的人们所采取的一种消极逃避、不计后果的手段。根据问卷调查得出的结果，大多数流浪儿童觉得流浪生活与他们预期的完全两样，并且极度后悔自己的流浪选择。那么何以这些并非无路可退的孩子当初要选择用流浪来应对出现的问题呢？如果将流浪本身视为一种不适应行为，那么缺乏应对困难的心理弹性便是一种对此问题的解释。

布洛克（Block）提出的自我弹性并没有“遭遇逆境”的前设，即自我弹性这一概念在一般的孩子身上也适用。因此在孩子选择流浪这一途径来逃避现实中的磨难前，家庭支持系统就要发挥其应有的作用为孩子提供心理弹性的保护性因素，预防这一情况的出现。

父母应该多和孩子进行接触交流，无论是在语言上还是情感上。弹性的动态模型中所指出的青少年在安全、爱、归属、尊重上的需

要，家庭可以给予其基本的满足。紧密的家庭连接有利于孩子建立亲密感、信任感以及自我悦纳。而父母提供的行为参照和合适的期望值可以引导青少年儿童的行为。因此从各个方面看，来自家庭内部的支持系统对于青少年的发展都有至关重要的作用。稳定和支持性的家庭环境可以很大程度上预防青少年儿童的流浪行为。

四、社会支持系统

来自社区、学校和社会大环境的支持在预防儿童流浪中也起着关键作用，而当流浪行为一旦发生，家庭外部的社会支持尤其重要。

由于人们经常把流浪儿童与不正确、不道德或不好的行为联系在一起，比如犯罪、乞讨、无所事事、自私等，这种歧视性的社会氛围常给流浪儿童造成二度心理伤害。在这种情况下，就算政府通过救助站的形式为流浪儿童提供食物和栖身之地，这些孩子又如何能感到温暖呢？相应的，其主观社会支持就无法提高。因此，面对这样的孩子，首先我们要做的是尊重他们并善于倾听，因为他们不仅需要吃饭穿衣，更需要精神层面的关爱。

尽管如此，并不是说碰到流浪儿童我们就要主动过去谈心，社会个体对于流浪儿童的救助是暂时的，其力量是弱小的，提高流浪儿童的社会支持其主要途径是在于建立完善的救助制度。目前全国各地已经设立了有不少救助站，虽然国务院于2003年6月20日出台的《城市生活无着的流浪乞讨人员救助管理办法》中，以自愿接受救助制度代替强制收容遣送制度，但是就自愿救助还是强制救助的争论仍然在持续，一方面正如本文提出的观点，流浪儿童中也有适应的个体，他们确实能够独立生活。另一方面，流浪儿童处于人生发展的早期阶段，心智尚未成熟，缺少独立生活经验和独立判断的能力，在外出流浪生活中处于无保护状态并时刻面临危险，不知道流浪对他们将意味着什么，甚至不知道有救助机构存在，因此有时候对流浪儿童实行自愿救助、被动等候流浪儿童主动申请救助无异于放弃对流浪儿童的

救助。

无论是通过何种方式实现的救助，仅仅解决流浪儿童最基本的生存需要是不够的，最主要的是在心灵上进行救助，满足他们爱、尊重、认同等个体内部的心理需要，才能帮助他们从流浪困境中恢复过来。

随着我国社会、经济的发展，人民生活水平的提高，城市和农村的流动人口的增多，伴随着的流浪儿童问题也渐趋突出。一味地报道流浪儿童问题的严重性和复杂性只会使我们更加困惑。

积极心理学在流浪儿童的问题上提倡事前防御胜于事后治疗的观念是有巨大意义的。通过对他们自身的某些积极心理品质的培养，比如自尊，可以使他们更多的即使身处流浪情境也能自强不息、健康成长。这样，积极心理学的介入便为流浪儿童的健康社会化发展过程提供了有价值、可借鉴且具有一定操作性的理论依据和对策。

参考文献：

中文部分

安怀世．2002．流浪儿童问题的国际背景和干预途径［J］．社会福利（10）：28－34．

曹朝阳，张双全，何俊华，陈新景．2007．流浪儿童的心理特点、成因及教育［J］．社会科学论坛（5）：148－151．

陈利鲜．2001．早期安全依恋对儿童心理发展的影响［J］．柳州师专学报（2）：114－117．

陈莹，陈露明．2007．人本主义互动模式中流浪儿童信任感建立［J］．青年研究（3）：1－7．

付慧鹏，霍军、孔德荣．2006．流浪儿童应付方式与父母教养方式的相关研究［J］．中国行为医学科（15）：746－747．

胡平，孟昭兰．2000．依恋研究的新进展［J］．心理动态（京）（2）：26－32．

康树华．2000．未成年人犯罪与治理［M］．北京：中国人民公安大学出版社．

李丹. 2000. 影响儿童社会行为的因素的研究［J］. 心理科学（3）：285－288，381.

路敦跃，张丽杰. 1992. 防御机制研究进展［J］. 国外医学精神病学分册（2）：69－72.

骆鹏程. 2007. 留守儿童心理弹性与人格、社会支持的关系研究［D］. 河南大学.

孙莹. 2005. 儿童流浪行为分析及其干预策略［J］. 中国青年政治学院学报（6）：31－38.

童晓频，陈云嫦，肖广英. 1994. 广州市流浪儿童调查［J］. 社会工作研究（2）：27－31.

王圣玉. 2007. 自尊与依恋关系研究综述［J］. 《新西部（下半月）》（2）：60，62.

许军，李博，胡敏燕，李海燕. 2002. 自测健康评定量表修改版的信度研究［J］. 中国行为医学科学（3）：101－103.

许兴建. 2001. 依恋研究综述［J］. 柳州师专学报（4）：89－93.

薛在兴. 2005. 社会排斥理论与城市流浪儿童问题研究［J］. 青年研究（10）：3－9，15.

严海波，隋树霞，徐成. 2005. 关注中国城市流浪儿童——徐州市流浪儿童状况调查［J］. 青年研究（2）：8－11.

张喻，雷振辉. 2000. 试论未成年人偏差行为及其矫治［J］. 青少年犯罪问题（1）：48－49.

赵维泰. 2005. 关于中国流浪儿童问题的调查分析［J］. 中州学刊（4）：98－101.

外文部分

CAMELLEY K. B., PIETROMONACO P. R. & JAFFE K. 1994. Depression, working models of others and relationship functioning [J]. Journal of Personality and Social Psychology, (66): 127－140.

CASSIDY J., KIRSCH S. J., SCOLTON K. L. et al. 1996. Attachment and Representations of Peer Relationship [J]. Journal of Adolescent Research, (6): 892－904.

CAVAN R. S. & FERIDAND T. N. 1981. Juvenile Deliquency [J]. New York: Har-

per and Row.

COLLINS N. & READ S. J. 1994. Cognitive representations of attachment: The structure and function of working models [J]. Advancesinpersonal relationships, (5): 75 - 101.

COOPER M. L., SHAVER P. R., COLLINS N. L. 1998. Attachment Styles, emotion regulation, and adjustment in adolescence [J]. Journal of Personality and Social Psychology, (74): 1380 - 1397.

DONALD D. & SWART - KRUGER J. 1994. The South African street child: Developmental implications [J]. South African Journal of Psychology. 24 (4): 169.

FRANK P., WILLIAMS Ⅲ, MARILYN. D, MESHANE. 1993. Criminology Theory selected Readings Cincinnati [M]. Ohio: Anderson publishing Co.

FEENEY J. A. & NOLLER P. 1990. Attachment style as a predictor of adult romantic relationships [J]. Journal of Personality and Social Psychology, (58): 281 - 291.

GARMEZY N. 1991. Resiliency and vulnerability to adverse developmental outcomes associated with poverty [J]. American Behavioral. Scientist. (34): 45 - 60.

GORDON J. S. 1979. Running away: Reaction or revolution [J]. Adolescent Psychiatry, Developmental and Clinical Studies. (7): 54 - 70.

HAMRE B. K., PIANTA R. C. 2001. Early teacher - child relationships and the trajectory of children's school outcomes through eighth grade [J]. Child Development, (72): 625.

JACKSON Y. & WARREN J. S. 2000. Appraisal, social support, and life events: Predicting outcome behavior in school - age children [J]. Child Development, (71): 1441 - 1457.

JENKINS J. N. & SMITH M. A. 1990. Factors protecting children living in disharmonious homes: Maternal reports [J]. Journal of the American Academy of Child and Adolescent Psychiatry, (29): 60 - 69.

KOBAK R. & SCEERY A. 1988. Attachment in late adolescence: Working models, affect regulation, and representations of self and others [J]. Child Development, (59): 135 - 146.

LOPEZ F. & GOVER M. R. 1993. Self - report measures of parent - adolescent attachment and separation - individuation: A selective review [J]. Journal of Counseling Development, (71): 560 - 569.

LUTHAR S. , CICCHETTI D. & BECKER B. 2000. The construct of resilience: A critical evaluation and guidelines for future work. [J]. Child Development, 71 (3): 26 -52.

LUTHAR S. 2006. Resilience in Development: A synthesis of research across five decades [M]. In Cicchetti D, Cohen D J (Eds), Developmental Psychopathology: Risk, disorder, and adaptation. New York: Wiley.

MARIE E. R. 2007. Resilience: A Concept Analysis [J]. Nursing Forum, 42 (2): 73 -82.

MASTEN A. S. 1994. Resilience in individual development: Successful adaptation despite risk and adversity [M]. Educational Resilience in Inner - city American: Challenges and prospects. NewJersey: Lawrence Erlbaum Associates.

MIKULINCER M. & ORBACH I. 1995. Attachment styles and repressive defensiveness: The accessibility and architecture of affective memories [J]. Journal of Personality and Social Psychology, (68): 917 -925.

MOUNIER C. 2003. Defensive functioning of homeless youth in relation to experiences of child maltreatment and cumulative victimization [J]. Child Abuse & Neglect, 27 (10): 1187 -1204.

PERES & RODRIGO S. 2005. Contributions of graphic protective techniques for the understanding of highway wanderers'personality [J]. Estudos de Psicologia, 10 (2): 305 -312.

ROUX J. 1996. The worldwide phenomenon of street children: Conceptual analysis [J]. Adolescence, (31): 965.

ROUX L. , SMITH & SYLVIA C. 1998. Psychological characteristics of South African street children [J]. Adolescence, 33 (132): 891.

RUTTER M. 1985. Resilience in the face of adversity: Protective factors and resistance to psychiatric disorders [J]. British Journal of Psychiatry, (147): 598 -611.

SAMPSON R. J. , RAUDENBUSH S. W. & EARLS F. 1997. Neighborhoods and violent crime: A multilevel study of collective efficacy [J]. Science, (277): 918.

SHELDON M. & KING L. 2001. Why positive Psychology Is Necessary [J]. American Psychologist, 56 (3): 216.

SPECK N. B. , GINTHER D. W. & HELTON J. R. 1998. Runaways: Who will run away again? [J]. Adolescence, 23 (92): 881 -888.

SWART J. 1988. Community and self - perceptions of the black South African street child [E]. Paper presented at the International Workshop on the Ethnography of Childhood, Cambridge University, Cambridge.

WEMER E. 1995. Resilience in Development [J]. American Psychological Society, 14 (3): 81 - 85.

从救助站到"类家庭"：流浪儿童的预防、救助与回归

From Rescue Station to Resemble Family: The prevention, Rescue and Family Returning of Street Children

李永鑫（Li Yongxin）
河南大学教育科学学院
School of Education Science, Henan University

一、流浪儿童特殊救助的空白

2003年6月20日国务院第381号令，公布实行《城市生活无着的流浪乞讨人员救助管理办法》（以下简称《救助办法》），7月21日，民政部发布2003年第24号令，公布了《城市生活无着的流浪乞讨人员救助管理办法实施细则》（以下简称《实施细则》），《救助办法》和《实施细则》将于2003年8月1日起实施。对流浪人员以自愿接受救助制度取代了强制性的收容遣送，这无疑是中国法律变革和人权的重大事件。

遗憾的是，对流浪儿童的关注与救助制度依然掩埋在原本就模糊的救治制度之中，流浪儿童的权利依然无法得到保护。在《救助办法》和《实施细则》中，仅有两条对年老、年幼或者残疾者单独提出特别的处理方法：

"第十五条，对因年老、年幼或者残疾无法认知自己行为、无表

达能力，因而无法查明其亲属或者所在单位，也无法查明其户口所在地或者住所地的，由救助站上级民政主管部门提出安置方案，报同级人民政府给予安置。”

“第十八条，对遗弃残疾人、未成年人、老年人的近亲属或者其他监护人，责令其履行抚养、赡养义务；对确实无家可归的残疾人、未成年人、老年人应当给予安置。”

仔细分析《救助办法》和《实施细则》的上述规定和其他相关条款，它们都还远远无法保障流浪儿童这一特殊群体的权利。主要在于以下几点。

1. 没有体现主动救助的理念

流浪儿童以其未成年的特殊情况，很多时候无法提供个人情况或者由于受到侵害、恐吓不敢提供相关信息，而《实施细则》第五条规定“对拒不如实提供个人情况的不予救助”，这对流浪儿童来说显然推卸了责任。不论流浪儿童是否如实提供了个人情况，是否主动申请或要求救助，公安、城管以及未成年人保护组织都有积极采取措施对其进行救助的责任。

2. 没有流浪儿童救助场所、人员等方面的特殊安排

《中华人民共和国预防未成年人犯罪法》第四十六条规定：“对被拘留、逮捕和执行刑罚的未成年人与成年人应当分开关押、分别管理、分别教育”。在1995年颁布实施的《公安机关办理未成年人违法犯罪案件的规定》第二十一条中也规定：“对于被羁押的未成年人应当与成年人犯分别关押、管理，并根据其生理和心理特点在生活和学习等方面给予照顾。”也就是说为了预防未成年人受到成年罪犯的侵害或教唆，保护他们的各项权利，对涉嫌违法犯罪的未成年人在管理和关押上都是与成年人分开的，但对于没有违法犯罪的流浪儿童却连这样区别管理的制度都没有。《救助办法》仅在第八条中规定：“救助站为受助人员提供的住处，应当按性别分室住宿，女性受助人

员应当由女性工作人员管理。”

3. 流浪儿童的教育问题受到忽视

《救助办法》第七条规定了救助站需要提供的内容：“……符合食品卫生要求的食物、提供符合基本条件的住处、对在站内突发急病的，及时送医院救治、帮助与其亲属或者所在单位联系；（五）对没有交通费返回其住所地或者所在单位的，提供乘车凭证”。这仅仅解决了流浪人员的衣食住行基本生活问题，而流浪儿童的教育问题完全被忽视了。根据《预防未成年人犯罪法》第三十九条：“未成年人在被收容教养期间，执行机关应当保证其继续接受文化知识、法律知识或者职业技术教育；对没有完成义务教育的未成年人，执行机关应当保证其继续接受义务教育”。该法第四十六条还规定：“对没有完成义务教育的未成年犯，执行机关应当保证其继续接受义务教育。”而在救助站的标准配置中，流浪儿童连基本的文化知识的教育都无法享受，更不用说针对他们身心特点的特殊辅导了。

4. 对流浪儿童的救助时间极其短暂

《实施细则》第十二条规定：“救助站应当根据受助人员的情况确定救助期限，一般不超过 10 天；因特殊情况需要延长的，报上级民政主管部门备案。”短短的 10 天救助站可能根本没有办法查清流浪儿童的背景资料，对流浪儿童的教育、心理辅导等更是无从下手。

二、流浪儿童救助的特殊性

1. 儿童享有的特殊权利

联合国在《世界人权宣言》（1948）中宣布：“儿童有权享受特别的照顾和协助”。《儿童权利宣言》（1959）中也提到：“儿童因身

心尚未成熟，在其出生以前和以后均需要特殊的保护和照料，包括法律上适当的保护”。《儿童权利公约》（1989）第二十条规定：“暂时或永久脱离家庭环境的儿童，或为其最大利益不得在这种环境中继续生活的儿童，应有权得到国家的特别保护和协助；缔约国应按照本国法律确保此类儿童得到其他方式的照顾”。我国的法律也对儿童特殊保护作出了明确的规定，如《宪法》第四十六条规定：“中华人民共和国公民享有受教育的权利和义务，国家培养青年、少年、儿童在品德、智力、体制等方面全面发展”。

由此可见，与成年流浪人员可以自由选择是否接受救助和帮助，继续自己的流浪生活不同，流浪儿童在接受必要的救助之外，还享有受教育和特殊保护与照料的权利。

2. 对救助机构、人员的特殊要求

不少有关流浪儿童的研究都发现，流浪生活不仅对流浪儿童身体生长发育产生影响，更给流浪儿童身心发展留下不可磨灭的印迹，流浪儿童在防御机制、行为方式等方面都与同龄儿童有较大的差别，但同时也有研究发现，流浪儿童的心理弹性和周围环境提供的社会支持又可以对流浪儿童产生积极影响。

因此，对流浪儿童的救助，不仅要提供舒适、安全、符合未成年人自身身体和心理需求的物理环境，更需要配备富有爱心、懂得儿童心理基本知识的特殊人员。

3. 救助范围的拓展

《城市生活无着的流浪乞讨人员救助管理办法》和《城市生活无着的流浪乞讨人员救助管理办法实施细则》中保障了接受救助人员有基本的物质基础。但对于身心发展尚未成熟的流浪儿童来讲，在接受救助的时候，他们大都已经养成了不良的行为习惯，例如，说谎、盗窃、暴力倾向、反社会行为。《中华人民共和国义务教育法》第四条规定：“国家、社会、学校和家庭依法保障适龄儿童、少年接受义

务教育的权利”。所以，对于流浪儿童，国家和相关救助机构更要采取各种有效措施使其获得接受9年义务教育的权利，救助站等救助机构除了保障流浪儿童的吃、住以及基本生存需要，也要提供流浪儿童接受教育的机会。

4. 受救助流浪儿童的需求

一篇对北京市未成年人救助保护中心志愿服务的评估分析中指出，在问卷和访谈中，救助中心的流浪儿童表达了四大主要的需求。（1）基本需求。基本需求指流浪儿童在衣、食、住、医疗等生存和安全层面上的需要。评估中发现，无论是逃家儿童、打工受挫儿童还是长期在外流浪乞讨的儿童，他们中很多都有过食不果腹、衣不遮体、露宿街头、有病无法医治的经历。（2）心理健康的需求。流浪儿童都曾受到过不同程度的身体伤害和心理伤害，这些伤害在每个流浪儿童的身上都或多或少地表现出来，轻微的可能只表现为不适当的行为偏差，严重的则表现为抗拒未成年人保护中心的管理、逃离救助地等对抗行动。流浪儿童大多缺少爱和关怀，价值观和认知上存在很大的问题。此外，一些孩子在流浪过程中沾染了很多不良的习惯，养成了一套自我行动的“定式”，要纠正他们的这些问题需要下比较大的功夫。（3）受教育的需求。受教育的需求指流浪儿童在文化知识、人格品性、社会规范、职业技能培训等方面的需求。流浪儿童绝大多数文化知识低下，甚至连自己的名字都不会写，其他方面的知识更是匮乏。更多的流浪儿童表现出人格、品性方面的缺陷，如低自尊、爱说谎、打架、骂人、孤僻、偷摸、自由散漫、对他人和社会缺乏信任等。而这些问题都可以通过学校教育来弥补，学校教育不仅可以增进流浪儿童的文化知识，也为流浪儿童提供了与同龄人正常交往的机会。（4）回归与发展的需求。有些儿童流浪的原因与其原生家庭有直接的关系，这些孩子在被救助机构送回家后，会因为各种各样的原因再次出来流浪。因此，相当多的流浪儿童出站后首先面临的是能否顺利回归家庭的问题。（程福财，2009）

三、流浪儿童救助体系

现代社工的基本理念——案主自决（Self-determination）推崇任何形式的救助或帮助都建立在受助者自愿的前提下。而对于流浪儿童身心发展不成熟这一特点，案主自决的理念主要体现在对流浪儿童的救助以儿童为本上。联合国《儿童权利公约》第三条也明确指出“关于儿童的一切行为，不论是由公私社会福利机构、法院、行政当局或立法机构执行，均应以儿童的最大利益为一种首要考虑。”儿童有属于他们自己的权利和义务，也就是说，所有有关儿童的社会政策与社会服务的出台与实施，最终的目的都是要帮助和服务儿童本身，涉及儿童的一切行为，必须首先考虑儿童的最大利益，并充分尊重儿童表达自己利益和诉求的能力。

基于这样的理念，我国流浪儿童的救助必须同时从预防干预和治疗干预两个层面入手（程福财，2009）。

1. 预防性干预

流浪儿童问题的形成有着深厚的社会原因，如家庭破裂、父母遗弃、走失，等等，从另一个角度看，流浪是流浪儿童在面对外部消极事件时主动进行应对的一种方式。所以要预防或减少流浪儿童现象的出现，首先要保证儿童能够从他们的父母、家庭获得适当的照顾，在他们的家庭不愿意或者没有能力照顾时，要确保儿童从其他替代性照顾者那里得到必要的照顾。

贫困是一个非常大而复杂的社会问题，也绝不是一朝一夕可以解决的，贫困也是当今非常多社会问题的根源，流浪儿童也是其中之一。在预防流浪儿童问题发生的过程中，对贫困家庭的援助是非常重要的环节，这种援助不仅仅体现在经济方面的资助，更是要为家长提供适当的亲子教育技能。对于贫困家庭而言，经济资助是具有决定性意义的，经济资助可以帮助贫困家庭为孩子创建更好的生长环境，同

时也减小了家长的生存压力，使得他们有更多精力和时间投入到与孩子的沟通和教育中来。另外，也可以看到有很大一部分流浪儿童外出流浪的原因是出于对家庭不当的教养的消极反抗和逃避，因此，在提供经济资助的基础上对家长进行适当的亲子教育技能训练也是很有必要的。

对于那些因为不堪忍受自己父母的忽视与虐待，或者因为父母的死亡、被监禁、遗弃等原因而无家可归的儿童，替代性家庭的照顾计划就显得十分必要。根据民政部2006年的规划，到2010年底，我国将在全国每个地级市建立至少一所儿童福利院来收容孤儿与流浪儿童等得不到父母照顾的儿童。而对于农村地区的儿童来说，有效、科学和专业的救助机构仍是一片空白。针对这样的情况，政府可以通过相关政策的实施有系统地鼓励扩大家庭、家族以及社区担负起照顾这些儿童的责任。这样的救助形式更加接近于家庭，可以让流浪儿童获得更接近于家庭的环境，更有利于他们的适应和成长。此外，为了更快速地帮助那些受到父母忽视、虐待、遗弃的儿童，使他们在面临威胁的第一时间就可以就近获得支持，减少他们外出流浪的机会，政府还可以在基层社区普及小型的儿童服务中心，为流浪儿童提供寄养支持和预防保护。

2. 治疗性干预

预防性的干预措施旨在预防性地为具有外出流浪可能的潜在危险儿童群体提供帮助，尽量减小他们外出流浪的可能性，而对于已经流浪在外的流浪儿童们，社会可以做的有更多。

临时性援助，是指为流浪儿童提供短期的紧急帮助，例如，提供有限的食物（一天一顿）、紧急的医疗救援、临时住宿等，同时鼓励和帮助流浪儿童积极改变流浪的生活状态。流浪儿童常常因为得不到必要的生活保障而受到不法分子的利用和剥削，使用一些非法手段谋生。临时性援助可以在一定程度上减轻流浪儿童的高危行为。

家庭融合服务，是指帮助流浪儿童回归家庭，与父母团聚，并在

家中获得适当的照顾。在帮助流浪儿童寻找、联系家人和护送流浪儿童回家方面，我国的流浪儿童救助机构已经积累了一定的经验。但是在这个过程中，需要注意的是，即使是回归流浪儿童的原有家庭，也要充分尊重流浪儿童的意愿，任何救助流浪儿童的服务还是要建立在流浪儿童自愿的基础上。当流浪儿童回归到家庭后，流浪儿童救助机构不应该就此停止服务，为了达成家庭真正融合的目的，救助机构要继续完成跟踪辅导和监督的任务，以确保流浪儿童在家庭中获得适当的照顾。

机构照顾，是指对于那些无法从自己的出生家庭获得照顾并且不能享受儿童寄养服务的流浪儿童，由政府直接承担抚育他们的责任。在这些长期照顾流浪儿童的机构里，应该注重为流浪儿童提供类似家庭的成长环境。流浪儿童在“父母”的照顾和“兄弟姐妹”的陪伴下成长，有利于他们适应和融入社会。

鉴于以上几种干预方法虽然有效，但是都需要国家投入大量的人力和财力，很难快速和大规模地推广。同时又考虑到许多流浪儿童无法回家、被迫独立生存，又有强烈工作的意愿，有研究者提出允许流浪儿童参与一些他们力所能及的带薪工作可能有助于他们改变生存境遇（程福财，2009）。

3. “三位一体”型流浪儿童救助体系

无论是预防性的家庭支持计划和替代性家庭照顾计划，还是治疗性的临时救助、家庭融合和机构照顾，都是为了预防、救助最终达到流浪儿童回归家庭和社会的目的，因此由政府牵头全方位地建立“三位一体”的流浪儿童救助体系非常有必要，这也是适合社会发展需要的合理政策取向。

所谓“三位一体”的流浪儿童救助体系，是指包括预防、救助与回归三大环节在内的一整套针对流浪儿童的社会保护机制，它以基本生活救助机制为核心，以积极的预防机制为基础，以实现流浪儿童真正回归家庭与社会为目标。构建“三位一体”的流浪儿童救助体

系，应本着这样的理念：首先，应避免儿童在缺乏保护的状态下流入社会，从源头上杜绝流浪儿童的产生；其次，要致力于流浪儿童的减少，尽可能地使流浪儿童回归家庭和社区；最后，对于确实无法回归家庭或社区的儿童也一定要确保他们和正常孩子一样平等地享有生存、发展和参与等的权利，防止其边缘化（谢琼，2010）。

无论是从源头上预防流浪儿童问题的发生，还是在流浪过程中对流浪儿童的救助，在"三位一体"的救助体系中，最重要的环节是回归，这也是流浪儿童救助的最终目标。但是，可以看到我国的流浪儿童救助政策在帮助流浪儿童实现回归的环节上还存在许多缺陷，表现为部分流浪儿童长期滞留在救助站、收容站内。对北京市未成年人救助保护中心的调查表明，截至2006年8月1日，驻站时间在10天以内的比例仅为71.2%。目前，救助站内每日存量保持在40—50人之间，居住期限在半年以上的"常住户"就有20多个，最长的驻站时间已达605天。而在《城市生活无着的流浪乞讨人员救助管理办法实施细则》中规定，对于受助人员的救助一般不超过10天。流浪儿童滞留在救助站不仅给救助站的正常运营和管理带来不少问题，对流浪儿童本身的身心发展也有非常大的影响。滞留救助站的流浪儿童一般年龄差距较大，个人经历和性格多样，有些刚刚进入救助站的流浪儿童可能沾染了社会上的不良习气，各种特点的流浪儿童集体生活很容易传染不良的行为习惯和消极的人生观、价值观。

四、"类家庭"——流浪儿童救助新形式

2003年8月，旨在为流浪儿童重返家庭、融入社会作准备的国内第一个"类家庭"在郑州建立。至今，共建成5个"类家庭"。联合国儿童基金会作为这个创意的支持方，在参观张明锁教授主持建立的"类家庭"后，基金会官员表示，将向全世界推广"郑州经验"。作为国家社会科学基金项目"中国流浪少年儿童预防、救助与回归"负责人的郑州大学应用社会学研究所所长张明锁教授在郑州二七区苗

圃社区建立了世界上第一个“类家庭”。

流浪儿童往往都受到不健全的家庭关系的巨大伤害，因此，要为流浪儿童建立相对稳定、安全的生活环境，“类家庭”首先需要相对稳定的家庭关系和“爸爸妈妈”。在郑州“类家庭”的案例中，家庭的家长——爸爸妈妈是通过向全社会征集获得的，他们是真正的夫妻，而且被要求具有一定的儿童救助护理经验。在家庭里，爸爸白天外出上班，妈妈在家里照顾兄妹几人。相对稳定的家庭成员和具有一定专业知识和实践经验的“亲人”，可以给予流浪儿童救助站所无法比拟的安全感。这样“有经验”的“爸爸”和“妈妈”，在让流浪儿童重新体验家庭温暖的同时，也可以通过科学、适当的方法帮助流浪儿童改变原有的问题行为，并为他们建立正确的社会模范形象。

有了稳定的家庭关系之后，一个有利于孩子们发展的生活环境也是必需的。就像意大利著名教育家蒙台梭利创办的“儿童之家”一样，“类家庭”不仅要为流浪儿童提供舒适安全的生活环境，还要为孩子提供适合他们发展的环境。1907 年，蒙台梭利创立的“儿童之家”同样也是为了意大利罗马桑罗伦多区贫民窟的孩子们。儿童之家是一所“公寓中的学校”，在蒙氏的操作环境中，心智良好的儿童们使用促进心智发展的种种教具，发展潜能。在“儿童之家”里，蒙台梭利在孩子们身上使用的方法获得了惊人的成果。直至今日，相当多的幼儿园还在沿用她的教学方法让儿童在有利的环境中自主发展。蒙台梭利留下的不仅是一套成熟的帮助儿童成长的教学工具，她关于混龄教学和“儿童之家”的多项教育理念也对儿童教育产生了巨大的影响。从这个角度看，郑州的“类家庭”实际就是一个现代版的“儿童之家”。

首先，“类家庭”也为流浪儿童提供了适宜他们发展的物理环境。它提供了让流浪儿童休息、娱乐的空间，同时也提供了专门的学习室。这对居无定所的流浪儿童来说无疑是巨大的冲击，普通的救助站仅仅能满足流浪儿童的基本生理需求，有吃饭和睡觉的地方，但是“类家庭”为他们提供了具有功能指向性的不同活动场所，这不仅帮

助完整了“家”的概念，更有利于流浪儿童良好行为习惯的养成。

其次，“类家庭”也大多是混龄的，也就是说一个“类家庭”中往往有不止一个流浪儿童。蒙台梭利的混龄教学，让不同年龄段的孩子相互模仿、相互学习，大孩子在帮助小孩子的过程中学会关爱他人，并巩固自己已有的知识经验，小孩子接受与自己有过同样经历的大孩子的经验时，可以更快速地掌握新的知识经验，同时也学会感恩和求助。不同年龄段的孩子们在这样的教育模式下，相互影响，相互促进。

最后，在“类家庭”中同样实行不教育的原则。不教育并不是说放任自流，任其发展，而是指教育者作为环境的一部分而存在，在孩子的成长过程中扮演协助、引导的角色。教育者的职责是观察儿童的内心需要，提供适合的教育发展环境，依儿童的个别差异，提供个别化的引导和教育。在“类家庭”中，“爸爸”和“妈妈”正是承担了这样的教育职责，他们和流浪儿童像家人般相处，在日常相处的细节中，“爸爸”和“妈妈”对流浪儿童的心理和行为产生潜移默化的影响。“爸爸”和“妈妈”并不像一般的教育者那样教导孩子，告诉孩子应该怎么去做，而是像一般的家长那样，从孩子的角度出发，理解孩子，与孩子在共同的交流中达到一致。

在我国，采用家庭寄养的方式抚养孤残儿童已经获得了一定的成功。但是，目前关于孩子是在城市家庭寄养还是在农村家庭寄养的问题上仍有争论。农村可以为孩子提供新鲜的空气、广阔的活动空间，更接近自然，也更健康，似乎更符合孩子的天性（张明锁，2003），但是，寄养家庭是否成功的关键是建立替代性的亲子关系，让孩子重新获得依赖，重新开启社会化的发展，从这一角度来看城市家庭要优于农村家庭（张明锁，2003）。

首先，城市的文明程度要高于农村。城市生活的基本规范相对于农村也要复杂和严格，在城市里孩子们可以积累更多的社会经验，养成更好的行为习惯。其次，城市有更丰富的人才资源。城市比农村有更多的高素质的，符合“类家庭”要求的潜在家长。父母对孩子的

影响总是巨大的，有更丰富的人才储备，方便挑选适合的“爸爸”和“妈妈”，也是城市的一大优势。最后，城市的办学条件优于农村。虽然“类家庭”中的“爸爸”和“妈妈”担负着比一般家长更重的教育任务，但在流浪儿童学习一般科学知识、增长人际交往经验和社会性发展方面，学校依然是重要平台。在城市中，学校众多、办学条件优异，方便这些流浪儿童就近就学，接受更高质量的教育。

经过几年的实践与推广，“类家庭”在河北保定等地也相继出现，在“类家庭”中，习惯了救助站里集体生活的流浪儿童渐渐开始有了个体观念，家里的“爸爸”“妈妈”也不是一味地宠爱孩子，有错还是要罚，但是更多的是使用沟通谈心的方式。在这样的家庭里，流浪儿童们的伤口渐渐愈合，在一声声“爸爸”“妈妈”的叫声中，流浪儿童渐渐找回了家庭的温暖。

参考文献：

程福财. 我国流浪儿童救助政策——反思与重构［J］. 华东理工大学学报（社会科学版），2009（3）：7－12，14.

刘畅. 关于流浪儿童的需求及其服务模式的评估报告——对北京未成年人救助保护中心志愿服务的评估报告［J］. 中国青年政治学院学报，2006（6）：8－12.

谢琼. 流浪儿童救助：政策评估及相关建议［J］. 山东社会科学，2010（1）：38－43.

张明锁. 流浪少年儿童的救助与回归［J］. 青年研究，2003（3）：43－49.

在职培训中提高中小学教师反思水平的实践研究*

An Action Research on Enhancing Teachers' Reflection Level in In-Service Teacher Training

王艳玲（Wang Yanling）
云南师范大学教育科学与管理学院
College of Education, Yunnan Normal University

苟顺明（Gou Shunming）
云南师范大学职业技术教育学院
College of Vocational Education, Yunnan Normal University

内容提要：已有研究表明，反思对教师专业发展有着重要的促进作用。针对西部地区教师在职培训中以讲授法为主，忽视对教师反思能力培养的问题，本研究尝试在中小学教师培训中改变教学策略，使用反思日志、习明纳、合作探究、反思性访谈等方法，激发中小学教师的反思意识，培养反思能力。研究者采取访谈、田野日志、教学录像等方法收集数据，结果发现，非讲授的教学策略更能激发教师反思，而且，教师的反思能够朝向更高层次发展。

* 本研究报告系王艳玲主持的教育部人文社会科学研究一般项目“教师专业化视野下发达国家教师教育课程改革的基本经验研究”（编号：09YJC880087）和云南省教育厅研究基金项目“基于教学专业性的高师教育类课程开发研究”（编号：09Y0106）的成果之一。

Abstract: Literature review shows that reflection plays an important role in teacher's professional development. In west China, however, the cultivation teachers' reflective ability has been overlooked in all kinds of programs of in – service teacher training which are often implement in the traditional didactic ways. In this action research, the new reflection oriented teaching methods is used to inspire in-service teachers' reflective consciousness, and to foster their reflective ability. The research finds that the new teaching methods are more effective in enhancing teachers' reflection, and can upgrade teachers' reflection to higher levels.

一、背　　景

当前，几乎所有的教师教育者和研究者都认为，反思对教师专业发展有着积极的促进作用。反思性教学、反思性实践者、行动研究、教师成为研究者，以及一系列相关的术语成为教师教育界的热点词汇，反思成为教师教育和教师培训的中心元素（Zeichner，1994）。诸如反思性实践、探究取向的教师教育、行动中反思、教师成为研究者、教师成为决策者、教师作为专业人员、教师成为问题解决者等术语，都包含了专业发展过程中反思的意味（Calderhead，1989）。然而，我国大陆，尤其是西部地区，教师教育的课堂教学仍然主要是教师讲、学生听的方式，忽视对教师的反思意识和反思能力的培养。即便是在职教师培训，也主要是教育理论讲授，要求教师掌握分门别类的知识，而很少去激发他们思考。作为教师教育者，笔者尝试改变讲授法独尊的局面，采取多种激发反思的教学策略，提高在职教师的反思意识和反思能力。

本研究是在本科层次教师在职学历培训中开展的。1999 年 3 月 6 日，教育部印发了《关于师范院校布局结构调整的几点意见》，提出对师范教育结构进行调整，要求小学教师的学历达到专科层次，初中

教师的学历达到本科层次，高中教师的学历达到本科或研究生层次。之后，学历达标成为硬性指标，在21世纪初期几年，中小学教师的在职学历教育急速膨胀，许多在职教师为了提高学历，在每个寒暑假到教师教育机构进行“学历补偿教育”（函授教育是最常见的学历补偿教育形式）。近年来，随着中小学教师的学历普遍达标，本、专科层次的在职学历教育逐渐步入低谷。而在教育发展相对滞后的西部地区，目前，函授教育仍是中小学教师基本的在职培训方式，大陆的在职教师培训课程方案与职前的课程方案几乎没有差别（胡静，2007）。课程方案是学科本位的，加上授课时间短，绝大多数的教师教育者在教学中都是采取系统讲授的方式，以便使在职教师获得关于本门课程的系统知识。一般而言，在职学历培训学制一般为3年，工作时间以自学为主，3年中每个寒暑假（一共6次）到教师教育机构集中“面授”；一般采取纸笔测试，考试管理较为严格，学习者必须通过所有课程的考试才能获得相应的学历文凭。

从学习者来看，近年来参加在职本科学历培训的教师以小学教师居多。国家要求小学教师取得专科文凭，但在满足了这个基本要求后，很多小学教师也出于种种原因继续参加本科层次的学习。而且，本科层次的中小学教师的增多，又客观上催生了教育硕士层次的教育与培训。近年中小学教师报考和攻读教育硕士，在一定程度上是本科层次学历培训的延续：中小学教师通过这种方式获得了本科文凭后，继续以类似的方式获取教育硕士学位。因此，选择在职学历培训的教师作为研究对象，有重要的现实意义。

本研究是在西部的一所省属（Y省）师范大学（以下简称Y大学）进行的。Y大学可以提供所有专业的教师教育课程，包括职前和职后教师教育课程。选择Y大学，一是由于该大学在中国师范大学体系中处于中间层次（既非教学、科研领先的部属大学，也非以专科和少量本科专业为主的地方师范学院），有一定的代表性；二是笔者作为Y大学的教师教育者（teacher educator）的便利条件。

在本研究中，研究者试图在现有的条件下改变教学策略，以便促

进在职教师的反思，提高教师的反思水平。本研究主要探查以下两个问题：第一，在中国当前的教师在职培训中，改变教学策略能否促使在职教师反思？第二，在改变了教学策略之后，在职教师的反思朝着什么方向发展？

二、文献回顾

当前，不仅仅是国外，在国内，反思对于教师专业发展的重要意义也已为众多的学者所认同（刘岸英，2003；康丽颖，等，2007，宋明钧，2006；鱼霞，2007；李铁成，2007；赵明仁，2009：11）。国内外文献回顾表明，反思是促进和提高中小学课堂教学能力和教学专长发展的重要方面，在提高教师课堂教学水平、问题解决能力和课堂教学效果方面起着十分重要的作用（Ward & McCotter，2004；张学民，申继亮，林崇德，2009）。学会反思是教师实现持续发展的必要条件与根本路径（孟国春，刘学惠，2007）。从对一线教师的调查（邵光华，顾冷沅，2010）来看，对东部某市 64 位教师的问卷调查表明，多数教师对教学反思的作用持肯定态度，对反思的作用效能比较认可。鉴于教师反思的重要作用，学者们对教师反思展开了广泛、深入的研究。

（一）关于反思概念的探讨

在教学与教师教育领域，当今研究反思的学者几乎都把他们的观点追溯到杜威（John Dewey）。杜威在 20 世纪早期对反思所下的定义和对反思性质的论述为很多当前的反思理论奠定了基础。杜威于 1903 年提出反思（reflection）的概念。在《我们怎样思维》这本书中，杜威将反思确认为一种思维样式之一，是一种对需要解决的疑难情境的思考方式。“反省思维开始于可称之为模棱两可的交叉路口的状态，他于进退两难中任选其中之一。”（约翰·杜威，2005：20）

杜威区分了人的常规行为和反思行为，前者通常依据传统、冲动以及权威作为行动的依据；而后者则是“深思熟虑式的”，即个体能够多角度地看待、分析问题，寻求多方面的证据证实结论，再选择出最佳的解决方案。在对反思的心理过程和逻辑形式进行研究的基础上，杜威将反思定义为“对某个问题进行反复的、严肃的、持续不断的深思”（约翰·杜威，2005：11）。在杜威看来，反思来源于问题情境；反思具有连续性，其目的是得出结论；反思涉及直觉、情绪和激情，在反思性行为里，理性和情绪交织其中；三种态度——虚心、责任感和全心全意是反思性行为的有机组成部分。杜威对反省性思维特征的阐述为后来的研究者（包括舍恩）理解反思奠定了基础。

如果说杜威的“反思”有着浓厚的“科学化”痕迹（他将反省思维界定为一种相对于盲目的、杂乱的日常思维的“科学思维”），美国麻省理工学院前哲学教授唐纳德·A. 舍恩（Donald A. Schön）的论述则赋予了反思一种平民化的特质。20 世纪 80 年代，舍恩先后出版了《反思性实践者——专家如何在行动中思考》（*The Reflective Practitioner—How Professionals think in action*，1983）以及《教育反思性实践者——专业领域中关于教与学的一项全新设计》（*Educating Reflective Practitioner—Toward a New Design for Teaching and Learning in the Professions*，1987）两本著作，提出了“反思性实践”的概念。他认为，在实践情境中，教师（以及其他实践者）常常思考自己的所作所为，有时甚至边想边做，实践者的反思与行动不可分离。这就是“行动中反思”。在行动中反思时，实践者与情境之间不断进行“反思性对话”。（唐纳德·A. 舍恩，2007：55）所谓的“反思性对话”，即实践者不断地根据问题情境及行动结果调整自身的思路和行动。在实践中，真正主导着实践者行为的，是个人化的“行动中的知识”。它是实践者在专业实践活动中对活动进行反思而形成的知识。

20 世纪 80 年代中后期开始，在舍恩思想的影响下，反思的内涵得以大大拓展，一些教育研究者（尤其是教学和教师教育领域的研究者）超越了对课堂进行判断这一范围，提倡一种更为深入和广泛

的反省性思考：反思教师工作的社会条件和造成的影响。（Carr & Kemmis，1983）反思的目的和方式日趋多样化，但共识在于：所有教师都在以某种方式反思；他们更加明确地表达和分享他们的反思；反思是教学专业的核心；教师教育应该使这种明确的反思以更加实用、更加彻底的方式来进行。（艾弗·F. 古德森，2001：135）

从定义上来看，研究者们对反思的界定可谓千差万别。哈顿和史密斯（Hatton & Smith，1995）认为，反思的本质是思考实践从而改善实践。他们对反思所下的定义最为言简意赅："反思即审慎地思考行动以便改善行动的思维形式。"范梅南将反思定义为，"教师参与批判性思维，如审慎的评议（deliberation）和分析、做决策，作出与教学相关的行动过程的决定。反思是对这样一种教育事务的思维方式，这种教育事务涉及作出理性抉择并为这种抉择承担责任。"（Van Manen，1977）当前，尽管对于反思的定义仍然还没有达成一致，反思对教师发展的价值越来越得到教师教育者的赞同（Ward & McCotter，2004）。出于本研究中课程参与者的实际和研究目的考虑，本研究认为，反思就是针对自己工作中遇到的一个实际问题或疑难情境进行思考或听取他人的意见，比较各种观点，结合自己的实际情境，找到解决问题的出路。

（二）关于如何培养教师反思能力的研究

在舍恩等人的思想推动下，反思性实践的理念在教学与教师教育领域广泛传播。在西方，几乎与舍恩对反思的倡导同步，"如何教反思"成为教师教育者关注的问题。相关研究主要集中在两个方面。

1. 重新设计与组织教师教育课程，以便促进教师反思

一些研究者（同时也是教师教育者）根据反思的理念来设计并实施教师教育课程。例如，美国著名教师教育学者蔡克纳和他的同事利斯顿（Zeichner & Liston，1987）在威斯康星大学麦迪逊分校小学

教师教育计划中所作的“教师范生反思”（Teaching Student Teachers to Reflect）的研究，是较早关于教师教育者如何培养师范生反思能力的研究。蔡克纳和利斯顿以培养师范生的反思能力作为小学教师实习课程的目标，以师范生的实习（教学）为中心设计了一系列的活动，包括：（1）开展多种多样的研究（探究）活动，（2）参与大学教师在实习学校开设的习明纳，（3）根据指导教师的提纲写反思日志，（4）定期接受大学导师的检查和指导。蔡克纳和利斯顿描述了这门课程的组织结构、设计和实施状况，并分析了学生反思能力的发展情况及影响因素等一系列的问题。该研究由于完整地描述了以促进教师反思为核心的教师教育课程（尽管仅是一门实习课程）的设计与实施，在“如何教教师反思”的文献中被广泛引用。

杰伊和约翰逊（Jay & Johnson，2002）在美国华盛顿大学教师教育计划中培养学生的反思能力。在此项研究中，研究者作为教师教育者，将反思的理念整合到大学的教师教育计划中，在课程中示范反思性实践和策略。研究者根据舍恩关于反思性实践的思想，为师范生设计了帮助他们逐渐提高反思水平（从“描述性反思”到“比较性反思”再到“批判性反思”）的三组问题（即反思性实践支架，typology of reflective practice），期望以此培养学生的反思习惯，并向师范生示范如何进行反思。教师教育者在每周一次的反思性习明纳上指导师范生的反思，帮助师范生理解反思及其对教学的含义。反思性习明纳还为师范生提供了获得多种看问题的视角的机会。借助于循环进行的习明纳，教师教育者在教师教育课程中示范反思的策略，鼓励师范生积极表达和探讨，引导形成一个话语共同体（a community of discourse），从而激发学生的反思并为反思朝向高水平发展创造条件。研究表明，教师教育者提供的反思性实践支架作为学习工具，有助于培养学生的反思习惯。

上述个案研究为本研究提供了参考。上述研究也表明，培养教师反思能力不仅是可能的，而且在现实中也是存在的。

2. 培养师范生反思能力的策略与方法

国外关于培养师范生反思能力的策略和方法的研究相当丰富。不少研究者（同时也是教师教育者）将教学、学习理论研究的新成果运用到培养教师的课堂中，探讨某种教学策略或方法在培养教师反思方面的适切性或效果。这些策略或方法如：行动研究（Dinkelman, 1997; Yost, Sentner, & Forlenza-Bailey, 2000）；案例（cases）（Harrington, Quinn-Leering & Hodson, 1996; Braun Jr & Crumpler, 2004）；日志（Colton & Sparks-Langer, 1993; Reiman, 1999; Valli, 1997; Braun Jr & Crumpler, 2004;）；同伴评议和讨论会（Zeichner & Liston, 1987; Collier, 1999）；反思性访谈（reflective interviews）（Trumball & Slack, 1991; Collier, 1999）。此外，小组习明纳（group seminars）也被认为是一种很好的鼓励教师反思的方法（Jay & Johnson, 2002）。下面再举几例加以说明。

布朗和克伦普勒（Braun Jr. & Crumpler, 2004）将自传写作作为一种鼓励师范生评估他们自己生活和学习经历的方式。他们在“小学社会科教学法课程”中运用叙事反思和自传写作的方法培养师范生的反思能力。研究结果表明，在社会科（social studies）教学方法课程中的自传写作能够鼓励师范生深入反思学生时代社会科学习经历的意义。

澳大利亚莫什大学（Monsh university）教育学院的爱德华兹和哈默将问题学习法（Problem Based Learning）用在培养小学教师的“儿童发展”课程中。（Edwards & Hammer, 2006）研究表明，教师教育课程中使用问题学习法能使未来教师置身于儿童发展的真实问题或情境，培养未来教师批判性分析/评估信息、解决问题以及参与协作的团队工作的能力。

有的研究者用自己参与中小学实践亲身经历的案例作为素材开展案例教学（Kaste, 2004）；提格克拉等人（Tigchelaar & Koryjagen, 2004）基于案例组织习明纳，加深师范生的体验，将实践与理论联

系起来，促进理论在今后的教学实践中的应用。

然而，笔者也发现，国外研究者更多地关注培养师范生反思能力的策略和方法，较少有培养在职教师反思能力的研究。

在国内，吴卫东等人（2006）总结了浙江教育学院中小学教师培训模式的创新，即通过“主题·反思·参与”的方式，提高教师反思能力，申继亮等人（申继亮，张彩云，2006b）通过个案阐述了如何通过专业引领促使个体教师提高自身的反思水平，他们还探讨了与教师开展反思性对话的实践模式；杜云云（2006）从理论上阐述了在职教师协作反思的过程；庞淑芳（2006）以经验总结的方式阐述了教师培训中如何通过行动研究来培养教师的反思能力。国内的研究还较少涉及较为系统的实践研究。

（三）关于反思的层次和水平的研究

国外有很多研究是关于反思的发展性和层次性的（hierarchical qualities）（Hatton & Smith，1995；Collier，1999；Jay & Johnson，2002；Lee，2005）。在这些研究中，低层次的反思被描述为技术性（Technical）（Collier，1999）、常规性的（Yost et al.，2000），或者仅仅只是描述性写作（Hatton & Smith，1995）。高层次反思常常被称为批判性反思（Hatton & Smith，1995；Collier，1999；Yost et al.，2000）。

范梅南（Van Manen，1977）所划分的反思层次被教师教育者广泛使用。他将反思划分为技术性反思、实践性反思和批判性反思。技术性反思指赞成一系列的目标，考虑达成这些目标的手段；而实践性反思涉及对目标和手段的质疑（Hatton & Smith，1995）。批判性反思在这些质疑的基础上增加道德和伦理问题的考虑。虽然也受到一些质疑（Hea-Jin Lee，2000；2005），范梅南的框架被很多教师教育者（Collier，1999；Jay & Johnson，2002）用做研究职前教师反省性思维水平的支架或范型。科利尔（Collier，1999）用它来研究师范生在实

践体验期间反思性思维的发展，杰伊和约翰逊（Jay & Johnson, 2002）则将它用做一个反思支架，以此为依据，通过习明纳（seminars）教师范生学会反思。

1987年，舍恩区分了三种层次的反思。它们是：对行动的反思、行动中的反思和行动前的反思（reflection-on-action, reflection-in-action and reflection-for-action）。行动的反思是对已经发生的行动的反思，例如一位教师在课后思考他在上课时的言行。行动中的反思是在行动过程中发生的，而行动前的反思指引教师思考和计划他未来的行动（Yost & Sentener, 2000）。

李（Lee, 2005）认为，已有的反思层次划分存在一个问题：反省性思维的水平是根据反思的内容来决定的。因此，对技术/实践问题进行深入反思被认为是低层次的反思；只要是考虑道德和伦理问题，甚至没有理由，都会被认为是高水平的反思。为了解决这个问题，他提出了一个同时强调反思性思维的内容和深度的反思模式（Lee, 2000）。根据这个模式，反思性思维的内容阐述职前教师主要关心的问题，而反省性思维的深度评价他们怎样发展他们的思维过程。评价反思性思维深度的标准如下。

- 回忆水平（Recall level-R1）：描述他们所经历的东西；通过回忆经验来解释情境，而没有寻找可供选择的解释；试图模仿他们观察到的或者被教授的方式。
- 合理化水平（Rationalization level-R2）：寻求经验的各部分之间的关系；用原理来解释情境，探查“它为什么会是那样”；归纳他们的经验或者提出指导原则。
- 反思性水平（Reflectivity level-R3）：带着变革或改善未来实践的目的来探讨经验；从各个视角分析他们的经验；能够看到他人（如实习指导教师）对他/她学生的价值观/行为/成绩的影响。

杰伊和约翰逊（Jay & Johnson，2002）发展的反思支架勾勒了反省性思维的三个维度：描述性反思、比较性反思和批判性反思。描述性反思涉及"设定问题"（setting the problem）的智力过程，那就是说，决定所要反思的事情。"问题"（problem）意味着描述一个事实（matter），比如一个与课堂相关的、被识别了的偏见，一个有趣的理论，或者是一种情感。根本上说，描述涉及这样一个问题：发生了什么？一旦问题被定义，或者被"设定"，教师常常通过反思或思考这个情形，从而使它有意义。在这个支架中，这标志着从描述性反思转向了比较性反思。杰伊和约翰逊所指的比较性反思涉及从许多不同的框架和视角思考所反思的问题。批判性反思是反思支架中的第三个维度，它常常涉及作出一个判断。在反思的这个维度，他们根据不同的观点，以一种发展的眼光来考虑问题，问："什么是理解、改变或做这件事情的最好的方式？"（"What is the best way of understanding, changing, or doing this?"）定义"最好"意味着考虑实践的含义，权衡相关的目标、价值和伦理。也许先前所考虑的最好的实践不能满足学生的需要，在当前的文化中是自然而然的事对其他文化来说则是不恰当的。所以，批判性反思意味着通过审慎地思考作出一个决定，无论这个决定是行动还是继续反思的循环。而且，批判性反思涉及考虑学校教育的历史的、社会政治的和道德的背景（Valli，1990）。

温妮和沃特金斯（Winnie & Watkins，2005）根据被试（教师）的反思文本，将反思分为四个层次。当被试仅只是描述教学事件而没有解释原因或没有讨论事件的影响和效果时，教师们所写的反思段落被分类为反思的"描述"阶段，即描述性反思（Describing Reflection）。当被试能够解释与他们的课堂行为有关的更为广泛的原理（principles）时，他们所写的段落被分类为"Informing Reflection"。例如，"我用 OHTs 引导学生了解大脑和神经系统的结构，以及大脑对信息的加工和传输。学生能够理解这部分知识。"当被试能够用一些理论检测（examine）他们的教学和计划，并且能够考虑背景性

因素时，他们所写的段落就被称为“Confronting Reflection”。例如，我所教的这一课是一些常见的植物的表现。首先，我让学生观察那些能在学校的花园里发现的植物，而不是用那些课本上提供的植物作为例子……这是基于一个教学理论，它强调用学生身边的实物激发学生先前的知识和学习的兴趣……“重建性反思”（Reconstructing Reflection）指的是：当被试能够将具体的教学细节牢牢地记在脑中，构想他自己的教学肖像，并且有明晰的使教学质量更好的做法。

笔者认为，在温妮和沃特金斯的上述分类中，描述性反思（Describing Reflection）和解释性反思（Informing Reflection）的区别是不清晰的，在实际评价教师的反思时也难以把这两种反思水平区分开来。

虽然上面所讨论的分析反思层次的方式各不相同，但是它们在本质上都具有反思的基本特征：第一，反思有不同的层次；第二，低层次的反省性思维包括技术性的、习惯性的、主观性的、僵化的思想、情感和/或观点；第三，一个人的反省性思维越发展，他就越多地开始认识到知识的主观性、真理的相对性、知识来源的多样性以及情境脉络对于确定知识意义的重要性。

根据本研究的目的和参与者的实际情况，综合杰伊、约翰逊和温妮、沃特金斯的观点，本研究把教师反思分为三个层次：描述性反思、比较性反思和重建性反思。

- 描述性反思（Describing Reflection）是指被试仅只是描述教学事件或情境而没有解释原因或没有讨论事件的影响和效果。

  例如：今天我们小组讨论了如何为自己的研究选一个好的题目。我们充分发表了自己的观点。

- 比较性反思（Comparative Reflection）意味着努力理解其他的

观点，这种观点也许与自己的观点不一致。这里，比较性反思类似于舍恩（1983）所说的“框架试验（frame experiment)”，它包括用其他的框架于该情境中以获得新的洞察或更好的理解。这个过程要求杜威所描述的那种开放的心态和全神贯注。比较性反思拓展并丰富了一个人基于多种视角的对情境的理解。

例如：xx的发言使我对学生的心理有了更深刻的了解，并发现我过去对学生的关心是很不够的……

- 重建性反思（Reconstructing Reflection）就是在比较多种视角的基础上，被试作出一个“今后如何做”的决定，构想他自己的“教学肖像”，谋求改善自己实践的途径和方法。

例如：今后，我将对我的每一堂课进行反思，把不足的地方好好地记录下来，不断改进并积累经验。

或者，

例如：学生的精彩观点需要教师的激发。我想如果当时我能够多问一句，比如追问“你为什么这样认为?”“你在哪儿见过?”，那么学生的思维就能够得到激发……

本研究有两个目的：

第一，国外培养教师反思水平的策略（习明纳、反思日志、合作探究、反思性访谈）在我国当前的在职教师培训中是否有效？换言之，与当前普遍使用的讲授法相比，新的策略是否更能促进教师反思？

第二，在改变了教学策略后，教师的反思朝着什么样的方向发展？

在本研究中，根据参与者长期以来的非反思的特点，研究者认为首要的是要引起和促使他们反思，在具有了反思意识和形成反思习惯的基础上，再进一步提高反思层次。因此，研究者没有为参与者设定

固定的反思模型或支架，而是综合采用了反思日志、习明纳和反思性对话等方式来促进参与者的反思。

三、研究设计

（一）参与者的选择

本研究的参与者（以下简称学员）是正在Y大学接受本科层次在职学历教育的一个班级的22位中小学教师，其中，小学教师10人，初中教师9人，幼儿园教师3人。他们的学科背景几乎包含了初中以及小学各科。表1列出了该班全部课程参与者的基本情况。他们在Y大学学习的专业是教育学。该专业一共有三个平行班级，班级的分班是随机的，该班则是从三个平行班级中随机抽取的。在成为本研究的参与者之前，他们已经完成了获得文凭所需要的三分之二的课程，这个暑假是他们的第五次集中学习，一共要学习4门课程。笔者所执教并开展研究的课程是《教育研究方法》。本门课程的上课时间，也就是本研究集中收集数据的时间，是从2008年7月26日到2008年8月6日。该门课程的总学时是36节，一般来说，Y大学会连续安排授课时间，每门课程在4—7天上完。此次，为了开展研究，争取更多的时间观察学员的变化，应笔者要求，Y大学相关部门将原来排定在6天上完的课程，改为每天上半天，连续12天，上课时间在下午，每天三节。另外，参与者在上课前一天，准备了一份个人专业发展报告；课程结束后，又复习总结，并配合笔者访谈。

课程参与者（共22人）

	性别		工作地		教龄（年）	
幼儿园（3人）	男	0	城镇	3	最高	10
	女	3	农村	0	最低	6
					平均	7.7
小学（10人）	男	6	城镇	3	最高	23
	女	4	农村	7	最低	4
					平均	12.7
初中（9人）	男	7	城镇	2	最高	18
	女	2	农村	7	最低	5
					平均	11.1

（二）教学策略

该门课程主要采用四种教学策略来促使教师反思，它们是：反思日志、习明纳、合作探究和反思性访谈。

1. 反思日志

一些研究者认为，日志的写作能帮助参与者填平知识和行动之间的鸿沟。而且，参与者多种多样的叙述能使研究者很好地理解他们在课程学习中的所思所想。在每次课后，学员们以写作的形式反思他们的教学/学习经历。

2. 习明纳

在采用这个策略前，研究者通常都会根据上课内容和学员的情况分析，时机恰当才采用这个策略。比如，在学习如何收集自己的教学材料以便研究自己的教学时，我事先询问了几个学院，了解到仅有少

数几个学员有相关的经验，所以我就通过提出问题，引导学员讨论“为什么要收集教学相关的数据?”“哪些数据能够较好地反映你教学的实况?”“你有什么好的收集数据的方法?”“你如何保存和整理你所收集到的数据?”，让大家交流分享，同时我作补充和总结。

3. 合作探究

该策略支持同伴间的协作性反思，学员有机会充分地表达自己的观点，并将自己的问题呈现出来，了解同伴看待同一个问题的视角，或者了解解决某一问题的多种方法。具体来说，研究者将学员分为四个小组，在课堂上根据某一个问题来合作探讨解决办法。为了使交流有成效，每次探究都有一个明确的主题。

课程内容及小组合作探究主题列表

第一部分：教师如何作研究（研究方法）	
主题一	如何选择和确定一个研究问题
主题二	如何查阅资料、收集数据
主题三	如何设计一个教育实验方案
主题四	如何表达教育研究成果
第二部分：教师研究什么（问题域举例）	
主题五	研究学生
主题六	研究学习方式的变革（经讨论，集中在小组合作学习）
主题七	研究班主任工作（经讨论，集中在校园中的安全问题）
主题八	研究自己的教学行为

4. 反思性访谈

考虑到培训时间非常有限，本门课程每天连续安排，而且除了本门课程，在一天的其他时间段还有学习任务，我的访谈基本上都是在课间休息时或者是下课时进行的，访谈首先是关于当天教学方式和学

习方式的看法，或者是针对反思日志中发现的问题来访谈。对少数学员的访谈是在所有的课程结束以后单独约时间进行，这类访谈的时间每次25—45分钟。研究者根据反思日志中反映的观点或问题进行一对一的谈话，或者小组访谈。访谈采取半结构形式。

（三）数据收集

本研究所使用的四个主要的数据收集方法是：文本材料（如日志）、访谈（包括个别访谈和小组访谈），观察和录像。

数据来源

数据来源	关注点
文本材料	
一份个人专业发展报告	了解参与者的个人工作背景和反思水平。
日志	每日的课后反思。
课程结束时的问卷调查	了解参与者对本门课程的评价。
录像	
	观察班级中学员的表现及他们之间的互动。 了解课堂情景以便更好地理解参与者的反思及其含义。 帮助教师教育者反思教学过程。
访谈	
半结构式的个别或小组访谈（上课期间）	过去课程中教师主要采用的方法；在教师用讲授法的情况下他们是如何学习的；参与者学习本门课程的目的；比较本门课程的教学与其他课程的教学的不同以及他们的学习有什么变化；本门课程的教学是否能促使他们思考与自己的教学相关的问题。

续表

数据来源	关注点
半结构式的个别访谈（课间和全部课程结束以后）	了解参与者对本门课程采用的教学策略的评价；对于改进教学策略的建议。
研究者本人的参与式文本	
日记	每天对教学过程的记录和反思。
教案	每日教学的内容和进度。

（四）文本呈现方式

本研究选择叙事的方式来呈现文本。因为，本研究并非是理论性的探讨，而是试图在教师培训现场中，通过对教师实际反思状态的“深描”以及探查相关的影响因素，了解教师反思意识和反思水平的变化。而教育叙事的主要目的，恰恰是“关注日常教育实践与经验的意义”（丁钢，2008：73）。本文采用的“叙事”既包括参与研究的中小学教师自己的叙事（反思日志和叙述），也包括研究者用叙事的表达方式来研究自己和呈现自己的研究过程。丁钢教授指出：“教育叙事研究的最好方式莫过于研究我们自己。研究自己，就必须认真地对待和研究我们教师和学生自身教与学的经验。一方面，需要把教育变革建立在日常教与学的基础上；另一方面，亟须关注我们自己日常教育经验的文化处境、思维方式和价值观念等。只有从我们自身的经验和实践出发，才能变革我们自己的教育。”（丁钢，2008：55）正因此，本研究是参与式的。与非参与式的“静观其变”相比，研究者期望在观察的同时，在与教师的对话与交流中描述他们的真实想法与反思状态，同时，将自己融入其中，以研究者本人的视角，用生

活的语言来记录本人的所见、所闻和所感，以便从自身的经验和实践出发，探讨变革教育的方式。

四、研究发现

（一）参与者的变化：普遍意识到了反思的重要性

本研究中，研究者通过将反思作为课程要求，让学习者在反思中体会反思的重要性。在课程结束时发现，参与者对反思的态度发生了变化，普遍意识到了反思的重要性。

以学员对写日志的态度的变化为例，我在第一天的课上征得了全班的同意，把写日志作为本门课程的常规要求，取代常规的作业（函授教学期间每门课程一般要求学员做1—2次书面作业）。但在开始时，日志的实施还是遇到困难：很多学员有明显的应付心态，“反思日志”几乎没有反思的意味。我的研究日志记下了当时的情况：

> 我提前10分钟来到教室，读了几篇放在讲桌上的“反思日志”（我告诉学员可以在上课前就把“反思”放在讲桌上）。真是越看越失望，大部分学员居然都是写前一天的课涉及了哪些内容，按照一、二、三的顺序列出来，最后再附带两句对这些内容的看法。他们哪是在写反思日志啊，倒是像把他们的笔记交了上来。(2008-07-27)

在当天课间和课后，我对情况较特殊的几个学员作个别或两人一小组的访谈。

> 研究者：你为什么这样写？

W1、L1（他们第一天的日志只写了当天上课的内容要点）：日志就是记录当天的活动，所以我们就像以往记上课内容笔记一样把当天的要点记录下来。

L2（他的日志记录了内容要点，加上对课的组织形式的赞扬，我觉得有点言过其实，所以访谈了他）：……我觉得课堂很新鲜，但是因为我习惯了坐着听老师讲，不习惯，所以昨天上了第一次后觉得没有收获，但是我担心在日志里这样说会引起老师的不满……

S1（她的日志少得出奇，只有三行字，所以我访谈了她）：我觉得没有什么好写的啊……

研究者：你愿意坚持写下去吗？

S1：（稍迟疑）我再试试吧。

L3（他的日志最特殊：他围绕着课堂上讨论过的内容，把课本上的相应章节一字不差地抄了下来）：我觉得这样上下来，知识不系统，所以课结束以后我认真地读了书上有关这一部分的内容，重新系统地整理了一遍，以便加深印象。(2008－07－27)

从第一次“反思日志”可以看出，学员们对写反思日志缺乏感性认识，“从来没有老师要求我们这样做过”，写日志不过是他们的一项作业，是为了向任课教师（我）“交差”，不是自觉自愿的行为。讲授和学习理论知识被当成在职培训中教与学的目标，课程学习者被动地听和记概括化的理论知识，他们的“日志”关注的是教学的知识点，也就是可能的考试要点，教师培训中长期的应试导向的理论灌输已经使得他们习惯了就理论谈理论，就知识点谈知识点，至于这些

知识与他们的教学实践究竟有无关系，他们甚少关注，用他们的话说，也“顾不上”去关注。

有研究者（邵光华，顾泠沅，2010）在东部地区某市对64位教师的问卷调查表明，59%的教师能自觉自愿反思，34%的教师不是太自觉自愿，基本或完全不是自觉自愿的只占到7%。其结论是：多数教师对待反思的态度是积极的。对比而言，本研究中的教师，在反思的自觉性上似乎更低一些。不过，由于所处情境不同（前者在自然条件下，后者是在职培训中），本研究不能得出西部的地区教师反思自觉性更低的结论。上述调查研究还指出，多数教师可能由于压力大而身心疲劳不愿动笔写，只想简单地想想，即便是写，也是为了完成学校布置的反思任务而应付地写，效果自然不好。（邵光华，顾泠沅，2002；2010）这一点在本研究中得到验证：学员也许确实思考了，但是他们没有很好地将思考写出来。

从L2的回答里我还发现，我的课堂及所采用的教学策略对于这些西部边远地区的在职教师来说，可能带来了压力。我决定放慢教学进度，同时告诉自己一定要耐心。

我在第二天的课即将结束的时候重新解释了什么是反思日志、写反思日志的目的和本门课程的目标，同时又针对学员的日志作了进一步的评论，反思日志才成为一项常规坚持下来。而且，随着课程的推进，参与者开始真正把反思当做一种习惯、一种内在的需要，而不只是一开始的为了完成任务。他们开始切实地思考自己教育教学中的问题，借助于课堂讨论的空间努力寻找解决的途径。

Y1（初中英语教师）：

一直认为研究就是专家、理论工作者的事，通过学习发现，研究就在我们身边，就在我们身上，我们应该经常反思自己的教学行为，反思自己的工作，寻找改进的方法。这就是我们一线教师的研究。(2008－07－28，Y1)

Y1 在最后一天的日志里写了这样的一段话：

> 这门课程在今天结束了，学习过程中有很多触动。最为触动的是每天写反思日志。我从开始认为是一项任务，经过这些天的思考和写作，我已经把它转变成了自己的一种主动行为，并决定在自己以后的教育教学中坚持写反思。总之，王老师的教学方法对我的触动，远远大于课程内容本身，也将深刻影响我的教学行为。(2008－08－06，Y1)

尽管他已开始思考，但看得出来，Y1 的反思日志中口号性的话语比较多，比较空洞。为了探查他是否有切实的思考，课程结束后我对他进行了个别访谈。

> 研究者：在一开始上课的时候你对写反思日志有什么看法?
>
> Y1：以前教师上课主要是讲授，所以我在上课时所做的事就是听和记，注意考试要点（笑），听到哪一点可能会考，下来（课后）就整理，然后背下来，背了去考试，考试后就忘了。就像你说过的，不经过思考的东西遗忘是很快的。哪怕老师讲的时候联系实际，（可）我们的关注点不在这里（实际问题），我们关心的是考试，我们来（接受培训）的目的首先是要考及格。听课时带有忧虑，就只去关注知识点，把它记下来，我就想我记下来就行了，考试之前拿出来背背。很多东西都不会去思考。
>
> 你这门课，在开始一两次课的时候，心理上不习惯，我们都在等着接受，等着讲到考试会出现哪一点，我记记，有这种思维定式在，所以一开始我不接受反思日志，我觉得真烦，真啰嗦啊，加重我们的负担，但后边发现也不用花多少时间，我有时就利用课前的一点时间（来写），相当于对前一天的内容的复习，同时对要交流的内容作一些思考。因为大家既然要交流，就是要

实实在在地想，所以收获比较大……你的反思这种理念已经“灌输”给我了，我已经“接受”了（笑）……（2010－08－07，Y1，个别访谈）

从Y1的日志和谈话可以看出，一开始的时候，他觉得写日志是一个负担，但是，通过连续坚持写，他发现写日志不但可以促使他复习先前的学习内容，而且，他还可以在写日志的过程中思考想要与大家分享的问题和经验，这些思考都是“实实在在”的，所以“收获较大”。可见，让学员亲自去做，他们能够真正体会到写日志的作用，从而逐渐将它内化为一种自觉的行为（我明确告诉大家最后一天的日志可以不写，结果全班只有两人未写）。许多学员在日志中表示，今后的工作中将坚持写日志、写反思，记录自己教学过程中的点点滴滴，分析和评判自己当天的教学行为。例如，一位学员在最后一天的日志中写道：

这门课程在今天就结束了。回顾这几天的学习，我觉得收获非常大。就拿写反思日志来说，以前我根本不知道什么是反思，在学习这门课的过程中我每天都写反思，都要去思考，才真正意识到反思是很必要的。它能帮助自己及时发现和改进教学中的一些问题……在今后的教学中我要坚持每天都反思。（2008－08－06，Z1）

（二）教学策略：激发了参与者反思自己的教学

本研究试图探查的一个问题是：国外的研究者广泛使用的、激发教师反思的教学策略（如习明纳、反思日志、合作探究）在我国教师在职教育中是否更能激发学习者联系实际思考教学实践问题。研究发现确实如此。

1. 参与者学习方式的变化

通过访谈和课程结束后的问卷调查，参与者普遍认为本门课程所采用的教学策略与原来的讲授法相比，更能激发他们去思考，能激活他们的思维。

（1）小组访谈1：关于原来的学习方式

研究者：在主要采用讲授法的情况下，你是如何学习的？

W2（女，幼儿园教师）：就是跟着听、跟着记，但是一堂课下来，不知道讲了些什么。下来以后要看笔记才知道这门课学了哪些东西（笑）。但考完试回去以后，基本上也就全忘了。不知道学了些什么，有什么用。可以说这样的学习完全没有用。

L1（女，小学语文教师）：老师讲的都是些空洞的理论，对我们的工作基本没有用处，所以我们也不大听，就是记一下笔记，考试之前背笔记。

W1（女，小学语文教师）讲授是函授教学一贯以来沿袭的方法。（但）来函授学习的目的，是想学一些对自己的实际教学有用的技能、技巧，感受高校教师的教学风格和对学员思维的启迪，提升自己的理论层次和实际教学能力。但是，由于函授采用的是千篇一律的讲授式，我很少能学到想学的东西，反觉得是一种受罪：整天一上课就是机械地听、抄、记，一堂课下来，往往什么收获都没有，只有一种感觉——累，手累、眼累、耳累、心累。所以我觉得函授授课的教师如果能少用讲授的方法，多采用灵活的讨论法、小组合作的形式，我们学习的效果会更好……（2008－07－28，小组访谈）

讲授法的情况下，学员全部的课堂时间用于听教师讲和记笔记，忙着理解和消化老师所讲的内容，所以无暇思考；课后老师也没有要求他们结合上课内容反思他们的教学，所以学员没有树立反思的意识。当改变了教学策略，也就是主要采用激发学员思考的习明纳、小组合作探究等策略后，在一定程度上把学员从听讲、记笔记中解放出来，他们的学习活动由被动地听转变为思考教师提出的问题、倾听同伴的发言并作出回应；结合内容思考自己的工作中存在的问题、寻求解决的途径。

（2）小组访谈2：本门课程中的学习方式

研究者：在本门课程中，你的学习方式有什么变化？

J1（男，该班班长，小学数学教师）：上课的时候不是只顾记笔记，而是想着应该如何回答老师的问题，自己的思路与别人的思路有什么不同。

J2（男，初中体育教师）：我觉得这个课上，把学员的思想放开，有空间，有弹性，这比较好。（我们）积极性比较高，上课的过程中动脑、动口，觉得有趣味。

W2：原来的老师上课（停顿）……不需要我们思考什么，慢慢地也就不去思考了，专听老师讲。现在的课，觉得思维打开，大家想到的问题、遇到的困惑，都可以交流，这使我真正去思考我的教学中存在的问题，想着如何去改进。

L1：我觉得从同学之间的交流中也能得到很大的启发。各个人的观点集中在一起，思想上会受到冲击。我觉得对于我们一线的老师来说，最重要的还是这一方面。因为来自不同层次的学校，（而且）有些是普通教师，有些是学校领导，各人所处的环

境不同，大家的看法会互相碰撞，这样会获得一些新的看待学校中的问题的方式。(2008－08－04，小组访谈)

(3) 课程结束后的个别访谈：学习方式的变化

研究者：在本门课程中，你觉得自己的学习方式有什么变化？

Z1 (小学语文教师)：……讲授法的情况下，我自己下课以后就是整理笔记，有空就背笔记；在这门课上，我就不用急着去记笔记、画重点，而是去思考……这门课更多的是引起我们思考，把自己遇到的问题与大家交流讨论，共同解决……这门课让我有了更多的发表自己看法的机会，真正把学习当成自己的事了，而不是老师让我学，我才学……我从内心里觉得我们教师作研究是很有必要的，很多问题都需要重新认识和思考。比如昨天讨论的，教师要研究学生是如何学习的，我以前更多的是关注学生的心理，很少考虑这方面的问题，经过课上一讨论，我觉得这个问题很重要，我打算下学期开始马上就留意这个问题……就是这样，你的课给了我们更大的思考空间。(2008－08－06)

学员们在本门课程的学习中能够改变学习方式，主动积极地思考，其原因主要有两个方面。首先，教师教育者把改变教学策略作为课程要实现的目标之一。教师教育者明确要求，学好这门课程的关键是反思自己教育教学中存在的问题，以便提升自己的实践。研究者在课程要求中已经向参与者阐明：本门课重在结合实际思考，重在解决大家面临的实际问题和困惑，而不是记忆。考试并不要求死记硬背。这大大减轻了学员的心理负担，使他们把学习方式由听和记转变为积极参与和思考。其次，民主、宽松的教学氛围也有助于打开学员的思维。正如一位学员说的：

我上这门课时最大的不同就是敢把自己真实的想法说出来与大家交流，同时听取大家的意见和建议。因为课堂气氛比较宽松，有些地方我们觉得说错了，但你会轻描淡写地带过去。所以想到了就敢说，课堂气氛就很活跃。（2008－08－05，J1，个别访谈）

研究者本人信奉的知识观在这里发挥了作用。研究者首先持一种开放的心态：观点无对错之分，只有合理不合理之分，不去指责学员的思考中不合理的地方，而是充分挖掘他们闪光的地方。这就排除了学员在学习时“害怕说错”的心理，使他们能够专注于思考自己的问题。一位学员在课程结束时写道：

这个假期上的第一堂课就是教育科研方法，上课的王老师说实际上课程的名称应是“教师如何作研究”，一开始，她就和我们介绍了上课的方式，然后把教室布置成一个会议室的样子。看这种阵势，我是很害怕的，首先一点我这人很害羞，很不喜欢说话，这可怎么办呢？王老师说这样方便我们同学之间面对面的交流，天哪，这回可逃不掉了。当我第一次说话，发表我的看法时，我脸红了，感觉很不自在，但奇怪的是我在第三次小组交流发言时就很自然了，有两次在与各位同行进行小组讨论时还滔滔不绝。我开始认同王老师的这种方法了。更值得说的是她用的合作学习的方法很有效，很多书本上理论性的东西，经过那么一讨论，理解得很快，我在这个过程中还学会了一点：学习别人看待和处理问题的方式，听取别人的意见和建议，从而提高自己，使自己得到发展……我认识到，寻找和发现自己工作中的不足，听取别人的建议，从而改进自己的教育教学方法，这一点很重要……（2008－08－06，Z2）

（三）反思的水平：大部分学员的反思朝着重建性反思的方向发展

本研究关注的第二个问题是：参与者的反思朝着什么样的方向发展？研究发现，课程开始时，参与者的反思大多是描述性的，主要是描述课程的内容，结合过去的经验（如作研究的经历），进行一些对比和思考。但是在课程后期，参与者的反思逐渐转向了自己的教学行为，反思的水平也越来越少描述性，而越来越多比较性和重建性。

1. 从描述性反思到重建性反思

为展示个体教师反思内容和反思水平的持续变化，笔者选取 S2（男，农村初中英语教师）的日志作为代表，以下是对他的日志的摘录（强调为笔者所加，后同）。

> 2008 年 7 月 27 日
>
> 今天我在上课时参与了小组讨论，但我认为我们组的讨论效果不好，许多老师（指函授学员，他们相互间以“老师”相称——笔者注）没有发表自己的观点，代表的发言准备得也不充分。**我在教学中开展小组讨论时我的学生也有人在偷闲**。可见，小组讨论中要注重对小组成员的管理，具体如何做，还有待于我进行研究。
>
> ……我觉得作为教师应该研究自己在工作中遇到的问题，研究学生、研究自己所教的教材，而其中最重要的，是要对自己的教学行为进行反思。（S2）

> 2008 年 7 月 28 日
>
> ……用探究式的方法来学习如何确定研究问题是新课程所要

求的。学习不是去“占有”别人的知识，而是应该“生成”自己的知识。王老师所展示的教学方法有助于我们思想上的转换。但是一直以来我习惯了坐着听教师讲，讨论的过程中话到口边却不知该说什么好。我应该调整自己的心态，以学习者的身份积极参加讨论，思考得出自己的知识，让这几天的培训学有所获。(S2)

2008 年 7 月 29 日

……我所任教的是农村贫困山区，以前总抱怨资料缺乏，今天才明白可以收集身边的资料开展教学研究，正如老师上课时举的例子，收集学生写的作文，我可以从初一开始收集，制定学生作文集，进行分类，这样就可以全面地了解学生作文中出现的问题……不能一味地抱怨我们所处的环境，而是要调整自己适应环境、挖掘自身的潜力，用大脑去思考、去发现和解决自己教学中的问题。(S2)

2008 年 7 月 30 日

……课上，我们先以小组合作研究的方式编制了问卷，但是当各组进行比较和讨论时，我们才注意到自己小组编制的问卷的问题。通过这样的亲身实践、同学讨论点评和教师的总结，我掌握了问卷编制的方法。从中我还得到启示：只有自己亲自去做、亲自总结出来的知识才更容易理解，才能够运用，那些抽象的理论只能作为摆设。所以，在我自己的教学中应该多让学生亲身实践、亲自体会，自己去探究和解决问题；这还可以培养学生主动学习的习惯、解决问题的能力以及团队合作能力。

我觉得我们小组讨论的时间不够，如果能够再有一些时间沟通交流就更好了。(S2)

2008年7月31日

今天的探究式合作学习方式给我们许多思考的空间和沟通交流的机会。它给我带来了很多收获：首先，老师给我们的案例，使我明白“不要羡慕别人身边的鲜花而枯萎了自己脚下的小草”，只要自己用心思考自己的教学，就总会有新的发现。如“多问一句”①，是从细微处得出真知，对我们一线教师很有启发。

这几天的学习，我认识到：如果自己要教好书、做一名合格教师的话，就必须对自己的教学进行反思，找到不足之处或闪光点，加以改进或发扬，这样才会进步；只有坚持不懈地对自己的工作进行反思，才能提高工作效率和工作质量。总之，我从思想上真正认识到了反思对于教师日常工作的重要性，并下定决心这样去做。这是我最大的收获。（S2）

2008年8月5日

……课上一个小组代表交流的案例“不愿作答的孩子”给我的感触很大。在我的实际工作中也遇到过这样的“问题”学生，但我没有对他们进行深入“研究”，有个别学生甚至被边缘化而辍学了。这个案例对我的启示是：对学生的教育要有一颗关爱的心，用爱心去感化我们的学生，许多“差生”就是由于教师的关注不够而被制造出来的！……总之，作为教师，我的工作出发点和落脚点都是我的学生，我应该尊重和关爱我的学生！……不是因为学生的身上没有闪光点，而是因为缺少教师的发现！（S2）

……

S2的日志记录了每天的学习内容以及他对这些内容的看法。从上面的6则日志可以看出，他在前几天的日志主要是“描述性反思”

① “多问一句”是笔者在课堂上使用的案例。

和“比较性反思”；但是后面两天，S2 的日志中对上课内容的描述在减少，对自己教学行为的思考在增加，而且，这些思考明显地指向于自身行为的改善，按照本研究设定的反思水平框架，S2 的反思水平达到“重建性反思”。

2. “比较性反思”：没有完全实现的跨越

研究发现，直至课程结束，有少数（6 位）教师的反思仍停留于比较性反思的阶段。

J3（小学语文教师，日志）：

……我和同事经常会为撰写教研论文而头疼，为从哪里找素材而一筹莫展；在撰写的过程中，更多的是投机取巧，对别人的文章剪剪切切，缺少的是对自己的教育教学的思考和深入挖掘。通过今天的学习，我认识到作为教师我们自身有很多进行研究的优势，比如我们的学生、我们的教学和所教授的学科都是我们所熟悉的，研究它们是我们得天独厚的优势。教师的研究应该从自己的工作入手，研究的目的应该是为了改善自己的教学。我们的工作中有很多问题都值得我们去思考和探索，我们缺的正是去反思、去研究的精神。（2008－08－02，J3）

Y2（小学数学教师，个别访谈）：

今天是小组讨论和汇报交流，代表四个小组上来发言的四位老师给我的总体感受是：大家所写的、所谈的都是那样真实、自然，真实地反映出每位教师的教学风格和思想。其实，在我自己的教学中也有很多类似的经历和感受，但我常常让它们在脑海中一闪而过，而没有做到认真思考、深入发掘，结果，一天天、一年年都是这样过去，自己的教学却没有多大的改善。（2008－08－04）

W3（初中物理教师，日志）：

这门课上，老师采用了与以往的讲授完全不同的教学方式。这些教学方式集中体现了新课程的理念。新课程背景下，更侧重于学生主动学习，发挥主体能动性，通过探究学习获得新知识。观察这几天的课堂，看到各学员积极参与、各抒己见、热热闹闹，不免想起所任的班级——一所乡村中学的学生。一组织小组讨论，多数学生话都说不好，小组汇报也总是那几个同学能在众人面前将小组意见发表出来，因此不免迷惑。在课间的时候与老师作了交流，老师说学生在课堂上表达自己看法的能力和胆量都是需要一点点培养的……哎，我的学生不会讨论、不敢发言，或许是因为我太威严了，课堂气氛不够宽松，学生怕说错话被批评。（2008－08－03，W3）

可见，虽然上述反思在视角和内容上都有较大差异（有的是对自身教育研究行为的反思，有的是对本门课程的教学方式的反思，等等），但在反思所处的水平上都处于比较性反思。从对反思日志的分析来看，有6名参与者直到课程结束都主要是以比较性反思为主，而较少重建性反思的内容。换言之，学员们只是通过与他人（研究者、其他学员以及课程所涉及的案例中的教师等）对比，发现自己教育教学中存在的问题，但是对于今后该怎样做，还缺乏具体的认识或明晰的思路。

3. “重建性反思”：努力能达到的反思水平

研究发现，大多数参与者的反思能够达到重建性反思层次。

例1：“语言课上的公主裙”

今天进行小组交流时，一位同样在幼儿园工作的学员谈到，她在一次上课的过程中，一架飞机从楼顶上飞过，声音非常大，小朋友们都被吸引住了，这时她就带着小朋友们在教室里学飞机

飞，飞了一会儿就坐下来了，小朋友们跟着她把注意力又转到学习上来了！她的做法给我很大的震动！其实我也有类似的经历：一年前，我第一次接手幼儿园小班的教育工作。一天，我上小班的语言课，内容是认识水果和蔬菜，我准备了许多梨、苹果、桃子、花菜、洋芋、小瓜等水果蔬菜，认认真真地写了教案。上课这天我首先把这些水果和蔬菜放到一个黑色的袋子里面，上课开始了，我把蔬菜和水果拿了出来，由于我把蔬菜和水果都画上了眼睛、鼻子和嘴巴，小朋友们都非常喜欢，津津有味地听着、看着、说着。正在这个时候，一个迟到的小女孩从门外走进来，她穿着一条新买的公主裙，这条裙子非常漂亮，裙子的上面还挂着一些五颜六色的小珠子，非常耀眼。小朋友们看见这条裙子，注意力全都集中在这个小女孩身上去了。不管我怎么讲，他们都不听，实在没办法，我草草地结束了这节课。

课后我非常难过，自己辛辛苦苦地准备，课还是上成了这个样子。今天听了那位学员的发言我忽然明白了：心理学上说过，孩子的注意力是不稳定的，集中注意一个东西的时间也是很短的，教师必须要善于引导……**如果那天我把那个小女孩请到讲台上，让小朋友们先欣赏，引导他们学习说话，然后再把他们的注意力引到本节课的主题上，就会有一个很好的过渡……以后我在教学中遇到类似的情形时一定试着这样去做。**（2008－08－02，Z2）

例2：“我见过带尾巴的鸡蛋”

记得曾经自己的一堂公开课，教学内容是：“What food do you like best?”教学过程中谈到了鸡蛋，我顺手在黑板上画了一个鸡蛋，而一个学生忽然举手说：“这个鸡蛋没有特点，我见过带尾巴的鸡蛋。”面对众多听课教师，我一下子感到很难堪。这学生平时老爱插嘴，今天肯定又是在故意捣乱。所以，我瞪了他一眼，冷冷地说了句“你坐下……”，课后我还批评了他：不要在公开课上乱说……从此，课堂上，再也没有听到他“乱说”

了，爱发言的他从此一言不发。

时隔一年，一天，我在网上浏览时，无意中看到了由于基因变异产生的形状不规则的鸡蛋。我后悔了……

后来仔细回想当时的情形，由于我在上课时，关心的是如何把设想的教学环节一步一步执行下去，面对学生的“奇思妙想”，我的第一个反应就是“故意捣乱”，所以我所做的就是排除“干扰”。我当时应该换一换思维方式，站在学生的角度想一想，这样事情就不会如此糟糕。试想，如果当时，我追问他一句：“你在哪里见过？给大家说说看？”结果肯定要好得多。(2008－08－04，Y1在小组讨论中的发言)

例3：“水沸腾后温度还会上升？”

应该承认，那是我教学（生涯）中最糟糕的一节课。该堂课的内容是初中物理中的“观察水的沸腾”。这是一堂实验课，但由于考虑到实验室有关器材的不精确性，如温度计不准确，有的温度计水沸腾以后还会继续上升，这会给学生展示错误的答案：水沸腾后其温度还会继续上升，而与课本上的结论“液体沸腾后其温度不变”的结论相矛盾。为了避免这个问题的出现，我精心选了一套实验装置，利用这套装置在教室（而不是实验室）里进行实验，实验的操作也是由我一手完成，学生只是看着我做。我还担心学生观察不到位，引领着学生一道观察，（边观察）边讲解，当然最后水到渠成地得出了结论：水沸腾后其温度保持不变。我对这堂课的教学很满意。但在下一堂课的练习中，问题就暴露出来了：学生除了知道“水沸腾后温度不变”这个知识点外一无所知，更别说习题上的探究创新题了。这让我陷入深思……由于担心器材问题会影响学生得出结论，我采取了包办教学，以教师为中心，缺乏对学生学习的自主性、动手能力、创造性思维的培养。其实，即便仪器有问题，也应该由学生自己操作，从不一致的结论出发寻找原因，而不是由我来代替学

生操作……［2008－08－04，C2（初中科学教师）在全班交流中的发言］

研究发现，学员们的反思之所以能较快地朝向“重建性反思”的方向发展，得益于同行之间的交流所提供的多种视角。比如，Z2的反思就是受到了同行的做法的启发。她在教学中遇到过类似的困境，但由于过去没有反思的习惯，她的问题也没有引起她自己足够的关注（在小组讨论时，她并没有主动提出来），当其他人讲到类似的问题时，她立刻联想到自己曾经遇到的这个问题，并从中受到启发。Y1和C2都是围绕“如何研究自己的教学”、“如何研究学生”等这些课堂上的主题来展开的，他们在反思讨论的氛围中回顾自己的教学行为，发现其中的问题，试图重构改进这些问题的方式。

一次关于校园安全问题的小组讨论
（2008－08－05）

S3（小学语文教师，小组讨论发言）：随着“平安校园、和谐校园”的提出，学生的安全问题就成了学校管理中的一个重大问题。为此，我们那里的中心校就与各村校长签订了《安全责任书》，而校长又与各班主任签订了《安全责任书》，而我们班主任又与各学生家长签订了《安全责任书》。每当我站在讲台上向各位家长宣读的时候，我心里都充满了问号。比如：我们的《安全责任书》上有这么一条：校内学生不得在校园内追逐、打闹。我就想，我们学校条件差，教学楼周围就是一个空坝子，没有任何活动设施，学生的天性就是喜欢活动、玩耍，下课了学生不互相追逐嬉戏一下，那他们到底做什么呢？因为有了这个《安全责任书》，我的头上像被上了紧箍咒，我上课下课时都要交代一条就是：下课了不要在校园里乱跑，小心跌倒！这句话我差不多每天都要重复两三次，我还会在本子上记录下来。但是当

我翻开我的记录本，我都觉得好笑，但我又不得不这么做。因为我怕担责任。如果学生因为下课追逐玩耍出了点事情怎么办？如果我没有强调过，肯定就要被追究责任。我其实也清楚，即使我每天对每个学生说一千次，他下课同样会去跑，去跳，除此而外他还能干什么呢？睡觉？他们好不容易盼来的下课，短短几分钟的时间才舍不得睡呢！不睡觉又不可能坐在教室发呆啊，而且如果学生真的都那样去做了，我们学校还算是个学校吗……唉，可怜的学生，我该怎么办呢？

讨论发言

L3（小学数学教师）：我在中心校工作，我们学校也有安全制度，不过这个安全制度是校长和全体教师讨论决定的，有的老师也不赞同，但是得服从大多数。平时每个老师发现了什么重大的问题，就会与校长讨论，或征求校长的意见，比如我们学校原来没有围墙，社会上的闲杂人员经常会进来，扰乱了校园的平静，我们几个老师就建议，在学校周围栽上松柏树，再在树与树的空隙里插上带刺的灌木，这些措施很实用，而且我们在山区，都是就地取材，很快就办好了，现在学校的四周都是绿色的树木和灌木丛，既美化了环境，又形成了天然的屏障……平时校长经常召集教师讨论安全隐患的解除办法，对于学生在课间的安全问题，各科教师也都有自己的一套。比如，第一节课上完了，课间休息时仍然由上课的老师带着本班的学生在校园里玩给学生设计的游戏（当然都是安全性很高的），待到下一节课的老师来了，也就是上课了，前一节课的老师才离开，一直这样持续下去，天天如此，多少年来学校都没有发生过大的安全事故……

Z1（小学语文教师）：就像S3老师刚刚说的，我校也是一级一级地签订《安全责任书》，压得我们每个教师喘不过气来。几乎学生在校园里的一切活动都与我们有关，我们背负着沉重的

"安全压力"行走在教育战线上，稍不留神，就会跌倒。我们就像一只只负重的蜗牛，然而学生何尝不是呢？

他们每天早上6：00就来学校读书，到下午6：00才回家，课间，学校要求学生不准在校园内追逐打闹，不准在操场上大声喧哗，等等，许多条条框框把学生的心灵禁锢得像一潭死水，要是哪个调皮鬼敢抬头来点小吵小闹，便会招致教师的批评。于是，孩子们渐渐习惯了沉默，学校也趁机强化：下课了哪个班最安静，"文明班级"的光荣称号就落在哪个班头上，多让别班羡慕，于是教师们就大张旗鼓地表扬某某班，让全校向他们学习。长此以往，校园确实成了平安校园，可是一天到晚死一般的沉寂。

可是，我要挽救自己，也要挽救这些可怜的孩子。课间，我与同学们约法三章：一是允许同学们可以自带玩具到操场上活动；二是同学之间互相谦让，不为一点小冲突你打我骂；三是上课铃响之前必须到教室。这样，我的学生像一只只出笼的鸟儿，立刻飞出了教室，奔向他们的乐园——操场，打羽毛球、跳绳、玩篮球……为了切实保障学生的安全，我每个课间休息时间都在操场上和学生一起玩，要么参与他们的活动，要么在一旁观看他们玩。无论炎热的夏天，还是寒冷的冬天，我都如此。

在课间和孩子们一同玩耍，让我收获了很多。首先，当然是排除了一些安全隐患。但更重要的是，在与孩子玩耍的过程中我更加了解了学生，增进了师生情谊。这样，虽然自己多付出一点，但是在有限的空间里释放了几十颗童心，让我无比地愉悦……

H1（幼儿园教师）：说到安全问题，我觉得我们学校做得最好的一点就是学校经常开展安全知识教育，如请消防部门、派出所的工作人员到校讲解等，另外还买一些安全方面的光碟让各班轮流观看。但即使学校从上到下都已经十分重视安全问题，安全隐患还是无处不在，所以学校又采取了一些措施。比如，由于学

生多，学生在楼梯上行走时，比较危险，所以学校用很显眼的颜色将楼梯一分为二，并在墙上写上：上楼梯靠左，下楼梯靠右，总之，只要是想到的，就尽可能去控制和排除。

H2（小学数学教师）：在我们那个边远山区，学生的安全问题同样是放在首位的。但我觉得各种规章制度……我觉得那些要求对我来讲执行起来也没有什么困难。比如S3老师讲，课间休息的十几分钟，学校要求不准追逐打闹，教师觉得很无奈。我觉得学校这样做也有它的道理，因为我觉得只有安全有保障了，才可能有健康活泼的学生。学校的规章对我来讲没有造成什么负担，在我的课间十分钟里，我也不让学生在教室里打闹或追逐，但我会和同学们一起在教室外面的空地里玩很多活动，比如，跳绳、跳橡皮筋、丢小珠串或玩小石子等的活动，只要自己觉得没有危险的东西，就带着学生玩，或者在他们玩的时候，我参与玩。若是他们的活动有危险，我就提醒他们换一种方式玩，这样既照顾好了学生，也与他们成为了好朋友。放学时，我还会给他们讲安全防范知识，让他们回到家里以后讲给他们的父母，这样促使父母也配合着管理。

这样一种经验的分享和讨论，由于是同行之间的交流，大家有着相似的工作环境，有着相似的困惑，因而更能深入到学员的内心。这从S3的反思日志可以看出来。

S3：……经过反思，我发现了，其实，在很多方面，我没有尽到自己的责任……我过多地抱怨学校这样做不合理，但是我为什么就没有想到课间可以带着他们去玩呢？是因为我太忙了？确实很忙，但是都是一些没有意义的琐事。找校长商量当然是不可行的，校长只喜欢他一人说了算，要不然，学校也不会像这样。此外，我还可以给学生讲安全防范的知识，培养他们慢慢学会自我保护，或者调动家长帮忙。总之，就安全问题来说，我可

以做的事情还是很多的！……（2008－08－06，S3）

小组讨论的组织根据的是大家共同关心的问题。每次组织小组讨论时，都是因为学员提出某个问题，或者反思日志里提到了这方面的困惑，我在班上问大家对这个问题有没有自己的解决办法，是否愿意一起交流分享来解决，再进行分组，然后全班汇报交流。由于尊重和调动了学员的主体性，他们的参与都非常积极。

（四）关于教师反思内容的发现

本研究还发现，参与者的反思内容，在很大程度上取决于教师教育者上课的主题和要求。

由于研究目的的需要，我和学员们都比较关注课程教学策略变化所带来的学习方式（尤其是反思）的变化（所以安排了一次课讨论小组合作学习的问题）。学员们在反思日志中多次对课程所采用的教学策略进行评点，提出建议或自己的思考。这说明，参与者的反思内容在很大程度上受教师教育者教学内容和方式的影响。

Y4（初中英语教师）：……小组探究给了学员很大的思考空间。小组合作讨论的过程也是小组成员思辨的过程，讨论中总能畅所欲言，不但围绕主题达成相应的共识，同时也能从其他学员那里得到意外的收获。感悟最深的一点是：通过合作探究得出的结论，我的印象总是很深，也获得一定的成就感，学习兴趣也大大提高。（2008－07－30，Y4）

C1（小学数学教师）：小组讨论这些方法，最大的好处就是促进同学间的交流……能够使我们有机会了解到别的同学的思想观点，能够互相借鉴。一个问题，别人怎么想，自己怎么想，就会得到启发……通过学员的交流、讨论，让我开阔了视野，了解

了学员的思想观点，形成了共鸣，摩擦出智慧的火花。（2008－08－03，C1）

W2（初中科学教师）：过去的函授学习中，很多教师的讲课照本宣科，为了考试而教学，学生学习也仅是应付考试，考试结束什么也不知道。今天我体会到了在学习与讨论的过程中我们主动发言，参与到教学过程之中，确实能学得更好。新课程改革正是提倡课堂教学师生互动、平等交流、探究性的学习方式。通过我自己的亲身体会，我发现这样的学习方式确实能提高学生的学习能力和自主思考的能力，今后在我自己的教学中也应该多尝试应用这些新的方法。（2008－07－27，W2）

C2（小学数学教师）：……这两天主要采用小组合作的学习方式，小组合作学习以学员为主体，发挥学员的主观能动性，教师不再是为考试而教，而是为了帮助我们解决教育教学中的实际问题而教；我们也不再是为了考试而学，而是乐于参与，互相合作，真诚分享，达到了学习真知识的目的。我在想，我们作为成人，得到了教师的理解和尊重就乐于参与到学习活动中，少年儿童又何尝不是这样呢？所以，教学中我也应该像王老师一样，给学生想象、思考的空间，耐心倾听学生的想法，学会用发展变化的眼光看待每一个学生。（2008－08－01，C2）

H1（小学语文教师）：今天老师采用小组研究性学习的方式组织课堂教学，给我很大启发。回顾课堂上所涉及的内容，虽然表面上看只是针对一两个方面进行了讨论交流，但从交流中我学到了很多东西。对我来说，我是第一次遇到这样的教学方式。在我的教育教学中，我也曾开展过小组合作学习，但我的方法就是“就近”学习原则，前后四个人共同讨论。但是在组织的过程中往往有同学在闲聊，所以我就取消了这种教学组织形式。但通过

> 今天的学习，我发现了小组研究性学习的一个优点是能调动各位学员主动参与学习的积极性，通过交流可以取长补短，所以我打算在以后的教学中，不是取消这种学习方式，而是改进和完善这种方式，把它的优点最大化地发挥出来。(2008－07－27，H1)

> S2（农村初中英语教师）：……小组讨论、合作探究活跃了课堂氛围，增进学员之间、师生之间的沟通、交流，增强相互的了解。从学习知识的角度来说，一些深涩的概念，经过讨论后会变得很清晰，易于理解和掌握；此外，还学到了一些课程内容之外的知识，一种看问题、分析问题、解决问题的方法，可以促进自己今后的教学实践和教学研究。(2008－08－06，S2)

研究发现，中小学教师反思的内容会根据相应的主题而相对集中。这回应了有学者（王建军，2004）对“听—说—评”课以专题的形式效果更佳的建议。因为主题明确以后，能够促使教师围绕这个主题进行深入思考；同时，围绕同一个主题进行反思，也有助于参与者之间从各自对同一问题的看待方式中得到启发。

五、研究结论与讨论

许多人认为：反思的复杂性导致它难以进行教学（Jay & Johnson，2002）。同杰伊和约翰逊（Jay & Johnson，2002）在华盛顿大学的研究一样，本研究对此作出了回应：教师的反思意识与反思能力是可以培养的。

（一）初步结论

我国教师培训中主要采用讲授法。这种方法受到课程学习者的很多批评，并被认为是“非反思的”（王艳玲，2008：148－150）。本

研究通过在一门课程的教学中，使用多种促进反思的策略（习明纳、合作探究、反思日志和反思性访谈），促使在职教师思考自身教学中存在的问题，寻求改进的方法。研究表明，这些教学策略能够促进参与者的反思。首先，通过写反思日志，参与者亲身体会到了反思的作用，并决定在以后的工作中坚持反思；其次，与讲授相比，非讲授的方法（即促进反思的教学策略）把学习者从听和记中解放出来，给参与者更多的思考空间，同时，民主、宽松的课堂氛围以及学员间的相互启发更能够深化和拓展参与者的反思；再次，参与者的反思水平逐渐提高，反思层次朝着比较性和重建性发展。

从研究方法上讲，研究者同时通过访谈、日志和直接观察与录像的方法来收集数据，同时注意充分地理解参与者的背景。但是，由于培训内容和培训时间的限制，本研究只是一个初步的尝试。研究结论有待进一步检验。

需要指出的是，由于培训（收集数据）的时间较短，研究本身不能得出这样的结论：通过本门课程的培训，参与者的反思达到了“比较性反思”和“重建性反思”的水平。但是，本研究可以说明，在当前的在职教师教育中，教师教育者采用激励反思的教学策略，能够提高参与者的反思意识，并能促使参与者的反思朝向更高水平发展（从“描述性反思”到“比较性反思”再到“重建性反思”）。

（二）讨论

由于是初步尝试，本研究还遗留下一些需要进一步探讨的问题。

第一，笔者自身作为研究者，同时又是教师培训者，在观察和思考时可能会遗漏掉一些东西（局内人的局限）。为此，笔者在2009年暑假上同一门课程时又以同样的教学策略和研究方法进行了验证，结果表明，在参与者状况、课程内容、教学策略等条件基本一致时，上述研究发现和研究结论是一致的。

第二，由于课程是“教育研究方法”，学员反思的内容受到该门

课程内容的限制。但可以认为，在职教师学历培训中，如果每门课程都能采取促进学员反思的教学策略，那么，每一次面授都将成为学员反思自己各方面工作的机会，从而改变他们深层次的观念并提高反思能力。

第三，参与者的反思水平的发展可能受到课程延续时间的限制。反思具有持续性和循环性，对一个问题的反思往往会持续进行。但是，此次在职培训的时间仅为 12 天，设想，如果时间更长，参与者的反思或许能向更深层次发展；另外，鉴于在职培训中参与者的特殊性，本研究中参与者的反思水平，很难说完全是在研究期间发展起来的，而很可能有的学员本身就有较高层次的反思水平，只是在以往讲授为主的教学中得不到展现。笔者通过上课前学员交的一份个人专业发展报告（个人工作经历自述）和 2009 年暑假进行的重复、验证性研究来探查这一问题，发现个别参与者确实在笔者培训前就达到了比较性甚至重建性反思的水平，但对促进大多数参与者提高反思水平而言，笔者的实践研究确实起到较大作用。由于反思具有循环性，从培训时间来看，如果时间能够更长一些，对教师反思能力的培养会更有利。而且，如果教师在职培训都注意培养教师的反思，那么，反思型教师的培养是可能实现的。

第四，由于各方面条件的限制，本研究没有对培训以后在职教师的教学行为和反思水平进行跟踪。有实践研究表明，反思对教师专业发展的促进作用表现在信念和实践两个层面上（孟国春，刘学惠，2007）。但本研究只能发现教师思想认识（信念）上的变化。由于课程参与者来自 Y 省各地，甚至偏远山区，因此难以进行实践行为的跟进。有研究者（邵光华，顾泠沅，2010）在东部地区某市的实证调查研究表明，45% 的教师反思后常能结合反思改进教学行为，52% 的教师“不是经常能”，只有很少数（3%）的教师才几乎不能根据反思改进自己的教学行为。这或许能说明本次培训对于教师改进自己的教学行为也是有效的，但是，本研究不能对此做出肯定的结论。

六、教师培训中培养反思能力的教学建议

在教师培训中，教师教育者如何促进教师反思，提高教师的反思能力？笔者根据本研究，同时也参照其他研究提出下列建议。

（一）综合使用多种促进反思的教学策略

反思是对过去或当下问题的一种探究。对于反思能力的培养，采取探究取向的教学策略是题中应有之义。“探究精神是教师反思中的核心成分，不管是哪一种形式的反思，如果缺少了探究精神，都将销蚀掉反思对于教师专业发展或实践改进的价值。”（王建军，2004）满堂灌的课堂教学使学习者应接不暇，难以促使学习者思考。因此要促进教师反思，就要基于情境设计反思活动，采取多种激发反思的教学策略，并为教师反思提供指导和示范。

已有文献已经显示，可以使用多种教学策略来激发并促进反思（Good & Whang，2002；Schon，1987；Schweiker-Marra et al.，2003；Sparks-Langer & Colton，1991）。本研究的参与者也参与到多种多样的旨在促进反思的活动中，如反思日志、习明纳、合作探究、反思性访谈。他们的反思意识和水平均在一定程度上得到提高。这验证了斯波尔丁和威尔逊（Spalding & Wilson，2002）的研究结论：对于反思能力的培养，没有任何单独的教学策略是最好的，学生对不同的教学策略的反应是不同的。如果我们想要培养参与者的反思意识和能力，我们必须积极尝试多种教学策略并且为参与者提供示范。换言之，教师教育者需要扮演向导的角色，帮助参与者认识到反思的重要性并且学习一定的反思策略。

(二) 使教学内容与学习者的实践相关

反思具有情境性。从反思的产生来看，实践情境是激发反思的源泉。杜威（约翰·杜威，2005：87）认为，思维是由直接经验的情境引起的。正是实际经历着的情境的性质引起了人们的探究和反省活动。他举例说，一个人正在乘着渡船，而对船的结构的某种事项感到有些奇怪。在学校中，不能使学生获得真正的思维的最常见的原因，也许是在学校中不存在一种经验的情境，因而不能引起思维。因此，要促使教师反思，就要努力使教学与具体的实践情境相关联。

在“教育研究方法”这门课程中，教材上的内容较为抽象①，大都是教育科研人员应该掌握的各种研究方法（如，教育文献法、教育观察法、教育调查法、教育实验法）和规则（如教育科学研究的一般程序、教育科研成果的撰写）的阐述，缺乏对中小学教师教学研究的关照，缺乏真实、生动的案例。研究者在教学这门课程时，重新对教材内容进行了组织，将之设计为八个专题（见前文“课程内容及小组合作探究主题列表”），并用一线教师的大量反思案例来充实课堂，努力使教学内容与学员的工作实际建立关联，使得教师培训的课堂教学本身成为某种激发反思的情境，从而促使参与者反思。可见，使教师培训的内容与学习者的经验相关，是促使学习者反思的重要方面。

(三) 理解参与者的个人背景

研究表明，理解参与者的个人背景和工作经历有助于研究者分析他们的反思，并且对双方的对话有很大帮助。

---

① Y大学为这门课选定的教材是符明弘的《教育科学研究实用方法》（云南科技出版社，2003）。教材在上课之前就发给了学员。

理解参与者的背景对于分析本研究的数据非常重要。当前中国的中小学一方面在推行新课程改革，倡导新的学习方式和评价理念；另一方面，很多地方，尤其是西部农村地区还没有从过去旧的教学方式和评价方式中走出来，评价教师工作的主要指标仍然是学生最终（学期末或学年末）的考试成绩，而且在班级之间、学校之间进行排名，考试成绩不好的教师要受到批评和经济处罚，这种状况造成了教师的“反思倦怠”，也就是不愿意进行反思。有论者（邵光华，2010）指出，导致教师反思倦怠的原因是多方面的，其中，当前的唯成绩论导致教师反思归因不当是重要原因。大多数学校的考评制度以学生考试成绩为重要指标，成绩上升教师就很少去反思，成绩下滑才引起教师反思，这种关于成绩下滑的反思往往又归因不当，教师常常归因于作业布置得少了，对学生要求得不严了，而很少从专业发展的角度思考自己不当的教学行为或教学过程中的不足。这在很大程度上导致了当前我国中小学教师反思意识的缺失。这一点在笔者的研究中得到了验证。

本研究还涉及另外一个非常重要的背景，就是中国的教师在职学历教育在课程设置和内容上采用的是职前的课程体系，课程基本上是必修，考试方式全部是纸笔考试。由于教学内容过多强调学科体系，与在职教师的工作联系不紧密，所以导致了他们死记硬背，往往十分关注考试，甚至认为容易通过考试的课就是好课。这些背景，构成了理解本研究所收集的数据的必要基础。在访谈、日志中，都可以看出这些背景对于学员的影响。这些背景对于解释本研究的数据也起着非常重要的作用。

此外，研究者要求参与者在课程开始时写的一份个人专业发展报告，可以帮助研究者了解参与者的反思倾向和水平；同时还提供了他们的背景信息，包括他们的工作状况、生活环境，他们思考问题的方式，等等。

（四）营造民主、开放的课堂氛围

研究发现，当教师教育者营造一个宽松、引导性的而不是强制性的课堂氛围时，在职教师变得更加具有反思性。正如参与者的日志中所描述的，在小组讨论中，如果小组成员善于思考、积极发言，整个小组的收获就会很大。此外，教师教育者民主、宽松的教学氛围，使得参与者在课堂上可以畅所欲言，充分地表达自己的想法，达到相互学习的目的，因此，要创造合适的条件、提供足够的机会促使学习者思考他们自身的实践。

民主、开放的课堂氛围还有助于参与者之间相互启迪与学习。相关研究表明，借助其他观点或多种视角来洞察问题是提高反思水平的重要元素（Hatton & Smith，1995；Loughran，2002），换言之，反思要借助多种视角。在职教师反思的发展受到他们的合作者的影响。这就意味着，要为参与者提供时间和机会，创造积极讨论的氛围，使参与者有机会交流他们的想法，以培养学习者批判性地分析问题以及从各种角度思考问题的能力，并从别人那儿获得看待问题的有价值的视角。

（五）教师教育者为参与者提供示范

本研究中，教师教育者及时发现并对学员日志中的问题作出反馈。如果日志中反映的是他们自己的困惑，而且是有共性的问题，就根据学员的关注程度，组织小组讨论或者全班讨论，探讨解决的办法；如果是对教师教学的建议，我会进一步与学员交谈，征求他们的意见，确实是好的建议，就马上改正。这样，我自己不断地研究与反思、改进也给他们提供了示范。

为了使学员帮助我改进自己的教学，我在每次课后通过三种途径来收集意见，一是可以写在日志里；二是可以写匿名的纸条，在上课

之前放在讲桌上；三是在班上征集信息联络员（大家推选班长），他负责将学员们对上课内容、课堂组织方式的反馈收集起来，并与我交流。通过这些方式，我及时了解当天的教学有哪些不足，第二天就改进，并向全班说明我今天为什么这样做，希望大家继续帮助改进。比如，在个体访谈时，一位学员向我提及，我的板书非常少（教室没有多媒体），他认为应该多板书，比如把引起全班关注的问题写在黑板上，这样大家既可以听，又可以看，更便于大家思考。第二天我照做了，并在课结束的时候问大家我今天的教学行为有什么变化，马上有学员指着黑板说板书增多了，我趁机告诉大家是得到了某某学员的提醒，征求大家的意见这样是否确实好一些，在得到大家的肯定后，我当着全班向该学员表示了感谢。这样，让参与者亲身体会到教师不断反思和改进自己的教学对学生的重大意义。

作为成人学习者，学员同样有着被关注的愿望。每当我把某个在小组内作了精彩发言的学员请到教室前方与全班分享时，我在感受到他们的羞涩的同时，也能体会到他们内心的喜悦；或者，当某个学员提出的问题具有代表性、典型性，非常具有研究价值时，我会让他讲讲他是怎么想的，然后因他提出了那么好的问题而向他表示感谢。逐渐地，积极的学习共同体氛围得以形成。

（六）激发反思和“教”反思同步进行

对于教师反思能力的培养而言，仅仅激发反思意识是不够的。当学员开始思考自身学习以及以往教学实践中存在的问题时，培训者要为其提供专业引领，有意识地教给学员反思方法与策略。本研究把重点放在激发教师反思上，而在“教”反思（teaching reflection）上，主要是通过反思性对话来实现。比如，课程参与者在反思日志中提出自身实践问题后，研究者与之进行一一的对话，教他们分析出现的问题，帮助他们认识到反思中存在的问题。已有研究表明，反思性对话对教师反思能力的培养有重要作用（申继亮，张彩云，2006a；申继

亮，张彩云，2006b）。当然，为了培养教师的反思能力，还有很多反思方法或策略可以教给教师。

参考文献：

中文部分

丁钢. 2008. 声音与经验：教育叙事探究［M］. 北京：教育科学出版社.
杜云云. 2006. 在职教师职业发展的有效途径——协作反思［J］. 当代教育科学（8）：62－63.
胡静. 2007. 试论当前高师函授教育面临的挑战及对策［J］. 中国成人教育（11）：17－18.
艾弗·F. 古德森. 2007. 专业知识与教师职业生涯［M］北京：北京师范大学出版社.
康丽颖 等. 2007. 反思与中小学教师专业成长［J］. 课程·教材·教法（2）：78－82.
李铁成. 2007. 论中小学教师的实践反思［J］. 教育科学（2）：57－60.
刘岸英. 2003. 反思型教师与教师专业发展——对反思发展教师专业功能的思考［J］. 教育科学（4）：40－42.
孟国春，刘学惠. 2007. 反思的力量——三位农村英语教师的成长故事［J］. 全球教育展望（7）：81－86.
庞淑芳. 2006. 培养教师反思能力的实践与研究［J］. 中小学教师培训（7）：13－15.
邵光华. 2010. 提高教师教学反思能力的对策［J］. 教育理论与实践（1）：34－35.
宋明钧. 2006. 反思：教师专业发展的应有之举［J］. 课程·教材·教法（7）：74－78.
邵光华，顾泠沅. 2002. 关于我国青年教师压力情况的初步研究［J］. 教育研究（9）：13－18.
邵光华，顾泠沅. 2010. 中学教师教学反思现状的调查分析与研究［J］. 教师教育研究（2）：66－70.

申继亮，张彩云. 2006b. 教师反思性对话的实践模式［J］. 教师教育研究（4）：30－34.

申继亮，张彩云. 2006a. 专业引领下的教师反思能力发展——以一位小学教师的反思日记为例［J］. 中国教育学刊（6）：74－77.

唐纳德·A. 舍恩. 2007. 反映的实践者——专业工作者如何在行动中思考［M］. 北京：教育科学出版社.

唐纳德·A. 舍恩. 2008. 教育反思性实践者——专业领域中关于教与学的一项全新设计［M］. 北京：教育科学出版社.

王建军. 2004. 实践为本的教师专业发展：专题性听—说—评课［J］. 上海教育科研（11）：13－17.

王建军. 2004. 教师反思与专业发展［J］. 中小学管理（10）：5－8.

王艳玲. 2008. 培养"反思性实践者"的教师教育课程［D］. 上海：华东师范大学教育科学学院.

吴卫东，徐颂列. 2006. 主题·反思·参与——教师培训模式的实践研究［J］. 教育发展研究（3）：58－61.

鱼霞. 2007. 反思型教师成长机制探新［M］. 北京：教育科学出版社.

约翰·杜威. 2005. 我们怎样思维·经验与教育［M］. 北京：人民教育出版社.

赵明仁. 2009. 教学反思与教师专业发展——新课程改革中的案例研究［M］. 北京：北京师范大学出版社.

张学民，申继亮，林崇德. 2009. 中小学教师教学反思对教学能力的促进［J］. 外国教育研究（9）：7－11.

外文部分

BRAUN Jr., J. A. & Crumpler T. P. 2004. The social memoir: an analysis of developing reflective ability in a pre-service methods course [J]. Teaching and Teacher Education, 20 (1): 59－75.

CALDERHEAD J. 1989. Reflective teaching and teacher education [J]. Teaching and teacher education, 5 (1): 43－51.

CARR W. C. & KEMMIS S. 1983. Becoming critical: knowing through action research [M]. London: The Falmer Press.

COLLIER S. T. 1999. Characteristics of reflective thought during the student teaching

experience. Journal of Teacher Education, 50 (3): 173 – 181.

COLTON A. B. & SPARKS-LANGER G. M. 1993. A conceptual framework to guide the development of teacher reflection and decision making [J]. Journal of Teacher Education, 44 (1): 45 – 54.

DINKELMAN T. 2000. An inquiry into the development of critical reflection in secondary student teachers [J]. Teaching and Teacher Education, 16 (2): 195 – 222.

EDWARDS S. & HAMMER M. 2006. Laura's story: using Problem Based Learning in early childhood and primary teacher education [J]. Teaching and Teacher Education, 22 (4): 465 – 477.

FRANCIS D. 1995. The reflective journal: A window to preservice teachers' practical knowledge [J] Teaching and Teacher Education, 11 (3): 229 – 241.

GOOD J. M. & WHANG P. A. 2002. Encouraging reflection in preservice teachers through response journals [J]. The Teacher Educator, 37 (4): 254 – 267.

HARRINHGTON H. L., QUINN-LEERING K., & HODSON L. 1996. Written case analyses and critical reflection [J]. Teaching and Teacher Education, 12 (1): 25.

HATTON N. & SMITH D. 1995. Reflection in teacher education: Towards definition and implementation [J]. Teaching and Teacher Education, 11 (1): 33 – 49.

JAY J. K. & JOHNSON K. L. 2002. Capturing complexity: a typology of reflective practice for teacher education [J], Teaching and Teacher Education, 18 (1): 73 – 85.

KASTE J. A. 2004. Scaffolding through cases: diverse constructivist teaching in literacy methods course [J]. Teaching and teacher education, 20 (1): 31 – 35.

LOUGHRAN J. J. 2002. Effective reflective practice: In search of meaning in learning about teaching [J]. Journal of Teacher Education, 53 (1): 33 – 43.

LEE H. -J. 2005. Understanding and assessing preservice teachers' reflective thinking [J]. Teaching and teacher education, 21 (6): 699 – 715.

LEE H. -J. 2000. The nature of the changes in reflective thinking in preservice mathematics teachers engaged in student teaching field experience in Korea. Paper presented at the Annual Meeting of the America Educational Research Association (AERA), New Orleans, LA, April 24 – 28.

REIMAN A. J. 1999. The evolution of the social roletaking and guided reflection framework in teacher education: Recent theory and quantitative synthesis of research [J]. Teaching and Teacher Education, 15 (5): 597 -612.

RUDNEY G. & GUILLAUME A. 1990. Reflective teaching for student teachers [J]. The Teacher Educator, 25 (3): 13 -20.

SCHWEIKER-MARRA K., HOLMES, J. H. & PULA J. J. 2003. Training promotes reflective thinking in pre-service teachers [J]. Delta Kappa Gamma Bulletin, 70 (1): 55 -61.

SPALDING E. & WILSON A. 2002. Demystifying reflection: A study of pedagogical strategies that encourage reflective journal writing [J]. Teachers College Record, 104 (7): 1393 -1421.

SPARKS-LANGER G. M. & COLTON A. B. 1991. Synthesis of research on teachers' reflective thinking [J]. Educational Leadership, 48 (1): 37 -44.

TIGCHELAAR A. & KORYJAGEN K. 2004. Deepening the exchange of student teaching experiences: implications for the pedagogy of teacher education of recent insights into teacher behavior [J]. Teaching and Teacher Education. 20 (6): 655 -679.

TRUMBALL D. & SLACK M. 1991. Learning to ask, listen, and analyze: Using structured interviewing assignments to develop reflection in preservice science teachers [J]. International Journal of Science Education, 13 (2): 129 -142.

VAN MANEN M. 1977. Linking ways of knowing with ways of being practical [J]. Curriculum Inquiry, 6 (3): 205 -228.

VALLI L. 1997. Listening to other voices: A description of teacher reflection in the United States [J]. Peabody Journal of Education, 72 (1): 67 -88.

WINNIE W. M. & WATKINS. David A. 2005. From beginning teacher education to professional teaching: A study of the thinking of Hong Kong primary science teachers [J]. Teaching and Teacher Education, 21 (4): 525 -541.

WARD J. R. & McCotter S. S. 2004. Reflection as a visible outcome for preservice teachers [J]. Teaching and Teacher Education, 20 (2): 243 -257.

YOST D. S., SENTNER S. M. & Forlenza-Bailey A. 2000. An examination of the construct of critical reflection: Implications for teacher education programming in the 21st century [J]. Journal of Teacher Education, 51 (1): 39 -50.

ZEICHNER K. M. 1994. Conceptions of reflective practice in teaching and teacher education [A].

HARVARD G. R. & HODKINSON P. Action and reflection in teacher education [C]. New Jersey: Ablex Publishing Corporation.

ZEICHNER K. M. & Liston D. P. 1987. Teaching student teachers to reflect [J]. Harvard Educational Review, 57 (10): 23 – 48.

ZEICHNER K. M. 1983. Alternative paradigms of teacher education [J]. Journal of Teacher Education, 39 (3): 3 – 9.

《中国教育：研究与评论》

国际性中国教育研究集刊

教育科学出版社，北京

作者须知

编辑宗旨

这份国际性集刊的基本宗旨乃是致力于中国教育的学术研究事业，并为制定中国教育政策提供参考。本刊还将致力于为提高对于中国教育变迁及其国际关系的认识、思考以及分析的水平提供一个有益的中介和共享的学术论坛。期望加强和拓宽国内外学者在中国教育理论与实践发展多方面研究领域的交流与对话。汇聚中外学者的研究智慧，共同推进中国教育的发展，拓展中国教育在国际教育社会中的发展空间及作用。

出版特点

主要发表：以中国本土教育变革实践为主要研究对象的重要学术力作，国家重点资助和国际合作等项目为主的大中型教育研究报告及其评论，以及有关中国教育理论与实践的专题研究和综合评论。着重反映中国教育理论与实践发展特点的最新学术研究成果与进展。并以当代中国教育的发展为重点，经纬中国教育传统与现实关系的学术研究。努力确立其强调科学性、实践性、前沿性和综合性的特色与风格。

读者对象

我们的读者对象包括：（1）中国教育以及相关领域的学者和研究人员；（2）中小学、学院、大学以及国内外其他教育机构的教学

人员；（3）教育决策人员，以及其他对制定教育（包括公立、民办）政策有影响的人员；（4）对中国教育感兴趣的人员。因此，本集刊的适合阅读对象主要是教育专业人员以及有关专业人士。

投稿指引

投稿时，应向主编丁钢教授投寄3份论文草稿复印件及其软盘，寄往中国上海，200062，华东师范大学教育科学学院。也可以通过E-mail以附加Word文本方式寄往dinggang@ecnu.edu.cn。

来稿接受基于其是未发表过和没有提供其他出版的原始稿件。

本期刊只接受中英文两种投稿。作者需注意本期刊所面向的对象包括国际国内读者，因此不要使用其他语言，同时，所有关于地区性的术语均需清楚界定。英文稿一经采用，本刊编委会负责翻译。

学术论文或研究报告需使用宋体或Times New Roman 12号字撰写，应使用8×11英寸或A4纸打印，页边空白不少于1.5英寸或5厘米。长度包括例证、图表、资料和表格以及相关文字说明，总计字数一般在3万到5万字之间。研究报告的评论文章一般不少于5 000字，可在1万字左右。论文注释采用脚注，文后附参考文献。

作者在撰写提交论文时，可以参考美国心理学会出版手册（1994年第4版）。

论文首页须标明论文标题、作者姓名、所在单位以及通讯地址。

所有论文均应附有中、英文内容摘要，字数一般不超过150字。

为方便联系，作者还应写上通讯地址、电话及传真号码，以及E-mail地址。如果是合作论文，那么第一作者即是联系人。

来稿收到，即复回札。来稿评阅采用国际惯例匿名制，过程约2~3个月。如果被评阅者推荐，编辑部将会与作者联系。如不拟采用，也会将原稿退还作者。

编委会有权对来稿作必要的编辑处理，并会与作者联系。

编辑联系　由丁钢负责，地址：中国上海，200062，华东师范大学教育科学学院（E-mail:dinggang@ecnu.edu.cn）

业务联系　包括订购、邮费、广告，以及零购，均由教育科学出版社（中国北京，100101，朝阳区安慧北里安园甲9号）负责。

《中国教育：研究与评论》由教育科学出版社不定期出版。

CHINA'S EDUCATION: RESEARCH & REVIEW

The International Referred Journal of Chinese Education Studies

Educational Science Publishing House, Beijing

NOTES FOR CONTRIBUTORS

Purpose

The main purpose of this international refereed journal is dedicated to academic research on China's education and analysis to assist in policy making and planning in education in China. The journal also provides a vehicle and sharing forum for increasing awareness, consideration and analysis of practice, theory and issues in education change within China and her connection with international communities. It promotes the interchange of ideas on educational issues, and comparative studies both within the regions of China and between China and world, and pushes educational development in China.

Features

The Journal invited submission of academic papers and research reports on educational change and experience in China among indigenous and global knowledge, and they must be established on basis of rich and deeply research experiences and important project-based research. The topics focus on contemporary development and front research and progress in China's education, as well as set a connection with educational tradition and global education.

Readership

The targeted readership comprises: (1) scholars and researchers who

study in education in China and other related fields; (2) staffs of schools, colleges, universities and other educational institutions in China and abroad; (3) policy makers, and those who influence educational policy, in both public and private sectors; and (4) persons who have an interest in education in Chinese Education. The journal therefore aims primarily at an professional readership.

Guidelines for Submitting Manuscripts

Three copies of each manuscript should be sent to the Chief Editor The Journal, Prof. Ding Gang, College of Education Science, East China Normal University, Shanghai, 200062, P. R. C.. Alternatively, manuscripts can be submitted electronically to dinggang@ ecnu. edu. cn as E-mail attachments in Word format.

Manuscripts are accepted for consideration that they are original, not been published or offered for publication.

The Journal will accept papers written in English or Chinese. Contributors should be aware that the Journal is intended for an international and Chinese audience, and national colloquialisms and idiomatic usr of language should be avoided. Terms used for local contexts should be clearly explained.

Manuscripts must be typed (using Times New Roman font size 12) on one side of an 8 dy 11 inch or A4 page only, and double-spaced with 1. 5 inch or 5 cm margins. Total length of the manuscript, including illustrations, tables, figures, and charts, giving word number equivalents, should normally be of the order of 30 000 to 50 000 words. Review articles can be around 10 000 words. Footnotes to the text and reference at the end of

manuscript.

Authors should use the *Publication Manual of the American Psychological Asso-ciation* (4th ed., 1994) as a guide for preparing manuscripts for submission. The title page should carry the title, the authors' names and affiliations and correspondence addresses.

All manuscripts must include an abstract (English & Chinese) containing a maximum number of 150 words.

Contributors should provide full postal address, telephone and fax numbers as well as E-mail address to facilitate communication. For joint authorship, the first author would be the contact person.

Manuscripts will receive two to three blind reviews, the review process normally takes three months to conclude.

The editors reserve the right to edit manuscripts. Contributors will be contacted if substantial revision is recommended.

Copyright Policy

It is a condition of publication that authors vest copyright in their articles, including abstracts, in CERR (China's Education: Research & Review).

The views expressed in the papers or reports are those of the authors and do not necessarily reflect the position of the Journal and Education Science Publishing House.

It is the responsibility of the author (s) to obtain written permission for a

quotation from unpublished material, or for all quotations in excess of 250 words in one extract or 500 words in total from any work still in copyright, and for the reprinting of illustrations or tables from unpublished or copyrighted material.

Editorial correspondence, should be addressed to the Chief Editor, Ding Gang, College of Education Science, East China Normal University, Shanghai, 200062, P. R. C.. (E-mail:dinggang@ ecnu. edu. cn)

Business correspondence, including orders and subscription to the mailing list, advertisements, back numbers and offprints, should be sent to the Publication Officer, Educational Science Publishing House, Jia No. 9, Anyuan Anhuibeili, Chaoyang District, Beijing, 100101, P. R. China.

China's Education: *Research & Review* is published at irregular intervals by ESPH.

责任编辑　刘明堂　韦　禾
版式设计　贾艳凤
责任校对　贾静芳
责任印制　曲凤玲

图书在版编目（CIP）数据

中国教育：研究与评论．第14辑/丁钢主编．北京：教育科学出版社，2011.3
ISBN 978－7－5041－5475－0

Ⅰ．①中…　Ⅱ．①丁…　Ⅲ．①教育—中国—文集
Ⅳ．①G52－53

中国版本图书馆CIP数据核字（2010）第250377号

中国教育：研究与评论
ZHONGGUO JIAOYU：YANJIU YU PINGLUN

出版发行	教育科学出版社		
社　址	北京·朝阳区安慧北里安园甲9号	市场部电话	010－64989009
邮　编	100101	编辑部电话	010－64989419
传　真	010－64891796	网　址	http://www.esph.com.cn
经　销	各地新华书店		
制　作	北京鑫华印前科技有限公司		
印　刷	保定市中画美凯印刷有限公司		
开　本	170毫米×247毫米　16开	版　次	2011年3月第1版
印　张	15.75	印　次	2011年3月第1次印刷
字　数	210千	定　价	35.00元

如有印装质量问题，请到所购图书销售部门联系调换。

U0500723